大数据环境下
档案信息化管理与创新
策略研究

刘秀菊 / 著

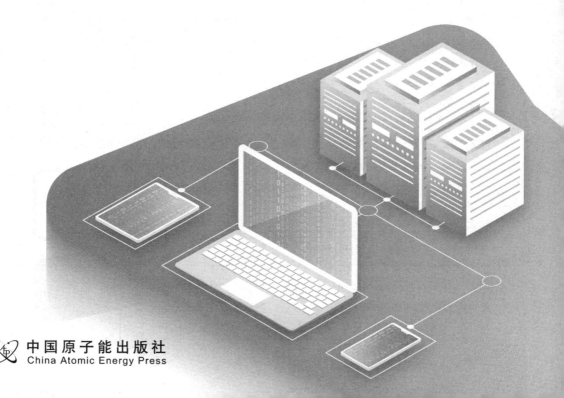

中国原子能出版社
China Atomic Energy Press

图书在版编目（CIP）数据

大数据环境下档案信息化管理与创新策略研究 / 刘秀菊著 . -- 北京：中国原子能出版社 , 2022.12

ISBN 978-7-5221-2587-9

Ⅰ . ①大… Ⅱ . ①刘… Ⅲ . ①档案工作－信息化建设－研究 Ⅳ . ① G270.7

中国版本图书馆 CIP 数据核字（2022）第 247188 号

大数据环境下档案信息化管理与创新策略研究

出版发行	中国原子能出版社（北京市海淀区阜成路 43 号　100048）
责任编辑	刘　岩
责任校对	冯莲凤
责任印制	赵　明
印　　刷	北京九州迅驰传媒文化有限公司
经　　销	全国新华书店
开　　本	787 mm×1092 mm　1/16
印　　张	14.5
字　　数	244 千字
版　　次	2022 年 12 月第 1 版　2023 年 3 月第 1 次印刷
书　　号	ISBN 978-7-5221-2587-9　　定　价　68.00 元

网址：**http://www.aep.com.cn**　　　　E-mail：**atomep123@126.com**

发行电话：**010-68452845**　　　　　　版权所有　侵权必究

前　言

档案是"原始文献""一次文献"，其基本为未经过深入处理的资料，只有深入挖掘和分析，才能使其充分利用。在大数据时代，档案信息资源在深度挖掘和分析后，将其展现为数据和信息，只有通过高度集成和整合，才能发挥更大的作用。借助大数据技术，可以为档案的收集归档、整理和利用管理等工作提供快捷服务。通过数据挖掘分析得到更深层的信息资源，对今后各单位开展档案信息化工作具有重要的参考借鉴作用。在新时代背景下，档案大数据的特点越来越明显和突出。档案信息以几何倍数的速度增加，信息利用者对信息的要求也越来越高，因此，如何使档案资料的使用更加方便、高效，成为档案工作的重要内容。随着数据的深度分析、挖掘和处理，对数据的获取、存储、管理和使用都有了新的需求。

互联网时代下大量的信息数据生成，呈现出多样化、多元化的特点，种类众多，而且构成复杂。根据相关部门的统计资料，目前的档案工作涉及诸多行业和领域：经济、民生、军事、自然科学、社科、人文等；各个行业领域对档案管理的规范要求不同，使得我国的档案工作呈现出一种多样化、多元化的发展模式。

从载体结构上看，档案信息资源的载体结构也比较复杂，主要有纸质资料、电子资源、音频、视频、实物等。在大数据背景下，档案管理工作中面临的难题是信息数据资源体量庞大并且增长较为迅猛。档案资料的搜集和整理工作也面临着很大的困难。在目前的档案管理工作中，各地的档案管理部门在信息处理方面的投入确实有了很大的提高，这也从一定程度上说明了大数据的规模和发展速度迅猛。

大数据时代背景下，根据各种技术手段，对于档案信息资源的挖掘与分析更为深刻、透明，对于促进档案信息化建设具有重大的意义。在档案管理模式创新条件下，档案信息化环境中档案的收集、整理、鉴定等环节的工作更为优化、便捷，凸显了良好的适用效果。

内 容 简 介

　　本书针对大数据环境下的档案信息化管理工作展开了研究，依托大数据技术可以为档案收集归档和利用管理等工作提供便捷的服务，对各领域进行档案信息化建设工作具有良好的推动作用。本书主要阐述了当前档案大数据的实时动态性与档案信息的静态性，分析了大数据技术对于档案信息化建设的适用性。全书由前言、大数据概论、大数据环境下档案信息化管理、大数据环境下档案信息化创新、大数据环境下档案信息化管理模式的变化与应对策略等部分组成，对档案管理研究者、从业人员及学习者具有一定的参考价值。

目　录

第一章
大数据概论

第一节　大数据的涵义

一、大数据的概念及其内涵

大数据，也就是海量数据，一般指所含的数据集规模巨大，现在大众的软件工具无法在合理的时间进行采集、存储、分析管理的数据信息。因其在各个行业的广泛应用，使之关注热度历年来居高不下。作为人们获得新的认知、理念和创造价值的源泉，大数据的数据来源可以囊括我们在日常生活中普遍可以见到的上传到网页上的图像、视频、录音，高速公路上车辆与收费记录、日常监控录像，医院的治疗病例、高端的基因测序，天文学中通过望远镜收集的信息数据等。

大数据最早出现在何时，何地？通过对大量文献资料追踪遡源，笔者发现这个词出现的最早时间是在1980年，美国著名未来学家托夫勒在其所著的《第三次浪潮》中，将大数据热情地称颂为"第三次浪潮的华彩乐章"。2008年9月，《自然》杂志推出了名为"大数据"的封面专栏。2009年"大数据"才开始成为互联网技术行业中的热门词汇，被世人推崇讨论。从1980年到2019年，尽管大数据的发展已有30多年的时间，但目前对于大数据仍没有一个统一的、完整的、科学的定义。

（一）狭义的大数据概念

受早期研究者将数据作为一种工具的思想的影响，很多研究机构和学者将大数据作为一种辅助工具或者从其体量特征来进行定义。

高德纳（Gartner）咨询管理公司数据分析师Merv Adrian认为，大数据超过了在正常的时间内和常用硬件环境下，常规的软件工具计算、分析相关数据的能力。

作为大数据研究讨论先驱者的麦肯锡咨询公司，2011年在其大数据的研究报告 *Big Data: The next frontier for innovation, competition, and productivity* 中根据大数据的数据规模来对其诠释，它给出的定义是：大数据指的是规模已经超出了传统的数据库软件工具收集、存储、管理和分析能力的数据集。需要指出的是，麦肯锡在其报告中强调，并不是超过某一个特定的数据容量才能定义为大数据，因为随着技术的不断进步，其数据集容量也会不断地增长，行业的不同也会使大数据的定义不同。

电子商务行业的巨人亚马逊的专业大数据专家约翰·劳瑟（John Rauser）将大数据定义为超过了一台计算机的设备、软件等的处理能力的数据量。

日本野村综合研究所的著名学者城田真琴和周自恒在其专著《大数据的冲击》中通过对大数据的起源进行探讨，对大数据做出如下定义：大数据指的是运用现有的一般技术难以进行管理的大量数据的集合[①]。

简以概之，对于大数据的狭义理解，研究者大多从微观的视角出发，将大数据理解为当前的技术环境难以处理的一种数据集或者能力；而在宏观方面，研究者目前还没有提出一种明确的看法，但多数都提出了对于大数据的宏观理解，需要注意其在不同行业领域的差异及随着技术进步其数据容量不断增长的特点。

（二）广义的大数据概念

广义的大数据概念是以对大数据进行分析管理，挖掘数据背后所蕴含的巨大价值为视角，对大数据的概念进行定义。

维基百科对大数据给出的定义是：或称为巨量数据、大资料，指的是所涉及的数据量规模巨大到无法通过当前的技术软件和工具在一定的时间内进行截取、管理、处理，并整理成为需求者所需要的信息。

肯尼思·库克耶，被誉为"大数据时代的预言家"的维克托·迈尔-舍恩伯格在其专著《大数据时代：生活、工作与思维的大变革》中将大数据定义为：大数据是人们获得新的认知、创造新的价值的源泉；大数据还为改变市场、组织机构，以及政府与公民关系服务[②]。他们还认为大数据是人们在大规模数据的基础上可以做到的事情，而这些事情在小规模的数据基础上是无法完成的。

---

① 城田真琴著. 大数据的冲击 [M]. 周自恒，译. 北京：人民邮电出版社，2016:13.

② 维克托·迈尔-舍恩伯格，肯尼思·库克耶著. 大数据时代：生活、工作与思维的大变革 [M]. 盛杨燕，周涛，译. 杭州：浙江人民出版社，2012:12.

IBM组织则是从大数据的特征出发对其进行定义，它认为大数据具有3V特征，即：规模性（Volume）、多样性（Variety）和高速性（Velocity），故大数据是指具有容量难以估计、种类难以计数且增长速度非常快的数据。

国际数据公司（IDC）在IBM的基础上，根据自己的研究，将3V发展为4V，即数据规模巨大（Volume），数据的类型多种多样（Variety），数据的产生、处理、分析速度加快（Velocity）和数据的价值难以估测（Value）。所以，IDC认为大数据指的是具有规模海量，类型多样，数据的产生、处理、分析速度加快，需要超出典型的数据库软件进行管理，且能够给使用者带来巨大价值的数据集。

通过对大数据的定义进行梳理可以发现，大多数研究机构和学者是从数据的规模量，以及对于数据的处理方式来对大数据进行定义的，且多是从自身的研究视角出发，因此对于大数据的定义，可谓是仁者见仁，智者见智。

二、大数据的应用

自2009年起，"大数据"已经在互联网资讯科技产业中广为人知。美国互联网数据中心表示，互联网的资料会以每年50%的速度增加，两年内会增加一倍。而目前世界上90%以上的数据是最近几年才产生的。而且，这些数字并不全是人们在互联网上发布的信息，还有大量的数据是来自全球的工业设备、汽车、电表上都安装了大量的数字传感器，它们可以实时地监测位置、运动、震动、温度和湿度甚至是空气中的化学成分的改变等数据信息。

大量数据的充斥不只影响企业界。贾斯汀·格里莫将数学与政治科学联系起来，对博客文章、国会演讲和新闻稿进行计算机自动化分析等，希望借此洞察政治观点是如何进行传播的。在科学、体育、广告和公共卫生等其他许多领域中，也有着类似的情况。这意味着大数据应用已经朝着数据驱动型的发现和决策的方向发生转变。在公共卫生、经济发展和经济预测等领域中，大数据的预见能力也正在被开发。

在一次调查中，研究人员发现，谷歌上搜索"流感症状"和"流感治疗"等词的次数增加了，几周后，前往当地医院急诊室的流感患者人数增加了。因此，谷歌流感趋势可以使用搜索关键字预测流感疫情。此外，洛杉矶警察局和加利福尼亚大学合作使用大数据来预测犯罪的发生；统计学家内特·西尔弗（Nate Silver）利用大数据预测2012年美国大选的结果；麻省理工学院使用移动位置数据和交通数据制定城市规划；梅西百货根据SAS系统需求和库存实时调整多达7300万种商品的价格；近年来，许多国家都在积极推动医疗信息的发展，以便医疗机构能够进行大数据分析。

三、大数据的价值及其战略意义

（一）大数据的价值

现在的社会是一个高速发展的社会，科技发达，信息通畅，人们之间的交流越来越密切，生活也越来越方便，大数据就是这个高科技时代的产物。阿里巴巴创办人马云曾提到，未来的时代将不是IT时代，而是DT（数据科技，Data Technology）的时代，可见大数据的重要性。数据信息比成蕴藏能量的煤矿，依据煤炭性质的不同分成烟煤、无烟煤、褐煤等。可是露天煤矿、深山煤矿的采掘成本是不一样的。同样，大数据并不是"量大"，而在于数据"有用、有效"。数据的价值和数据挖掘成本比数据量大小更为重要。对于许多企业来说，市场竞争的关键是怎样利用这些大数据。

大数据的价值表现在三个方面：（1）能够利用大数据为消费者提供产品与服务的企业开展精准营销；（2）能够利用大数据为小而精模式的中小微企业开展服务项目转型；（3）传统企业面对互联网的压力必须转型，与时俱进，充分利用大数据的价值。

"大数据"在经济发展中关键作用代替不了对社会问题深入思考，科学发展观的思路不可以埋没在大量数据中。知名经济学家路德维希警示说："今日，很多人忙碌于无意义的信息内容累积，以致于失去对解释和解决问题独特经济意义的认知。"这真的使我们迫不得已警惕这一高速发展的智能产品时期的困惑。困惑APP开发人员的一个关键问题是怎样在功能损耗、覆盖面积、传输速度和成本中间获得微妙的平衡。利用统计数据分析企业机构，能够降低成本，提高工作效率，研发新产品，并给出更明智的商业决策。将大数据与卓越性能剖析紧密结合，可能为企业带来下列有好处：（1）及时处理常见故障、问题，并发现缺点的主要原因，每一年可能节约数十亿美元。（2）整体规划上千辆厢货车的交通实时路况线路，防止拥挤。（3）剖析全部SKU，以利益最大化为主要目标开展标价和库存量清理。（4）依据客户的购买习惯，把客户很有可能有兴趣的优惠促销消息推送他们，提高营业额。（5）在诸多客户中迅速鉴别优质客户。

（6）利用点击流数据统计分析和大数据挖掘防止诈骗行为。

（二）大数据的战略意义

大数据科技的战略地位取决于专业解决这种有价值的数据，而不仅是把握大量的数据信息内容。换句话说，如果将大数据打造成为一个行业，提高对数据的"加工能力"，并通过"加工"实现数据的"增值"，是这个行业盈利的关键。

伴随着互联网时代的到来，大数据越来越受关注。《著云台》的投资分析师团队认为大数据通常用来形容一个公司创造的大量非结构化和半结构化数据，需要较高的成本和时间对下载到关联数据库进行分析。大数据分析往往与云计算技术分不开的，因为大数据分析需要像Map Reduce这样的一种编程模型，将大规模数据集工作分给数十台、数百台或数千台电子计算机分析处理，获取有价值的信息。

四、大数据与传统数据库

大数据分析相比于传统的数据仓库应用，具有数据量大、查询分析复杂等特点。传统数据库是GB/TB级（计算机储存容量单位，1 PB=1024 TB、1 TB=1024 GB）高质量、较干净、强结构化、自上而下、重交易、确定解的数据仓库。大数据是PB级以上的，有噪声、有冗余、非结构化、自下而上、重交互、满意解的数据仓库大数据出现后，大数据对数据库高并发读写要求、对海量数据的高效存储和访问需求、对数据库高可扩展性和高可用性的需求，使传统SQL（关系型数据库）逐渐没有用武之地，而使NoSQL（非关系型数据库）这一模式变得非常流行。互联网巨头对NQSQL数据模式应用非常广泛，如谷歌的Big Table、Facebook（社交网站）的Cassandra（开源分布式NoSQL数据库系统）、甲骨文公司的NoSQL及亚马逊的Dynamo（Key-value模式下的存储平台）等。虽然大数据的存储和处理已有了成熟的解决方案，但是在系统软件中占较大比重的操作系统却没有太大变化，一些重要的技术问题还没有解决，如操作系统对新兴计算资源的直接抽象的调度、分布式文件系统下的统一数据视图、全数据中心范围内能耗管理、大数据下的安全性等，相关技术还不成熟，需要进一步研发。

五、大数据与互联网（Web）

大多数研究大数据的商业公司都有明确的商业目的，即更好地支撑Web服务，如谷歌搜索引擎服务、Facebook、SNS网站、新浪微博网站等。在大数据驱动下，Web服务可以提供更加流畅的网页交互体验，更加快速的社会资讯获取，让日常工作和生活更加便捷，实现更加深入的人、机、物融合。

回顾一下Web的发展，Web1.0时代的Web内容主要由网站服务商提供Web2.0时代，用户大量参与Web内容的生产，如博客和微博内容。Web3.0时代，机、物将共同参与，使Web形成对真实世界的全面映射。

第二节　大数据的发展趋向

一、大数据对社会发展的影响

大数据用户行为反映其真实需求。一切行为皆有前兆，未来的不确定性，是人类产生恐惧的根源之一，而大数据技术在一定程度上可以帮助我们预测未来。简单点来说，大数据挖掘具有帮助我们从众多数据中迅速得到有价值的数据处理能力。在大数据时代，app的价值表现在其所带来的数据经营规模、总流量、活跃度上；公司的价值取决于拥有数据规模、活跃度以及收集和应用数据的能力，这也决定了公司的核心竞争力。相对一个国家来讲，国家拥有数据主权就体现在对数据信息的占有和控制。数据主权将是继边防、海防、空防主权占领以后，又一个大国之间博弈的空间。

（一）泛互联网化

泛互联网化是收集用户数据的唯一一种低成本方式，能够为人们提供数据规模和数据活性。泛互联网化带来软件使用的三个变化：跨平台化、门户化和碎片化。

1. 跨平台化

应用软件深度整合网络浏览器功能，移动终端（手机、平板电脑）拥有相同的体验和协同的功能。

2. 门户化

用户无须启用其他软件即可完成绝大多数的工作并满足沟通需求，对于个性化的用户需求，可以直接调用第三方应用或者插件来满足需求。

3. 碎片化

把原来大型臃肿的软件拆分成多个独立的功能组件，用户可以按需下载使用。这三个特征的核心意义分别在于收集用户行为数据，提高客户黏性及降低软件总体拥有成本，改变商业模式。

（二）行业垂直整合，越靠近消费的企业越有发言权

开源软件加速了基础软件的同质化趋势，而软、硬件一体化的趋势，进一步弱化了产业链上游的发言权。大数据产业结构发展趋势有两个维度：第一维度是大数据产业链，围绕数据的采集、整理、分析和反馈；第二维度是垂直的行业，如媒体、零售、金融服务、医疗和电信等行业。

从这两个维度来看，大数据有三类商业模式：（1）大数据价值链环节，专注于价值链的高附加值环节。（2）垂直产业的大数据整合，利用大数据提高垂直产业效率（3）大数据使用者，提供大数据基础设置、技术和工具。

（三）数据成为资产

未来企业的竞争将是拥有数据规模和活性的竞争，将是对数据解释和运用的竞争。大数据成为企业和社会关注的重要战略资源，并已成为大家争相抢夺的新焦点因而，企业必须要提前制定大数据营销战略计划，抢占市场先机。围绕数据，可以演绎出六种新的商业模式：租售数据模式、租售信息模式、数据媒体模式、数据使用模式、数据空间运营模式和大数据技术提供商。

1. 租售数据模式

简单来说，租售数据模式就是租/售广泛收集的、精心过滤的、时效性强的数据般聚焦于某个行业，广泛收集相关数据、深度提取整合信息，以庞大的数据中心加上专用传播渠道，为某行业服务的模式。此处，信息指的是经过加工处理，承载定行业特征的数据集合。

2. 租售信息模式

信息是指经加工后，具有特定产业特性的资料集合。通常集中在一个特定的领域，大量收集相关数据，深度整合和收集数据信息，再通过专用网络渠道，再

加上一个巨大的数据中心，就成为一家垄断的公司。

3. 数据媒体模式

数据媒体模式将产业定位于媒体上，利用数据挖掘技术帮助客户开拓精准营销企业收入来自客户增值部分的分成，这就是数据媒体模式。这类企业成长非常快，擅长利用数据挖掘分析技术帮助一些数据大户如银行、运营商等开展新的业务。

4. 数据使用模式

数据应用模式是将行业定位于特定行业，根据大量数据适用发掘剖析数据，预测分析相关主体行为来开拓市场。数据应用模式根据大数据技术开展高回报、低风险的项目，为企业发展创造新的赢利模式。今后将拥有更多的数据化商业服务模式，具备自主创新商业的特点。该模型的关键成功因素是维持数据的完整性和完整性并及时风险剖析。数据越全，风险就会越低，越有益于确保公司的高收益。

5. 数据空间运营模式

过去，传统IDC就是这样的，网络巨人们也在不断地推出这样的业务。但最近的网盘发展很快，从数据的视角来看，各公司都开始抢占个人和企业的数据资源。此类公司的典型代表，比如国内的微盘、国外的Dropbox。这种企业能够发展成为一个利润方式更加多样化的数据聚集平台。

6. 大数据技术提供商

互联网数据，从数据量上来看，非结构性资料比一般的结构性资料高出5倍，无论视频数据处理领域、语音数据处理领域，还是语义识别领域、图像数据处理领域都可能出现大型的、高速成长的公司。

（四）数据管理成为企业的核心竞争力

数据管理是否成为核心竞争力，直接关系财务绩效。伴随着人们对"数据资产是企业核心资产"思想的认可，企业对数据管理有了更加清晰的认知。把数据管理作为企业的核心竞争力，数据资产的可持续发展观、战略发展规划与应用是企业数据管理的关键。数据信息投资理财高效率与营业成本和销售收入增长率成正比。此外，针对具备互联网营销的企业而言，数据资产的竞争能力占36.8%，数据资产的管理效果直接关系企业的财务绩效。

（五）数据泄露事件高发

未来十年，除非是数据信息在源部位受到维护，不然数据泄露年增长率很有可能达到100%。将来，不论在安全防范方面是不是做得好，世界500强企业都将遭遇数据信息进攻。如今，所有企业不管规模大小，都必须重新思考安全的定义。超出50%世界500强企业必将设置首席信息安全官这个职务。企业务必采用新举措来保证自己和客户网络信息安全。全部数据都必须要在建立之前就已经获得安全防护，而不是只加强数据储存的最后的一步。事实上，只是提升后者的安全防范措施是没用的。

（六）数据生态系统复合化程度加强

大数据世界不是一个单一而庞大的计算机网络，而是一个由多个有源组件和多个参与要素组成的生态系统。是由终端设备、硬件设施、网络服务、网络访问服务等提供商、数据服务经营者、数据服务提供商、联络服务、数据服务零售商等众多参加者共同构建的生态系统。目前，数据生态系统的基本维度已经形成。接下来，进行生态系统内部角色的详细分类，商业模式创新，进行调整系统机制，调整系统结构和竞争环境等，从而使数据生态系统复合化程度逐渐加深。

二、云平台数据更加完善

企业越来越希望能将自己的各类应用程序及基础设施转移到云平台上。就像其他信息技术系统那样，大数据的分析工具和数据库也将走向云计算。那么，云计算能为大数据带来哪些变化呢？

（1）云计算为大数据带来了灵活多变的弹性空间和价格相对便宜的储存空间和云计算服务器资源，让中小型企业也能像亚马逊平台一样通过云计算开展大数据分析。从2013年开始，大数据技术以及云计算技术性紧密结合，预计未来这二者的关联会更加密切。除此之外，物联网技术和移动互联都将助推大数据改革，使大数据精准营销发挥更大的作用。

传统IDC就是类似这种模式，像阿里巴巴阿里云、亚马逊平台亚马逊云等互联网巨头都提供云计算服务项目。此外，百度云盘的发展趋势强劲。从大数据的角度看，类似国外的Dropbox和国内微盐等各大企业都嗅到了大数据带来的商机，已开始争抢个人、企业的数据资源市场。这种公司未来发展方向是成为数据信息聚合平台，运营盈利模式多元化。

从信息量来讲，非结构化数据大概是结构化数据的5倍左右。一切非结构化数据都能够重现目前结构化数据的辉煌。大型的、高速成长的公司可能出现在语音处理、短视频数据处理、语义识别、图像数据处理等行业。

（2）云计算IT网络资源总数极大且分布范围普遍，是较多异构系统企业实时精确处理数据的重要方式。

大数据转移至云计算必须进行数据通讯网络带宽和云资源池的建立。这样就可以把目前数据备份转移到云环境中，并依据必须灵活拓展网络资源。

第三节 大数据研究现状与展望

一、国内外大数据研究发展现状

（一）大数据已深耕于经济领域且创造了巨大的经济价值

在此，我们以美国为例并谈其大数据产业创造的巨大的价值，具体表现在以下几个方面。

1. 大数据在国外公共管理单位已进行深层次应用

大数据为经济合作组织中的欧洲各国公共管理单位创造了1 500亿～3 000多亿欧元或更高的潜在性经济价值。这种经济价值主要是通过降低政府部门公共管理开支、降低财政转移支付和增加税收来实现。

2. 大数据提高了美国的收税效率

通过大数据分析快速发现税收异常的能力进一步增强，政府部门税务机关能够缩小"税收缺口"，即经营者应缴纳税费与自愿缴纳税费之间的差别，避免违规操作的产生。大部分税务局采用"自愿缴税、追讨欠税并举"的模式。在这样的模式中，她们接纳纳税人税务申报并办理退税，并抽样检查一部分税务申报，查找出是否有欠税情况。

3. 大数据提高美国医疗服务质量

对医疗服务的医院和患者而言，在保证诊疗效率和质量的前提下减少诊疗成本费仍是一个难以实现的目标，而这正是改善民生待遇的巨大的机会。大数据能对很多疾病和其他有关健康医疗的管理福利将产生深远的影响。为了实现群众中最有效医疗效果，结合新的分析工具，通过大数据处理更多的应用电子健康档案，更有利于信息的挖掘和集成化。研究者通过借助这种信息判断未来的发展趋向，并按照实际医疗服务质量开展诊疗评定。

4. 大数据促使美国的交通更便利

根据健全信息和自动驾驶功能，大数据有可能改变各个方面交通出行外貌。驾车的人多了，越容易产生交通拥堵。不仅消耗浪费电力能源，而且造成全球气候变暖，消耗时间、精力、金钱。手持设备、车辆及道路上的分布式系统感应器通过导航系统能够提供交通实时路况信息。导航信息与自动驾驶功能更加好的紧密结合，能使安全驾驶更方便，降低交通阻塞。新型的交通生态体系使智能汽车有可能从源头上更改道路指示使用方式。

5. 大数据提高美国教育教学质量

大数据能够对美国的教学以及其在世界的竞争能力造成很大影响。比如，经过深层次追踪与分析学生们的网上学习活动和学习行为，教师根据信息分析能够确定学生自主学习风格学习效果。通过基于数据挖掘的大学生网络学习群体行为分析模型应用，不仅有助于对大学生外显学习行为评价，更有助从模型中获得大学生隐性学性行为评价，可以为教育管理提供可靠的评价依据，进而采取有效的管理控制方式。

（二）欧美等发达地区大数据国家战略

1. 美国已经布局大数据产业

美国政府将大数据视作提高国家竞争能力的关键因素之一，并把大数据的科学研究和生产制造计划提到国家战略层面。2012年3月，美国政府公布项目投资2亿美金运行《大数据科学研究和发展计划》。这也是自1993年美国宣布"信息高速公路"计划至今，科技水平发展的又一大重大部署。美国政府觉得大数据是"将来一个新的石油和矿产资源"。将"大数据科学研究"提高到了国家战略层面，并对新科技和社会经济发展带来深刻的影响。

以美国科学与技术政策办公室（OSTP）为首，国土安全部、美国国家科学基金会、国防部、美国国家安全局、能源部门等已经联合民企、高校正式开展许多大数据有关的研究开发。

前美国总统奥巴马曾经承诺根据从规模性繁杂的数字数据中获取知识与观点

的水平，加速科学和工程的脚步，更改教育科学研究，提升国防安全。据了解，美国防部大力部署大数据行动，运用大数据技术挖掘海量数据，获得高值情报信息，从而提高快速反应能力，实现自动化技术管理决策。2012年5月，美国数字政府战略发布，提出要通过协调化的方式，所有部门共同提高收集、储存、保留、管理、分析和共享海量数据所需核心技术的先进性，并形成合力；扩大大数据技术开发和应用所需人才的供给。以信息和客户为中心，改变联邦政府工作方式，为美国民众提供更优质的公共服务。

2018年，纽约大学计算机系教授塞恩告诉记者，根据前期计划，美国希望利大数据技术在科研教学、环境保护、工程技术、国土安全、生物医药等多个领域取得突破。其中具体的研发计划涉及美国国家科学基金会、国家卫生研究院、国防部、能源部、国防部高级研究局、地质勘探局等6个联邦部门和机构。

2. 欧盟及日本等国相继出台大数据战略

美国率先开启大数据国家战略先河之后，欧盟、日本及韩国等国家也相继出台了相应的战略举措。数据规模及运用数据的能力将成为影响综合国力的重要因素，对数据的占有和控制也将成为国家间争夺的焦点。

2013年6月，日本时任首相安倍晋三正式公布了新IT战略——"创建最尖端IT国家宣言"。

为了能在互联网通信领域开展全球化竞争，培育新兴产业，运用信息通信技术解决抗灾和核电站泄漏等棘手的社会问题，2012年7月日本总务省新发布"活跃ICT日本"新综合战路，探究大数据推广的现状、未来发展方向、面临问题等，以期对解决社会问题作出贡献。

法国政府为了能促进大数据的高速发展，以培养新兴企业、软件制造商、工程师、信息系统设计师等为目标，上线了一系列融资计划。在公布的《数字化路》中，法国政府表达对包含"大数据"等在内的战略新科技大力支持。法国软件编辑联盟也和政府机构和私企协作，投入3亿欧元资金用于推动大数据领域的发展。

第二届法国巴黎大数据交流会后的第二天，法国宣布支持7个未来投资新项目，并出资1150万欧元。这验证了法国政府对大数据发展趋势的高度重视。众所周知，法国在数学和统计学领域具有独一无二的优势。法国政府项目投资这样的项目的目的在于"开发设计自主创新解决方案并付诸行动，以推动法国在大数据行业的高速发展"。

（三）我国大数据国家战略

伴随着大数据时代的来临，世界各国对数据的重视达到了前所未有的高度。套上数据的光环后，那些原本存放在服务器上平淡无奇的旧数据一夜之间身价倍增。按照世界经济论坛报告的看法，"大数据为新财富，价值堪比石油"。正如大数据之父维克托所预测："虽然数据还没有被列入企业的资产负债表，但这只是一个时间问题。"现在许多国家将大数据视为国家战路，并且在实施上，也已经进入到企业战略层面。

争夺新一轮技术革命制高点的战役已经打响，2012年我国政府在美国明确提出《大数据研究与发展规划》，也审批了《十二五国家政务信息化建设工程规划》，涉及人口数量、法人、空间、宏观经济、文化政策等五个资源池的五大项目建设。这时，我国开放互联、信息共享、智能化的大数据时期已经来临。

2012年8月，国务院令施行《关于促进信息消费扩大内需的若干意见》，激励商贸企业加速信息设备转型升级，提高信息商品供应水平，制定行业标准，建立行业联盟，打造出大数据产业链，推动创新链与产业链合理嫁接。

与此同时，构建大数据研究平台，整合创新网络资源，实施"专项计划"，提升核心技术，深入推进发改委、中国科学院科学基础研究大数据服务平台应用示范项目。广东省首先执行大数据发展战略，推动政府转型。上海市也启动大数据研发三年行动计划。

在政府数据对外开放，企业管理系统进行大数据分析来指导投资和管理工作，上海市毫无疑问走在了前端。2014年5月15日，上海市推动各个政府机构对外开放数据，激励社会有能力的部门对开放数据进行加工和运用。

依据上海市经信委公布的《2014年度上海市政府数据资源向社会开放工作计划》，2014年关键开放行业目前已经明确190项数据内容，涉及公共安全管理、公共文化服务、交通服务项目、教育咨询、产业发展规划、金融信息服务、能源与环境环境卫生、游戏娱乐等11个领域和28个市级部门。

重点开放市场管理数据和交通数据资源。伴随着与群众密切相关信息查找的开启，在上海，企业利用大数据进行"掘金"的时代已经来临。公司一旦在上海投资交通、餐馆等民生行业，就能避免"瞎子摸象"。在立足国家战略和产业政策推动大数据收集和分析技术快速发展的同时，我们也逐步认识到避免数据垄断和保护数据安全的重要性，开展了相关法律法规的探讨和研究。

2017年12月，习近平总书记在中共中央政治局第二次集体学习时强调，要推动大数据技术产业创新发展。我国网络购物、移动支付、共享经济等数字经济新业态新模式蓬勃发展，走在了世界前列。我们要瞄准世界科技前沿，集中优势资源突破大数据核心技术，加快构建自主可控的大数据产业链、价值链和生态系统。要建立健全大数据辅助科学决策和社会治理的机制，推进政府管理和社会治理模式创新，实现政府策划科学化、社会治理精准化、公共服务高效化。要运用大数据促进保障和改善民生坚持以人民为中心的发展思想，推进"互联网+教育""互联网+医疗""互联网+文化"等，让百姓少跑腿、数据多跑路，不断提升公共服务均等化、普惠化、便捷化水平。

2018年中国国际大数据产业博览会在贵阳开幕，习近平总书记向会议致贺信。习近平总书记在贺信中指出，中国高度重视大数据发展。我们秉持创新、协调、绿色、开放共享的发展理念，围绕建设网络强国、数字中国、智面实施国家大数据战略，助力中国经济从高速增长转向高质量发展。

我国不能幻想走别人修好的道路，更不能靠等，只能依赖自身加速前行，提升将数据转化为信息和知识的速度和技术，而这种转化速度和技术体现了大数据技术能力的高低。习近平总书记在信中，强调了国家大数据战略对于中国经济社会发展的重要地位和时代意义，指明了中国大数据发展的科学理念和战略布局，充分表达了我国与各国积极合作共同推进大数据技术和产业发展的真诚意愿和大国担当。

二、大数据的未来展望

大数据于2012、2013年达到其宣传高潮，2014年后概念体系逐渐成形，对其认知亦趋于理性，技术、产品、应用和标准不断发展，逐渐形成了包括数据分析、数据应用等板块构成的大数据生持续发展和不断完善，其发展热点呈现了从技术向应用、再向未来的发展和沉淀，人们对大数据已经形成基本共识：大数据现象源于互联网其延伸所带来的无处不在的信息技术应用以及信息技术的不断低成本化，泛指不在可容忍的时间内用传统信息技术和软硬件工具对其进行获取、管理和处理的巨量集合，具有海量性、多样性、时效性及可变性等特征，需要可伸缩的计算体系结构以持其存储、处理和分析。

从本质上讲，大数据的价值在于：它为人们对复杂系统的认知提供了一种新思维和新的方法，从理论上讲，它可以在很短的时间和空间范围内，对真实世界进行一次数字化的虚拟镜像，这种镜像代表着真实的世界。在充分的运算和有效的数据处理技术的基础上，对虚拟图像进行深入的解析，可以了解和揭示真实世界中的复杂的运行行为、状态和规律。大数据给人们以崭新的思考模式，探索客观规律，改造自然与社会，是造成巨大变化的根源。

在世界各国，大力发展大数据技术，利用大数据推动经济发展，完善社会治理体系；提高政府部门的管理和管理水平已经是一个必然的潮流。本书将从应用、治理和技术三个层面来分析目前我国的大数据发展状况和发展方向。

一是海量的大数据已经被应用到现实生活中，然而就其影响力和深度而言，当前的大数据仍处于初级阶段，未来的发展趋势将以基于大数据分析预测未来、指导实践的深层运用。

根据数据开发的深入程度，可以把海量的数据应用分成三个层面。第一个层次是描述性分析的运用，即通过对大量的数据进行归纳、抽取相关的知识和信息，从而帮助人们对所要做的事情进行剖析，从而反映出事件的发展过程。比如，美国DOMO公司从其公司用户的各种数据系统中抽取数据进行整合，并通过数据的可视方式将数据中所包含的数据传递到各部门的员工和经理那里，从而让他们对公司的情况有一个清晰的认识，作出正确的判断和决策。第二个层次是预测性分析的运用，即通过大量的数据，对各种事件的关联关系、发展模式等进行综合的研究，从而对未来的发展趋势做出相应的预测。正像微软纽约研究院研究员David Rothschild一样，他利用海量的公开资料，例如赌博市场，好莱坞股票交易所，社交媒体用户发表的文章，来预测多个奥斯卡的得主。2014、2015年度奥斯卡24个大奖中，正确预测21个，正确的准确度为87.5%。第三个层次是指导性分析的运用，它是以前面两个层面为依据，对各种决策的影响进行了剖析，并指导政策的制定和优化。比如，通过对高准确率的地图信息以及大量的激光雷达、摄像头等传感器的实时监测，可以预测出车辆各种行驶行为的结果，从而引导车辆的自主驾驶。

目前，大数据的实际运用主要是描述性和预测性分析，而更深层的分析如决策指导等则很少见。一般而言，一个人的决策过程中，有三个最重要的环节：认知现状，预测未来，以及选择战略。以上三种方法分别适用于以上三种数据的分析。在决策过程中，不同的程序需要人与计算机之间的分工与合作。比如，在描述性分析阶段，计算机只需要向人类的专业人员展示当前的情况，而对当前形势的预测和最佳战略的决策依然是由人类的专业人员进行。随着应用程序的深入，计算机将会担负更多且更复杂的任务，其将有更高的效能和更高的增值。随着人工智能技术的进一步发展，目前已成为一种新兴技术，但是仍存在理论基础不完善，模型不能解释，鲁棒性不强等问题。所以，尽管在最深层的决策指导中，如人机游戏这样的非关键技术方面获得了良好的应用，但也有一定的局限性；自动驾驶、政府决策、军事指挥应用价值更高，并在医学、卫生等与人类生命、财产、发展和安全息息相关的领域中，要想得到切实的运用，仍然需要面对许多重要的基础和关键技术问题。以前，没有人敢、也没有能力把大量的工作交给计算机进行大数据的处理。因此，尽管在大数据领域已经取得了大量的成功实例，但是与我们的期望相比，仍然存在着巨大的差距。在今后，将会因其广泛的使用范围、技术水平的提升、数据共享开放机制的完善，随着行业的发展而不断发展，而具有更具潜力价值的预测与指导性应用将成为其发展的主要方向。

二是我国目前还没有建立起完善的大数据管理体制，尤其是隐私保护、数据安全与数据共享与使用的效率还不够突出，这是目前我国大数据发展的一个主要瓶颈，各方面专家已经意识到构建大数据治理体系的重要意义，相关的研究与实践将持续加强。

随着大数据的战略作用日益突出，当前我国的大数据发展最突出的问题是：数据管理体制还没有建立，数据资产的地位还没有达成共识，数据的确权、流通和管控面临多重挑战；由于数据障碍的普遍存在，妨碍了信息的共享与公开；由于我国的法律和法规的发展，使得大数据的使用存在着安全性和隐私性的隐患问题。这些都是直接影响到信息资源开发和转换的重要原因。

其中隐私、安全和共享使用的矛盾最为突出。一方面，对开放共享数据信息的需求非常迫切。近年来，随着对海量、高质量数据资源的不断分析与挖掘，人工智能的发展取得了重大的进步。而对于一个组织机构来说，只依靠本单位自己的积累，很难收集到足够的高质量的数据资料。此外，大数据的强大之处，在于将多源资料进行全面的整合与深入分析，以达到从不同角度观察、认知事物的全面性。而单个系统、组织的数据通常只包括某一局部的、局部的信息，所以，信息的完整性只能由共享开放和数据的跨区域流动来构建。

但另一方面，由于信息的不规范流动和共享，会给用户带来极大的隐私和信息安全隐患，必须进行提前管制和规范。比如，考虑到因特网公司频繁地因非法利用个人资料而造成的个人隐私问题，欧盟已经颁布了《通用数据保护条例》（GDPR），该条例是"史上最严格的"数据安全管理法规，该条例在2018年5月25号正式实施。自从《条例》实施以来，Facebook、谷歌等网络公司就因强制用户同意分享个人信息而遭到重罚。《加利福尼亚消费者隐私法案》（CCPA），即美国"最严格、最全面的个人隐私保护法案"，将于2020年1月1日正式实施。CCPA提出了一项新的消费者权益，目的在于增强消费者的隐私权和资料安全，包括访问、删除和分享公司所搜集的个人信息、公司对个人信息的保护、消费者对自己的信息的控制和占有，这些都是美国最典型的州隐私权立法；在美国，个人隐私保护的水平得到了提升。在这样的背景下，传统的网络业务模式将会面对巨大的挑战，即通过集中的网络平台来收集用户的信息，从而达到精确的市场定位。

《全国人民代表大会常务委员会关于加强网络信息保护的决定》《电信和互联网用户个人信息保护规定》《全国人民代表大会常务委员会关于维护互联网安全的决定》《消费者权益保护法》等有关法律文件，为保护个人信息提供了保障。尤其是《中华人民共和国网络安全法》，2016年11月7日，我国人大常委会就个人信息的收集、使用和保护提出了具体的要求。2019年，国家网信办印发《数据安全管理办法（征求意见稿）》，对公众进行了征求意见。上述法律和规章对推动用户使用数据、保护个人隐私、数据安全起到了至关重要的作用，但是有必要从系统化、保证一致性和避免碎片化的角度出发，制定数据安全法和个人信息保护法。

同时，我们也应该认识到，上述的法律和规章必然会使数据流通成本上升，降低数据综合利用的效果。在保证安全的情况下，既要保证发展与安全，又要权衡效益与危险，又要避免因噎废食；不充分发掘和利用大数据的潜在价值，是当今全球各国在进行数据管理时普遍面对的问题。

近年来，关于大数据治理的理论与实践已经取得了一定的成果，例如，政府出台了有关数据共享、保障数据安全、保障个人信息安全的政策法规，数据管理能力的评价与改进，数据质量保证技术，数据互通技术和技术标准等。但从目前的理论与实际情况来看，仍然有三大问题。

一是大数据治理概念的运用比较"狭义"，目前的研究与实践多集中于企业组织，只从个人组织的视角来思考大数据治理的相关问题，这与当前的大数据跨国界流动有很大的冲突；极大地制约了大数据的应用。二是目前的研究实践还没有对大数据治理的内涵达成一致意见，研究者们从流程设计、信息治理、数据管理等角度对大数据治理进行了不同的界定，但目前还没有形成共识。三是与大数据管理有关的研究实践存在着多条平行关系，缺乏关联性、完整性和一致性。在大数据治理中，很少涉及国家层面的政策、法规、立法等；由于数据的价值还没有被法律规定明确，无法对其进行有效的管理与运用；虽然目前已经有了大量的技术和产品，但是缺少一个完整的多层次的管理系统和有效的管理机制；如何将技术和标准有机地结合起来，构建一个更好的共享和开放的大数据环境，还有待于深入的研究。缺乏系统的设计，只对现有的系统进行扩充和扩充，会造成"碎片化"、缺乏一致性等问题。

目前，社会各界对大数据治理的重要性已有了广泛的认识，大数据管理系统是我国大数据发展的一个重点，但目前还处于起步阶段；在今后相当长的一段时期里，要不断地推动大数据治理系统的建设。

三是数据规模高速增长，目前的技术系统已不能适应大数据的要求，而大数据的理论和技术还不够完善，因此，在今后的发展过程中，必须进行颠覆性的创新与改革。

最近几年，我国的数据量以几何倍数的速度增长着。根据IDC（International Data Center）的报告，到2020年，全球的数据存储容量将达到 44 兆兆字节，到2030年将会达到 2 500 兆兆字节。目前，由于要处理的数据量已远远超出了其处理能力的极限，因此，由于大量数据因无法或来不及处理，许多数据都处于未被利用、价值不明的状态，也就是所谓的"暗数据"。根据IBM的一项调查，大部分公司只使用了1%的数据用来分析应用。

近几年，大数据的采集、存储和管理以及在处理和分析等方面取得了长足的进步，然而，大数据技术系统还不够健全，对大数据的基础理论还处在起步阶段。首先，虽然对于大数据的界定已经有了一些基本的认识，但是很多实质问题仍然有争论，比如："数据驱动"和"规则驱动"的对立统一，以"关联"和"因果"辩证关系，"全数据"的时空相对性，分析模型的可解释性和鲁棒性；其次，对于具体的资料和问题，目前已经出现了许多专门的解决方法，能否建立一个"通用"或者"领域通用"的技术系统，还需要进一步的技术发展才能得到解答；再者，由于应用先于理论与技术发展，导致数据分析的结论常常缺少扎实的理论依据，因此在实际运用中对这些结论仍然需要慎重。

从长远看，推演信息技术的发展趋势将会是一个渐进的过程，随着技术的发展，数据处理能力的提高将会大大滞后于以指数型快速增长的数据量，并且随着时间的推移，"剪刀差"会越来越大，数据量也会越来越多。在这样的大环境下，大数据的出现会促使技术的变化，从而导致信息技术系统的重组，从而为企业的发展提供了新的契机。比如，计算机架构从宏观上向数据集中发展，到微存储与计算一体化，软件定义方法论的广泛采用，云边端融合的新型计算模式等；随着宽带、移动、泛在的发展，高速的数据传送和汇集带来了对 Pb/s 带宽的要求，以及由千亿级设备互联所导致的 Gb/s 高密度泛在移动接入的需要；大数据在空间和时间上的复杂性，迫切需要在表示、组织、处理、分析等基础理论上取得突破；软件、硬件开放的大趋势，引发了行业发展生态的重构。

三、大数据与数字经济

大数据是信息技术发展的必然结果，此发展推动了数字化经济的兴起和繁荣，也是信息化进程发展的一个新阶段。从20世纪80年代开始，随着个人电脑的大量使用，出现了以单机为主要特点的数码产品（信息化1.0），到90年代中期，随着互联网的大规模商业活动，呈现出以联网应用为主要特点的网络化（信息化2.0），目前我国已步入智能化的阶段，其特点是数据挖掘与融合（信息化3.0）。在"人机物"三元融合的大背景下，以"万物皆需互联，一切都可编程"为目标，数字化、网络化、智能化相互融合呈现出新的发展趋势。

数字化、网络化、智能化是我国信息技术发展的三条主线。为数字化打下了坚实的基础，为获得和累积的资料提供了依据；建立一个网络的平台，以便于信息的流动和汇集；智能展示功能，利用多源数据进行综合，展示出具有类人智慧的信息运用，有助于人们对复杂的事情进行正确的认识和问题的求解。

进入新时代的又一重大标志就是，信息技术已由一种辅助的经济手段，转向了主导整个经济的发展，从而产生了一种新的经济范式"数字经济"。数字经济是以信息和数字化内容为主要生产要素，是以现代信息网络为主要载体和以信息通信技术的高效利用为目的，而为经济增长和经济结构优化提供重要支撑的一系列经济活动。还是以新一代信息技术和产业为依托，继农业经济、工业经济之后的新经济形态。从组成上讲，农业经济属单层结构，即农牧业是单一的，主要是以农牧业为主，辅以其他产业；以人力、畜力和自然力量为驱动，以家庭为基础，利用人工劳动，没有明显的社会分工，各产业之间的相互联系；工业经济是由两个层次构成的，一种是提供能源动力和行业制造设备的装备制造生产产业，另一种是工业化后的各个行业，并在一定程度上建立起了一个分工协作的工业系统。而数字经济，可以划分为三个层面：信息技术及其装备产业提供核心动能，各行各业深度信息化，产业间的数据整合与应用的增值产业。目前，我国的数字经济正在形成和发展，即将迎来以信息化带动经济发展的爆发期和黄金时期。

换一个角度，假如说近二十年来，因特网的迅猛发展带来了一次"革命"，给整个人类带来了巨大的变革，那么，可以说网络革命的前半部分已接近尾声。前半部分以"2C"（终端消费者）为特色，以社交、购物、教育为重点；例如，娱乐和其他的服务，就是所谓的"网络消费"。而网络技术的第二阶段已经进入了新的阶段，它的特点将是"2B"（以组织为导向），以推动供应方面的深度变化，网络将会为各行各业提供服务，尤其是在制造业领域；以资源优化配置、质量提升为目的，以产业信息链为核心，以产业信息网络为核心，以产业信息网络为核心。以资源配置优化、质量提升为目标，构建以工业物联为基础和工业大数据为要素的工业互联网。工业互联网是新一轮信息化技术与生产方式的深度结合，通过人、机、物的深度链接，实现全要素、全产业链、全价值链的全方位链接，从而促进新的工业生产制造和服务体系。当今世界，新一轮的产业革命已经开始，传统制造模式、生产组织方式、行业格局发生了翻天覆地的变化，而我国正处在由数量和规模扩张向质量和效益提升转变的关键期。必须把握新的机遇，加快发展新的经济增长点，从而形成新的竞争优势。我国作为一个生产强国、网络强国，促进工业网络技术的发展具有广阔的应用场景和市场，以及强劲的推进动力。

数字经济的发展方向是：第一，新一代的信息技术以网络为中心，逐渐成为人们的生活和经济生活的重要组成部分，它将对现有的硬件基础设施进行深度的信息化改造和软件的开发，从而使人们超越了时间和空间上的限制，推动新经济模式平台经济和共享经济的迅猛发展，在网络之前，百货公司在推动零售业发展方面扮演着举足轻重的角色。从20世纪90年代中期到后期，随着网络技术的发展，网上交易的电子商务平台也随之出现。与百货公司需要供应商和消费者在一个时间和空间进行贸易不同，电子商务则是依靠网络，通过物流、支付、信用管理等相关的业务，打破时间和空间的限制，将消费者和供应商联系在了一块，大大缩短了交易的时间和空间，降低了交易的费用，提升了交易的效率。根据阿里研究所的数据，中国的电子商业在十年内已经成长了十多年，而且还在不断地加快。第二，各行各业的工业网络建设将推动不同类型的工业以信息化为主线进行深度协作和融合，在实现自我升级和转型的过程中，会产生新的商业模式，也会导致某些传统的商业模式的消失。如果说，在无人驾驶技术的不断完善与运用下，那么，传统的计程车将会走向死亡。许多重复的、不需要创新的、不需要太多创意的工业也会被淘汰。《纽约客》在2017年10月发表了一篇文章，剑桥两位研究人员预测，在未来365个职业将被IT行业所取代，其中手机推销员、打字员、会计等职业排名第一。第三，依托信息技术和政务大数据，会提高政府部门的整体行政服务水平，提高公共行政工作的便捷度，促进广大市民的积极参加，为构建共策共商共治的和谐发展奠定基础。第四，信息技术系统将会发生脱胎换骨的变化，将会发挥出超越现有技术水平的潜力，让大数据中蕴藏的巨大潜力得到充分发挥，实现数字化经济的爆炸。

四、我国大数据发展的态势

十八届五中全会把"大数据"提到了国家战略地位。纵观近几年的发展历程，可以归纳为："进步长足，基础渐厚；喧嚣已逝，理性回归；成果丰硕，短板仍在；势头强劲，前景光明"

我国是一个拥有庞大的人口的国家，也是制造业大国，拥有海量的数据资源。随着数字中国的不断发展，各行各业数据资源的采集和应用能力得到不断提高，数据的累积速度将会大大加快。据预测，到2020年，我国的数据总规模将达到8千兆字节，占世界总数据的21%，将成为名列前茅的数据资源大国和全球数据中心。

目前，国内的互联网大数据行业发展势头良好，市场竞争日趋激烈，部分网络企业已建立起世界一流的数据存储和处理平台，在移动支付、征信、电子商务等方面都取得了显著的进步。但是，由于大数据与实体经济的结合还很薄弱，各行各业大数据的应用范围和深度明显不足，大数据生态系统亟待形成和发展。

随着我国政府信息化进程的加快，各级政府在社会经济中积累了大量的信息资源，这些资源与人民群众的生产、生活密切相关，是最有价值的信息资源。如何利用这些数据，更好地支持政府的决策、为群众提供便捷的服务，从而引领促进大数据的发展，是关系到整个国家大局的重要因素。2015年9月，国务院印发了《促进大数据发展行动纲要》，提出了"加快政府数据开放共享，推动资源整合，提升治理能力"的目标。2018年，建立以政府为主体的信息共享开放平台，打通政府部门和企事业单位之间的信息壁垒，并在一些方面进行了试点；2020年，全面开放政府数据。此后，国务院、国务院办公厅发布了一系列文件，推进政务信息资源共享、政务信息系统整合共享、互联网+政务服务试点、政务服务一网一门一次改革等，推进跨层级、跨地域、跨系统、跨部门、跨业务的政府信息系统整合、互联，以政务大数据为依托，推动"放管服"的改革落地，实现数字化、智能化。当前，在政府信息公开与共享方面，取得了显著的进步，成效显著。比如，浙江省推行的"最多一次"改革，是推动"放管服"改革和优化营商环境的一项重大举措。以衢州市房地产交易为案例，建立了一个综合窗口再造业务流程，使群众从原来跑国土、住建、税务3个窗口8次提交3套材料，变为只跑综合窗口1个窗口1次提交1套材料，效率大幅提高。据相关统计，截止到2019年上半年，全国共有82个省级、副省级和地级政府建立了数据公开平台，覆盖省级行政区41.93%、副省级城市66.67%、地级城市18.55%。

我国有很好的技术创新能力。在科研投资上，前期利用国家科学技术项目进行大规模的集群计算、服务器、处理器芯片的研发，系统地开展了基础软件开发工作，取得了显著的成果。"十三五"期间，"云计算与大数据"重点项目已列入了国家科技攻关项目。目前，我国国家重点建设的"2030大科学研究"计划和部署工作正紧锣密鼓地筹划中。国内在存储计算、处理器芯片、分析方法等领域取得了一定的突破，尤其是在数据交互技术、网络大数据技术等领域，实现了对"信息孤岛"的突破；在大数据存储和处理方面，开发了若干关键的产品，为大数据的实际应用提供了有力的支持，国内网络企业引进了大数据平台与业务，在全球范围内具有较高的处理能力。

随着全国大数据战略的实施，各地纷纷响应联动，积极布局。目前，国家发展改革委已成立11个国家大数据中心，为大数据产业的技术创新提供支持与服务。发改委、工信部、网信办等部门联合成立贵州、上海、京津冀、珠三角等8大综合实验区，也在加速推进建设。各地政府相继出台了有关大数据发展的指导政策、发展规划、专项政策和规章制度等，推动了大数据的蓬勃发展。

五、若干思考和建议

（一）大力发展行业大数据应用

目前，在我国的互联网产业中，大数据产业的市场化程度较高，发展较好，但其产业的应用范围和深度却较低，急需建立和发展大数据产业。实际上，与实体经济相融合的产业数据，其发展的空间和价值将更为广阔。以制造业为例，根据麦肯锡公司的一份调查显示：在使用了大数据技术之后，制造公司的制造费用可以减少10%到15%。而大数据技术对于生产企业的作用远远不止于此。从市场、设计和制造的角度出发，从整个产品的整个生产周期、服务、再利用等各方面的数据信息，使生产厂商能够更加精准、个性化地了解顾客的需要，构建精益化、柔性化、智能化的生产体系；建立多元化的经营方式，包括销售产品，服务，价值等，并实现从应激式到预防式的工业系统运转管理模式的转变。制造业在国民经济中占有重要地位，而中国的制造业缺乏自主研发、高价值和相对高端的产品，在全球工业中仅属于中、低水平。因此，必须加快发展制造业大数据挖掘的应用，以促进制造产业升级转型发展，使其在国际竞争中起着强大支撑的作用。

目前，各产业部门都在大力推进数字化转型、网络化改造、智能化升级，推进产业大数据的运用，是推进数字化中国的一个重大举措和依据。

（二）建立系统全面的大数据治理体系

大数据是数字经济发展的核心，而以庞大的IT行业和全方位的深度信息化为传统行业赋能，毫无疑问是数字发展的基石。大数据的治理需要从大数据的发展环境这一角度出发，全面、系统化地考虑到大数据的管理问题。

从国家层面看，大数据管理系统建设涉及国家、行业、组织三个层面，至少包括数据的资产地位确立、管理体制机制、共享和开放以及安全和隐私四个层面，并从制度法规、标准规范、应用实践和技术支持等提供全方位的保障和支持。

要从法律法规保护数据的产权，为数据确权、流通、交易和保护打下坚实的依据，制定促进数据共享开放的政策法规和标准规范，并出台了数据安全和隐私权保护方面的法律条例，有效保护国家、机构和个人资料的安全性，推动政府数据与产业数据的整合运用。在产业层面上，主要是要在有关的法律、法规的基础上，从各产业的角度出发，兼顾各产业的长远发展，制定一个统一的行业数据信息系统和信息控制体系，制订产业内部数据共享与公开的技术标准，推动产业间大数据信息的交流与融合。在组织层面，着重于提高企业对数据的整个寿命周期的控制，加强企业与公司之间的数据信息流动，提高其可变现的能力，保障企业自身的数据安全及客户的数据安全和隐私信息。

数据共享与开放是数据治理系统建设的先决条件，在现阶段尤为重要。在数据共享与隐私保护、数据安全等方面，必须强调应用优先和安全并重的理念。我们不应该把数据共享的开放看作是一个整体，应该从数据的应用环境和用户的利益出发。例如，数据集中的管理可能会带来数据安全问题，但只有数据的整合，才会有价值，数据集中管理是又势所趋，同时，也可以更好地建立起更加有力、可靠的保障机制；多源数据融合可能会造成信息泄漏，然而，是否需要因这种信息泄漏的"可能性"，而拒绝大数据技术的应用呢？数据资料脱敏仍有可能造成个人的隐私权泄漏，个人是否可以在知情的情况下愿意"以个人的隐私换取便利""以个人的隐私换取医疗服务和健康"？是否允许采用一种能满足目前"标准"，但不能保证以后是不是有隐私泄漏的脱敏方法，比如在当前标准下万一出现泄漏的情况，予以免责。目前，安全多方计算、同态加密、联邦学习等技术的发展，都是为了使拥有数据资源的一方能够将安全地使用有价值的数据信息，而防止将数据中的机密、隐私信息透露给他人。尽管这些技术还处在起步阶段，但是由于其广泛的使用潜力，已经引起了人们的广泛重视。

目前迫切需要解决的问题是突破信息孤岛，盘活数据，但在这一进程中，我们不能过于注重硬件的集中，而是要以"逻辑连接"的方式，打通信息"孤岛"，以逻辑连接为先导，物理集中跟进。在建立数据分享系统时，必须建立物理分散、逻辑统一、可信控制的层次，统一的政府信息资源共享交换体系，在不影响原有的信息系统和数据资源的所有权和管理模式的基础上，明确责任和权力，包括数据使用部门提要求、数据拥有部门做响应、交换平台管理部门保流转。与此同时，政府和企业在新一轮建设浪潮中，企业信息化平台如何从规划、立项、审批到建设，已成为政府和企业的首要选择；在审核、方案指导、标准规范和技术支撑等各个环节上提供全面的保证，尽量减少新的"孤岛"的出现。

（三）以开源为基础构建自主可控的大数据产业生态

在大数据时代，软件代码开源和硬件开放已经是不可逆转的发展趋势，如何掌握开源生态，已经成为全球行业竞争的核心。提出了"参与融入，蓄势引领"的开放源码推动战略。一方面，鼓励国内公司主动"参与融入"成熟的开放源码社群，以获得更大的话语权；另一方面，要加强中文开放平台的建设，整合国内的软件、硬件开源资源和开放人才，构建自主可控的开放平台；在不断地学习实践中逐步发展，等待着机会，实现引领的发展。中文开放源码社群的建设，需要政府在开放源码相关的政策、法规以及建立开放源码基础体系等方面予以扶持。另外，在开放源码的大环境下，"自主可控"的概念也需要不断地更新，不仅要重视硬件的设计、代码的归属，还要注重对硬件设计以及软件代码的理解、掌握、改进和应用等。

（四）积极推动国际合作并筹划布局跨国数据共享机制

习近平总书记在2018年亚太经合组织高层会议上的讲话中强调，"经济全球化是人类社会发展的必经之路""各国都是全球合作链条中的一环"。在数字经济飞速发展的今天，我们国家要大力推进国际间的大数据技术与应用方面合作，构建跨国数据共享机制，与其他各国共同分享数字经济带来的福利，在数字经济时代，我们将会更加积极地推动人类的利益和命运共同体的建设，从而给我们国家带来更多的发展机会和广阔的发展空间，目前，我们国家正大力推进与"一带一路"的发展合作。在所有国家之间的协作中，将会形成海量的数据。在确保数据的安全的基础上，提议加强国际间大数据管理的协作，以推动数据的跨界流通，并在各国的合作各方面建立起基于各领域大数据的资源，为开展数字经济的国际协作打下了良好的基础。"一带一路"沿线地区大多属于发展中国家，与发达国家相比，技术和经济发展水平存在着巨大的差异。而新的经济形式——数字化的形成，将为中国等发展中国家的经济发展带来一个历史机遇。在新的世界垄断模式尚未成形以前，经济后发展国家就有了与发达国家相同的机遇，而且因为没有了"路径依赖"而造成的历史负担，他们可以在新一波的竞争中占据优势。

（五）提前做好准备，预防未来发展的大数据带来新危险

大数据的发展会带来许多新的危险。比如，数据资源的独占会造成数据的

"黑洞"问题。有的公司依靠自身的发展优势，持续不断的获得本行业的数据信息，但是"有收无放"，出现了一种"数据独占"的局面，即数据垄断。这些信息的垄断，不但会对该行业的发展产生不利的作用，还会给整个行业的安全造成一定的冲击和影响。另外，由于数据资源与大数据挖掘算法的存在，也容易造成民众对其过度的"依赖"，以及造成的社会"被割裂"等道德伦理问题。通过大量的数据资源大数据分析算法可以推断出使用者的偏好并向他们提供产品推荐，虽然这给他们提供了方便，但却让他们只能看见他们想要的产品信息，将用户群体分割成不同的群体，难以沟通、理解，由此造成的社会问题难以"亡羊补牢"。

我们必须认识到，以互联网为标志的新一代的信息科学技术所引发的这次"社会经济革命"，其深度、广度和速度都将是史无前例的，远远超过我们在工业界得到的常识、认知和想象。要提高广大用户对大数据的正确认识，并运用大数据的思维去理解和处理问题，就可以主动地预防新的大数据所引发的新的风险；只有加速培育高素质的人才，以满足未来发展的需要，才能在数字化经济中形成国家的综合竞争力。

第四节　大数据的主体分类和应用

一、大数据的主体分类

随着信息时代的不断发展，人们的生活和工作都离不开网络，上网记录最终变成数据。互联网上的大数据不容易分类，百度把数据分为用户搜索产生的需求数据以及通过公共网络获取的数据，阿里巴巴则根据其商业价值分为交易数据、社交数据、通信数据和移动数据。互联网大数据可以分为互联网金融数据、用户消费数据、用户地理位置数据、用户行为数据、用户社交数据等。

从社会宏观角度根据其使用主体，互联网大数据可分为以下三类。

（一）政府的大数据信息

各级政府机构拥有海量原始数据，包括环保、天气、电力等各种生活数据，道路交通、水、住房等公共数据，安全、海关、旅游、教育、医疗等行政管理数据，教育、医疗、信用、金融等服务数据。政府机构内部僵化的数据和机构之间的数据整合造成了资源的极大浪费，当这些数据关联、流动起来，综合分析和有效管理时，将产生巨大的社会效益和经济效益。

现代城市从网络智能向智慧化发展，无论是智能电网、智能医疗，还是智能交通、智能环保，都离不开大数据的支撑，大数据是智慧城市的核心资本。截至2012年底，已有180个城市开始投资建设智慧城市。总投资（包括对数据平台和通信网络各种基础设施的投资）总计约6 000亿元。根据"十二五"规划，各地智慧城市建设带动的设备总投资约1万亿元。在建设智慧城市时，大数据可以提供全方位的决策支持和智力支持。政府作为国家的管家，应该逐步将数据开放给更有能力的组织或个人进行分析和使用。奥巴马任总统期间，造福人类的一项重要举措是美国政府应要求建设了data.gov网站，要求政府公开透明，最核心的就是通过此网站公开政府数据。迄今为止，该网站已经开通了数万个数据库。

（二）企业的大数据信息

企业如果加速迅速、实现长期盈利、保持与顾客联系实现复购、传递价值、提高影响力、更好地服务顾客、有效提高质量、实现节约成本、战胜竞争对手、开拓市场等，都需要大量的数据来支撑。如果企业为了更好地为迅速增长的消费者提供优质的不同的产品和服务，商家们需要借助大数据来进行精确的市场营销。互联网公司要通过大数据来提升自己的服务和方向，而传统的公司也要面对巨大竞争的压力，他们也需要寻求改革创新，必须将新的技术融入到自己公司的产业中去，才能不断地进步。

在信息技术的飞速发展中，企业的核心资产和重要因素是数据，从数据逐渐成为到产业供应链模式，再到最后的融合一体的数据供应链。在互联网时代，外部信息之间的相互通信越来越重要，单个公司的内部数据信息也越来越不能满足本公司的需要，必须与整个互联网络数据相连才能发挥重大的作用。综合以上分析，推动数据应用、推动数据融合处理的新兴企业，其竞争优势显而易见。

在大数据时代，网络公司将会有很大的影响力，传统的IT公司也纷纷涉足网络，利用云计算和大数据技术来改进自己的产品，提升自己的平台；从而实现升级，这两种类型的企业既可以互相学习借鉴、进行合作，同时也是强劲的竞争对手。

（三）个人的大数据信息

在互联网上，每个人都可以创建个人的信息管理中心，用于存储、收集、记录等管理与自己有关的所有的个人资料。依据有关法规，在获得本人的许可后，将与他人有关的资料转换为具有重要意义的资料，由第三方收集后即可迅速进行处置，为其提供个性化大数据服务。利用信息技术，可以利用各种不同的可佩戴装置（比如植入各种不同的芯片），获取人体的各项数据，如体温、心率、视力等各类本人身体健康状况数据，还可以获取个人的社会关系、地理位置和购物活动等各种社交网络数据信息资料。本人可以授权医疗服务部门允许获取身体状况的相关数据，从而监控目前的身体情况并制定个性化的保健指导方案；除此以外，还可以给专业的金融理财公司授权，让他们可以监测自己的金融数据信息，从而制定合理的投资计划并预测盈利、是否收益。当然，国家相关机构也会在规定的条件下进行防范和监测、监督，确保公众的人身安全，防止社会上的违法犯罪行为。

个人的大数据信息应依法得到严格的法律法规保障，而其他第三方则需经合法的许可才能利用数据；应当根据我国的法规规定收集的个人资料，用户个人必须自行确定收集的内容和范围，用户享有授权权限，防止一些非法企业模糊方法骗取授权权限。

二、大数据的应用

（一）大数据在个人生活上的应用

1. 在各类文化产品上的应用

从统计数字看，文化媒体是继政府机关产生的数据信息之后，是第二大的数据资源。现在，众多文化公司所关心的焦点，是利用大数据来增强企业的数据增值，更好地理解顾客的需要，从而让企业的产品符合顾客的需要，以增加企业的盈利能力。

大数据在影视行业的运用，是为了满足观众的需要。以往主要依靠导演、主演和制片人的经验来拍摄影视剧；许多情况下，投资都要寻求社交关系，上线播出需要借助媒体的力量，还需要依靠自己的品牌知名度。而观众作为客体只能被动地去接受。在信息技术发展的大数据时代的今天，影视制作模式发生巨大的创新，播放方式也随之发生了变化。通过大数据导演可以了解观众的需要，根据观众的喜好来拍摄他们喜欢的影片。比如在《纸牌屋》借助大数据技术取得巨大的成就之后，影视行业已经将大数据技术应用到了电影行业，甚至像亚马逊这样的著名网络公司都在使用大数据技术来做自己的作品。

旅游行业中，通过利用大数据对旅游行业的趋势进行了预报。特别大数据是法国阿维尼翁论坛成为最热门的话题。为了迎接外国游客做准备，法国蓝色海滨地区旅游委员会与法国移动公司 Orange 合作，利用大数据对一百万名游客进行调研分析，以完善地区旅游发展方案，比如测量游客人数、调查游客的旅游路线、记录住宿信息、定位用户电话，计算停留时间，测算游客活动区域范围等。根据大数据分析方案，根据不同区域的游客，调整宾馆位置，安排不同的交流模式，根据游客的需求设计相应的活动。从而快速而高效的增加了当地旅游区的收益，同时改善了旅游服务的质量。

此外，还可以应用大数据来对在线音乐平台精准投放广告。音乐提供者能够通过互联网平台采集用户行为数据，根据用户的喜好，精准推送相应类型的歌曲，并插播广告。举例来说，周末的午后，针对年轻人，安排动感音乐，广告公司会设法播放一些三亚各种探险旅行的节目；而对于那些在星期一早上在公司工作之前聆听动感的歌曲的听众来说，他们也许会想要在广播里听到一则关于三亚旅游的快乐的宣传。

同时，在艺术市场中，应用大数据信息进行挖掘分析可以进行市场的判断、市场变化的评估、交易量的预测，从而增加艺术品的交易量。大数据在艺术品的营销中起到了先导作用。艺术产业中的大数据来源于三个层面：用户交易，内容分析，以及物流。例如艺术品大数据公司Artnet能够收集艺术品的买卖纪录，并建立包括艺术家，经纪人和设计师的数据资料库。签订合同的客户能够对艺术品市场进行大数据分析，并能预测未来的发展。比如，客户可以根据艺术家的全部信息资料，形成一个流派的指数，并从这个指标中对任意变动的交易额进行分类。又以近十年来世界艺术品的交易量为例，运用大数据进行挖掘，发现在艺术品买卖中，最大比重为现代派艺术作品与印象派艺术作品；而在这些作品当中，占据了全球艺术品市场的主流有34%的现代派作品和24%的印象派作品，它们都是世界上比较具有代表性的作品。

同时，大数据还可以应用在时装设计中。大数据改变着时装设计的方法，影响时装行业。时装设计能否成功常常取决于对颜色图案、形状面料、大小尺寸等的正确的选择，而这些都可以通过大数据收集资料，分析趋势，来获得答案。

最后，大数据还可以应用在设计开发电子游戏上。目前，不管是移动、社交类的游戏，数据分析已经成为一个不可缺少的部分，并且在整个开发流程中扮演着非常关键的角色。利用海量的数据，对每天在线人数进行统计、调整、优化等，既可以提高玩家的体验，又可以减少新开发的游戏进入市场的风险，减少开发成本。比如，社交游戏首次采纳大数据分析，并且拓展游戏领域，Playfish、Zynga等注重顾客体验，并制定相应的策略，通过增值的方式来增加更多的玩家，取得了较大成功。Zynga公司根据《城市小镇》的数据信息进行了分析，认为新手通关困难，新手任务难度高，需要适时地修改关卡，同时保留了原有的玩法，从而完美布局，吸引更多的玩家加入进来。斯科特休梅克说，设计师们想要在发布前对这款游戏进行评价，但是以前很难，现在有了大量的数据信息，并进分挖掘分析，才能更好地了解玩家的需求，改进游戏等级设计，增加吸引力，因此，游戏的推广必须持续地进行，不断地调整，这个过程需要玩家的参与，更离不开大数据的运用。

2. 在其他方面上的应用

大数据将被广泛地运用于社会的各个领域，为临床质量分析、医疗辅助决策、医疗资源分配等带来更多的变化；科学数据服务和个性健康教育的需求，迫切要求建立一个覆盖所有病人的电子病历数据库，并建立 PB 级别的医学数据；为所有医师提供网上诊断服务的医疗平台。在食品安全领域，面对十分严重的食物安全问题，要从信息的角度把握消费者的需求，建立一个大型的食品安全数据平台；就教育而言，要提升全民的整体素质，实现终身学习和继续教育，就必须运用教育大数据来实现；在智慧运输领域，完善交通规划，细化交通方案，统筹各部门的经营管理，充分了解公共资讯，实施人性化的服务，充分运用交通大数据搭建服务平台；在治安保障上，要实现治安防控，确保反恐、稳定，做出情报分析，协助案件的侦破等，亟待建立大数据共享平台，统一治安监管；在科学技术发展上，要加强对科学技术服务数据的整合，实现交互式服务，预测科学技术的发展趋势，为战略决策提供支持；通过技术服务链的整合、众包分包、供需对接等方式，构建科技服务产业的大数据系统，实现资源的整合，搭建跨学科的技术服务平台；运用科学技术服务为项目管理提供技术支持和创新。

（二）大数据在企业发展上的应用

1. 在资源优化上的应用

无论是工业、研究、金融、媒体，还是日常生活都会产生大量数据。大数据通过采集周边环境的信息、建立数据库，帮助我们预测未来，推荐健康的生活方式，世界上每分钟都会产生大量数据，但重要的不是庞大的数据本身，而是用这些数据我们可以做些什么。数据共享能够为公司提高服务质量、促进公司的透明度和效率，为客户提供个性化的服务。实施大数据管理是欧洲支持大数据建设、推动欧洲经济发展的首个步骤，2012年，欧洲委员会提出了一项通用数据保护法规，以降低成本利用公共数据，优化了使用条件。

在零售业中，相似商品的差别很少，具有很好的替换性，因此，要想增加营业额，必须改善顾客的消费习惯，需要增加有特点的产品，需要丰富当地的不同种类的产品，还需要增加不同的时尚风格，缩短消费周期。利用电脑技术及多种通信技术，及时掌握顾客的消费需求，以满足顾客的需要。通过对大量的数据进行分析，可以使商家在货架上仔细挑选出适合自己的商品，并能为消费者带来新奇的款式。通过采集数据，对用户的消费习惯进行大数据分析，并对其进行预测，做出相应的改进，在定价方面采用弹性的战略，需要考虑这些因素，如假期、气候等；如果要有一个固定的收益来源，需对消费者的偏好，做好大数据的预测，可利用电话、网络、电子邮件等多种途径与顾客取得联系，并采集数据信息进行分析，从而根据不同顾客的购买习惯，为顾客提供人性化的服务，提升顾客的忠诚。利用大数据技术，及时采集由微博等社交媒体所生成的海量即时信息，将其与市场销售数据进行整合，为企业的发展做出科学的决策，同时有助于公司掌握行业动态，对顾客的需求做出准确的预期，从而制定出更为高效、切实可行的营销策略。

各大机构和组织都在对大数据进行分析，并从中发掘出对顾客和社会有用的信息。通过对顾客财务资料的分析，可以使银行更好地识别出潜在的高品质顾客、寻找高品质的信用卡使用者、提高还款比例、增加盈利。通过对交通信息的综合运用，使交警能够全面掌握实时路况，对道路状况进行更好的预报，利用大数据进行预测，以解决交通拥挤，从而达到最佳的管理效果，构建高质量、高效率的交通管理体系。

2. 在高效分析上的应用

只有提出了正确的问题，并运用高效的分析工具对这些数据进行分析和处理，才能使这些数据具有很大的价值；只有那些有意义的相关资料，才能使我们做出正确的决定，并使大数据的价值得以体现。企业不仅需要新的技术来进行大数据分析，而且还需要新的人才，特别是像数据专家这样的分析员。面对日益增长的人才市场，企业要保持稳定的发展，必须及早进行人才储备。在大数据时代，人们对新的统计手段提出了更高的要求。

传统的统计方法是从极少量的样品观察中寻找规则，因为数据的采集、储存和分析都是非常昂贵的。而在大数据时代，我们能够将所得到的一切资料都搜集起来，并加以分析。另外，在统计分析中，我们会考虑到与受试者之间存在的内在联系，例如，从借款人的资信情况来判断是否能够按期偿还。在大数据时代会考虑一些不具备内在关联的信息，比如：借款人的头发颜色、常用的搜索引擎、常用的网页浏览器、输入时常用的大写和小写等，美国一家财务分析机构就是使用了这些大量的数据来预测客户的行为。

（三）大数据在政府社会服务上的应用

1. 在政府部门间合作上的应用

政府掌握着从人口、卫生到交通、税收，从医疗、社保到城市规划等方方面面的大数据，但是各个部门间的各种数据并没有得到高效整合，大量部门数据仍然处于固化之中，这些信息孤岛不便于政府调度，难以服务公众，办事受到制约，数据活力不能得到有效激发。

政府部门拥有社会各领域产生的各种大数据，在数据采集储存方面具有天然的优势。但是，海量的政府信息分属于不同单位与部门，各部门间又有不同类别的数据，而且并没有互相关联，而是相互隔离，形成数据割据，对于这些规模巨大的信息，各部门对数据的利用不足，仅仅限于收集分类，简单地进行统计分析，缺少对数据的整合和深入挖掘，难以获得社会价值。因此，可以将大数据应用到政府部门间的合作上。一方面，政府拥有正规专门的各级统计部门和规模庞大的干部队伍，掌握了大量经济社会各个领域的大量数据，数据十分可观；另一方面，政府工作密切关系民生，在日常相关行政过程中，不断积累储存了各类与社会生活紧密相关的数据。同府还可按照具体需求，直接要求事业单位、企业、行业协会主动提供各种数据。

2. 在公共服务上的应用

中国现阶段的大数据应用主要是在科研、学术、产业等方面，但可以预见，在大数据时代，将实现政府的转型，实现职能的转换，新的发展机会将会改变公共服务模式，并对服务系统的构建产生深远的影响，这就要求政府部门提前规划，提前布局公共服务需求，用大数据构建和完善的引导机制。目前的公共服务对象很难界定，类型多样，兴趣各异，因此，政府的服务不能一成不变，否则就会失去目标，导致资源的浪费。在公共领域，利用大数据技术对公共的信息进行系统的采集和分析，实施有精准的服务、网上商品推荐、进行商品评价、建立反馈机制；既可以提升公共服务的效率，又可以提升人民的满意度。

在市政管理中，应用大数据技术有助于优化资源，有效使用行政资源，促进政府的支出效益实现最大化。大数据有助于执法与经济规划，而在防灾和灾后恢复等方面，大数据同样可以大显身手。大数据可以应用于预防犯罪，执法人员可以在犯罪未实施前作出预测，对其进行监控，侦查到有效证据，提前预防，先发制人。

在反恐与国防安全领域，大数据有助于提高国家安全保障能力。应用大数据技术对储存在各部门的不同信息进行自动分类、处理分析，有效预测，改善情报不足，帮助侦察系统升级，增强国家安全保障能力。

挖掘大数据可帮助提高政府决策质量，实现决策的科学性、高效性。例如，日本发生强烈的地震后9分钟，美国国家海洋与空气管理局就公布了一份清晰的海啸警报，随后利用电脑对海洋感应器收集到的数据进行了全面的处理，制定了一套完整的紧急预案，并在YouTube等网络上公布了一个新的海啸影响模式。

第二章

档案管理基础知识

第一节 档案的定义、特点、作用和分类

一、档案的定义

学习档案专业知识，从事档案工作，首先要掌握档案的一般概念，理解这一概念的基本涵义。

实际上，档案在人们日常工作、学习和生活中是很常见的，几乎所有的人都有可能形成和使用档案，只是没有意识到而已。什么是档案呢?简单地说，档案是历史记录。但是，要完整、科学地表述档案的定义并不是容易的。人们经过长期实践，对档案的认识不断加深，逐步形成了比较规范的定义：档案是国家机构、社会组织和公民个人在实践活动中直接形成的有一定保存价值的各种形式的历史记录。

这一定义包含了档案的以下四个要素。

（一）档案的来源

档案来自人们的社会活动。具体说，就是在各机关、团体、企事业单位工作中以及个人在私人活动中产生出来的。它包括两个方面，其一是国家机关和社会组织；其二是著名人物、著名家庭和家族。比如：某个单位在履行其职能，完成其工作任务中，产生了大量文件，档案就是由其中有价值的文件转化形成的。又比如，某个著名人物，在他的一生活动中，形成了许多日记、私人信函等等，作为有价值的历史记录保存下来就是档案。所以，档案总是产生于一定的组织或个人，离不开人们的社会活动。档案是人类社会活动的记录，人们的社会活动是丰富多彩的，这就决定了档案的内容也是极为丰富的，上自天文，下至地理，包罗万象直接记录了人们在各个领域、学科，各个方面的工作活动。档案与图书的区

别在于以下几方面。

其一，产生的范围不同。档案产生的范围不受出版与否的限制，而图书必须由一定的出版机构出版和有专门的著者或编者。

其二，产生的时间不同。档案是随着工作活动直接记录下来的，而图书则是事后经人们进一步总结、归纳编写出来的。相比之下，档案产生的时间要比图书早。

其三，记录的信息不同。档案是工作活动的原始记录，是第一手材料，具有范围广、内容丰富而分散，数量庞大的特点。而图书往往是在原始记录基础上，经过作者加工，编著而成，它的内容比档案集中和系统。

（二）档案的条件

不是所有的活动记录都需要、都可能转化为档案。人们在工作中形成的文件要转化成档案，一般需要三个条件。

第一，必须是办理完毕的文件。正在承办中的文件不是档案，这些文件具有它的现行效用，要等它办理完毕后，才能作为档案保存起来，以备今后查考利用。所谓办理完毕的文件，是指文件的处理程序和文件办理的事情已经完毕。文件处理程序和文件办理的事情，一般情况下是同时完成的。但有时文件处理程序结束了，而文件办理的事情还没有结束，也就是说，这些文件还具有它的现行效用。这样的文件也可以转化为档案。文件办理完毕是相对的，主要是针对文件的处理程序而言。

第二，必须是具有一定保存价值的文件。由于工作需要而形成的文件数量是相当庞大的，有的机关每年要产生、发出或收到几万、几十万份文件，这些文件随着工作的结束将会失去它的现行效用，有的对今后工作无参考作用，没有保存价值，于是，这部分文件便被淘汰了。而那些对今后仍有查考、利用价值的文件则要作为档案保存下来。

第三，必须是按照一定的程序集中保存起来的文件。文件不能自动地转化为档案，人们要把平时形成的文件经过挑选和集中，按照一定的特点和规律组合起来，才能成为档案。

档案与文件既有密切联系又有重要区别，表现在以下几方面，首先，档案由文件转化而来，文件是档案的前身。档案与文件是同一事物两个不同的发展阶段，有什么样的文件，就有什么样的档案，档案的质量，最初取决于文件的质量。其次，不是所有的文件都能转化成档案，而仅仅是其中有保存价值的那一部分文件能实现这种转化。所以，文件是档案的基础，档案是文件的精华，归档时既不能"有文必档"，也不能遗漏有价值的文件。最后，文件是经过整理成为档案的。文件转化成档案必须有一个过程，即立卷归档过程。这是文件和档案的分界线，是文件转化为档案的标志。

了解档案与文件的联系与区别，有助于我们在工作中注意文件材料的形成和积累，提高文件质量，做好文件的舍取挑选工作。

二、档案的特点

第一，来源的广泛性。与其他文献相比，档案来源相当广泛，形成极其分散，内容十分丰富。它自然产生于每一个机关，每一个内部机构和每一个工作人员的工作之中，因此，无论在实体还是在内容上都很分散，很不系统。这就要求在档案管理中首先要集中进行系统整理。

第二，形成的条件性。档案是文件材料有条件转化而来的，并非一切原始记录都是档案，档案必须是办理完毕的，对今后有查考价值并经过归档程序的文件材料。

第三，载体的多样性。档案的物质载体是多种多样，不断演变、发展的。不论是何种制成材料，也不论采用的是怎样的记录形式和方法，只要符合一定条件，均可成为档案。

第四，记录的原始性。这是档案的最主要的特点，体现了档案的本质特征。档案具有原始记录性，这是档案和其他文献的根本区别所在。

三、档案的作用

（一）档案的一般作用

档案是有作用的，人们对档案作用的认识是不断发展的。档案的作用分为一般作用和特殊作用。

档案的一般作用，是指档案在人们的日常工作、学习和生活等各方面所发挥的广泛而又普遍的作用。归纳起来有以下四个方面。

1. 档案是机关工作的有效工具

机关工作中，领导和工作人员为了有效地开展各项业务活动，需要依靠大量的档案，以熟悉情况，制定工作计划，总结工作经验和教训，处理日常事务等。比如：机关领导制定有关政策或处理某个事务，需要以先前的有关制度和方法为依据，如果"无档可查"，就会给工作带来困难。而且有了档案，就有助于领导进行科学的管理，提高机关的工作效率。

2. 档案是经济建设的重要依据

科技档案和某些专门档案，记载和反映了工农业生产和各种经济活动面貌，它是前人劳动智慧的结晶，利用档案为各项经济建设服务，可以大大地节省人力、物力和财力，避免重复劳动，提高经济效益。工厂通过利用科技档案，恢复生产或进行技术改造，可以提高生产能力。例如，上海梅林罐头食品厂利用档案；证明"梅林牌"商标注册时间早于台湾厂家，从而使这一商品取代台湾产品打入了美国市场。获得了较大经济效益。相反，如果"有档不用"，就会给经济建设带来重大损失。比如，有些施工单位不重视利用档案图纸，结果施工中挖断电缆、水管、煤气管，使通信中断，停水、停电。影响了正常工作和生产，造成了重大的经济损失。可以看出，档案不仅具有广泛的社会效益，而且还具有重要的经济效益。

3. 档案是科学研究的必要条件

科学研究，特别是历史科学研究，必须依靠档案。档案是历史的真实记录，研究历史，必须首先恢复历史的真实面貌。许多地区和单位在编写地方志和机关史、厂史、校史等过程中，都利用了大量档案。有了档案，许多历史疑难问题都迎刃而解了。例如：某县在编写县志时，不知本县新中国成立后成立县人民政府的具体日期，找了许多老同志，查了许多资料，都不能回答准确的日期，最后，在县档案馆里查到了县人民政府成立当天的布告，这个问题就轻易地解决了自然科学研究和现代化建设同样也需要利用档案。如果要在某一个地区建设一个重大工程项目，比如开辟一个现代化的港口，首先要进行可行性研究，包括研究该地区的地质水文、气候气象、风俗人情等。这些在档案中都有比较详细的记载，能为可行性研究提供第一手的论据。这说明了档案是科学研究的必要条件。

4. 档案是宣传教育的生动素材

档案能比较形象而又直观地反映历史上的人物和事件，利用档案作为宣传活动的素材，能使宣传教育活动更加形象、生动，达到理想的效果。比如，排演某个历史剧目，需要掌握历史人物的语言举止、生活习惯和风俗、服装特征等，利用档案可以使排演的剧目从内容到形式尽可能接近历史实际情况，增强感染力。在各种宣传、展览活动中，陈列一些历史文件，能够加强说服力；在期刊或报纸上，刊登一些历史照片，就能形象地再现历史面貌，所有这些历史文件、照片、影片，均是历史活动的真实记录。它们是再现历史进行爱国主义教育和其他各种宣传活动的生动素材。

（二）档案的特殊作用

档案的特殊作用，是指档案在人们社会活动中具有的其他文献所不能代替的作用。它主要指档案的凭证作用和参考作用。

1. 档案的凭证作用

档案是历史的真实证据，具有法律效力，这与其他文献不同。档案作为凭证的原因是由档案形成的特点和档案本身的特点决定的。档案是工作生活中自然形成留存的，它们是在工作活动中直接使用的文件和资料而自成形成的，并不是专门为以后使用而准备的。这种自然形成的过程决定了档案记载的历史情况的客观性真实性，是令人信服的历史证据。

从档案本身的物质形式来看，它保存了部分真实的历史产物，如本人的手写手稿和原始印章等。一些文件还保留了本人部分的声音和图像，这反映了档案是真实有效的证据。档案真实记载了的绝大多数历史内容，但也有一些档案内容由于当时形成时被歪曲或失真。然而，档案的形成过程中，有些是后人对当时档案形成者认识偏差，甚至是故意歪曲或者欺骗行为，这也是真实原始记录，同样，仍可以作为查阅的档案凭证。

2. 档案的参考作用

档案作为一种历史记录，不仅具有凭证作用，同样也具有广泛的参考作用。这是因为档案不仅真实地记录和反映了人们社会实践活动的深度，而且，也反映了实践活动的广度，为人们认识自然、改造自然提供了正、反两方面的经验。比如，从工作中产生的文件，可以反映这一工作的始末、实践者的思想以及工作得失、经验教训等等。董必武在《题赠档案工作》中写道："创业扩基，前轨可迹""察往知来，视兹故帙"，对档案的参考作用做了高度的概括。档案和图书、资料等都具有参考作用，而且各有所长。档案的参考作用，其主要特点在于它的可靠性和广泛性。

第一，档案参考作用具有较大的可靠性。档案是原始记录，是第一手的资料。历史学家称档案为"没有掺过水的史料"，它比其他资料来源可靠。例如，上海市档案馆征集并保存的《汪精卫日记》，对研究汪精卫这一历史人物的活动经历和思想演变等，具有确凿可信的史料价值，它远比其他人的回忆录和文章等可靠。

第二，档案参考作用具有一定的广泛性。档案是人类在活动中形成的，人类的活动是广泛的，因而，档案也是很广泛的。同时，在内容上也是丰富的，它是各单位和个人广泛利用的资料。每个池区有档案馆，每个单位有档案室，保存着本地区、本单位各种内容的档案，人们有难题，都可以到档案部门参考档案，寻找答案。

（三）档案发挥作用的特点

1. 档案作用范围的递增律

档案自形成之日起，即可发挥出特定的作用，其作用的范围逐渐扩大，时间愈长；范围愈广，时间与范围成正比呈递增趋势。

档案是在各自的单位和工作中产生的，所以，它首先是对各自的形成者发挥作用，形成者在以后的工作中会经常不断地查考利用自身形成的档案，这也是档案形成的初因。这时，档案作用的范围，仅局限于本单位。但随着时间的推移，档案作用的范围逐渐扩大，它不仅仅只限于一个单位，社会上各个单位和个人都需要利用有关档案。比如某地区创办第一所档案中专学校，在学校各项活动中产生的档案，诸如专业设置、教学大纲、招生和分配计划、方案等等，是学校在教学活动中不可缺少的依据，若干年后；这些档案中的重要部分，永久保存起来，不仅是该校，也是其他学校和其他单位查考、利用的档案。这说明，档案不仅有现实作用，也有长远作用，不仅对一个单位有用，而且，对国家和社会都有用。

根据档案作用范围的递增规律，要求我们处理好档案发挥作用过程中当前与长远、局部与整体的关系。对于一个单位的档案室来说，它所保存的档案，不仅是本单位的档案，也是国家全部档案中的一部分，因此，不能因为本单位无用而随意弃毁，也不能因为只考虑本单位使用而将重要的永久保存的档案封锁起来，长期滞留在本单位，影响社会利用。对于档案馆来说，它所保存的档案是通过接收各单位的档案形成的，因此，要考虑到接收的时间性，不能过早接收，以免影响各单位档案的利用；也不能太晚，以免妨碍社会对档案的使用。因此，档案形成后，先存放在本单位档案室，若干年后，再向档案馆移交。

2. 档案机密程度的递减律

档案随着人类社会活动而产生，人们的某些活动，涉及国家的利益和安全，尚不能公开，因而，它所产生的档案也有一定的机密性。档案的机密程度是有不同等级的，确定之后是需要经常变化的。从总体上讲，随着时间推移，档案的机密程度将愈来愈小，时间与机密程度成反比，呈递减趋势。为什么会出现这样的现象呢？

档案是历史的产物，某些档案在形成之初，因为某种原因需要在一段时间内控制在一定的范围内使用，所以，这部分档案在这一阶段有一定的机密。应该指出：不是所有的档案都有机密，只是一部分档案有机密，机密的程度是不同的，而且是变化的，时间愈久，机密愈小，直至消失。

3. 发挥档案作用的条件性

档案的作用是潜在的，它的发挥不是自发的，需要我们创造条件来实现它。档案的作用主要受到以下三个条件的限制。

（1）受限于人们对档案和档案工作的理解和认识。档案的作用是通过人们在日常活动中的反复使用来发挥的。很多档案存在在档案馆而没有得到充分的利用，这样档案的作用就因无法发挥而被埋没了。因此，档案作用是否有效发挥取决于人们对档案的使用程度，而只有提高人们对档案和档案工作的认识和重视程序决定了利用档案的程度。事实证明，在更加重视档案工作并充分认识档案作用的地区或机构单位中，档案的作用才可以得到更好地发挥。同样档案的作用发挥得越好，才能促进地区或单位领导和同志加强档案意识培训，使其发挥得越好，反之亦然。它们相互影响和制约。我们必须加强档案推广宣传工作，增加档案工作的透明度，通过档案日、媒体等各种方式宣传提高人们对档案工作的认识。

（2）受限于文件管理级别。档案作用发挥的基本条件是档案管理人员应妥善收集、整理和维护档案，方便单位及人员随时查阅和使用档案。当前互联网时代，如何利用高科技技术对档案进行科学管理，提高使用效率，及时发挥档案的作用。如果存储档案管理级别更新不及时，档案文件存储凌乱，没有规范索引，比如在搜索档案文件时需要很长时间，甚至部分档案文件找不到等，这样大大降低了档案使用效率，从而影响档案作用发挥。目前，多数档案管理工作还是一种传统的方式，现在是互联网大数据时代，需要使用先进的技术和管理方法创建档案管理系统，从而提高档案管理水平，以便更好地发挥档案的作用。

四、档案的分类

档案分类是根据档案内容和形式的异同，分门别类地、系统地组织与揭示档案材料或信息的一种方法。它将彼此属性相同的档案材料或信息分别集中在一起，把彼此相异的档案材料或信息分开，成为有条理的系统，以满足特定的需要。

档案分类可以区分为广义和狭义。广义的档案分类，一是档案概念分类，通常多称为档案种类的划分；二是档案实体分类；三是档案信息分类。狭义的档案分类是指全宗内档案的分类，即档案整理的分类，它仅是档案实体分类中的一层。

（一）档案概念分类

档案概念分类是指档案概念外延的划分，即在档案总概念下，分为许多具体档案概念，通常亦称档案种类的划分。人们根据档案的不同属性和科学管理档案的需要，分别采用不同的标准，从各种角度划分档案的种类。

根据档案形成者的性质，可分为国家机关档案、党派档案团体档案、企业单位档案、事业单位档案、名人（人物）档案等根据档案的内容性质标准，有两种划分方法，一种是先分为普通档案和专门档案，然后再具体划分，另一种是直接分为文书档案、公安档案、诉讼档案、会计档案、科技档案、人事档案、社会保险档案等多种门类。

此外，还可以按照历史进程的时间次序、档案的所有权、档案的载体形式等标准作为档案划分的方法。档案概念分类具有临时性、不稳定性的特点，可以用档案的任何一种属性或特征作为划分标准，其目的是从不同角度、不同侧面加深对档案概念的认识，随机性比较大，不必强求划一，只要这种划分有利于对档案的科学管理就应承认其合理性。

（二）档案实体分类

档案实体分类就是依据一定的标准，按照档案的来源、时间内容和形式特征的异同点，对实体存在的档案进行有层次的区分，并组成一定的体系。它按照档案的本来形态，将形式与内容作为个整体来分类。档案实体分类能体现档案的形成规律与特点最大限度保持档案之间的历史联系，把以件、卷（盒）档案组成的实体单位置于不同类别之中，确定档案的物理位置，然后依此顺序编制案卷目录，使之系统化、固定化，实现了档案从分散到集中，从无序到有序，以整齐的排架分类，为档案实体的科学管理奠定基础。

（三）档案信息分类

档案信息分类是指以档案所记述的信息为对象进行分门别类，也称为档案目录信息的检索分类或简称档案检索分类。它将档案的载体形式与内容相分离，使后者脱离其外壳的前者而独立从而失去了原有的物质形态而仅存其信息内容分类。档案信息分类在实际工作中主要表现为对每份文件或案卷进行分类标引，组织分类目录或索引，建立目录中心，完善检索体系，以便深入开发档案信息，实现资源共享。

第二节　档案的发展历史

一、发展历史

作为四大文明古国之一的中国，有着源远流长的文化历史。而档案作为记录信息最重要的媒介，其发展经历了从无到有、从分散到集中、从简略到详细这段复杂的过程。到了现代，随着网络的高速发展，企事业单位的档案管理工作也从过去的纸质档案逐渐转移到了以档案管理系统为核心的档案管理工作在过去，档案主要存在形式经历了从商朝的甲骨档案、西周的金石档案、秦朝的石刻档案，在后期又发展成为以竹简为核心的档案载体，我国现存的许多史书就是过去竹简档案留下的宝贵财富。而因为造纸术的诞生，档案的载体又经历了一次重大的变化——更加轻薄以及方便存储。但是，以实物为载体的档案始终面临着许多问题：过去的甲骨、金石、石刻、竹简档案虽然可以长时间保存，但是，档案一旦累计到了一定的数量之后，档案的保存和查找就成了人们所关注的问题；造纸术虽然是档案发展历史上一个里程碑式的发明，但是纸质档案同样面临着许多的问题，虽然同过去的档案相比较容易保存，但是长时间的档案积累同样需要面临着存储空间和查找困难的问题，除此之外，由于古代纸张相对脆弱，对于鼠灾、虫害、火灾、档案存储空间潮湿等许多问题需要人们去解决。

到了近现代，档案的管理方式从过去的分散式逐渐转变为集中式管理。但是，由于档案载体同样是纸质档案，虽然纸张的质量有所进步，但是同样需要面对诸如火灾、潮湿等环境问题，如果档案存储位置发生了地震等非人为性灾害，这会为企事业单位造成无可挽回的损失。

随着互联网和信息技术的飞速发展，办公自动化系统的诞生促进了档案管理系统的加速设计开发，这样就出现了一种新的档案归档手段：企业级档案管理系统。随着档案管理系统的研发成功，档案归档支持已从纸面文档转变为计算机归档。随着云存储、硬盘等新存储介质的出现，大大降低了存储和维护档案的难度，从而提高档案管理效率。使用计算机存储档案，解决了纸质档案存储占用空间问题，而且随着服务器安全维护技术的发展，档案管理中存在的火灾、水灾和虫害等风险已降至最低。同时，企业级的档案管理系统具有维护成本低、检索快、易于恢复等优点，这也促进了档案管理系统的快速发展。

随着国家档案局出台有关档案的法律法规，档案存储、利用和检索等管理越来越规范，大型档案管理系统开发团队越来越受到企业和机构的关注和青睐。

二、档案管理的发展历程

（一）古代档案管理机构的产生与演化

我国档案管理从产生到现在繁荣，不断演化，经历了多次改革和完善工作，现在已经形成了具有中国特色的事业单位档案集中管理体制。中国最早的古代档案管理制度是建立奴隶制国家以后的才出现的。从奴隶社会到封建社会，档案组织经历了从零到存在、从简单到复杂的演变过程。

我国从夏朝开始建立国家，产生了文字，开展了档案管理活动。《尚书多士篇》中有"夏迪简在王庭"的说法，意思就是，记载夏朝制度的简册档案直到商代还保存在王室的档案库中。由此说明，在夏朝我国就已经存在档案管理机构；在商代，有确切的考古证明，"惟殷先人有册有典"，并且在商王的宗庙和陵墓地区存有其重要的档案，这也是我国目前发现的最早的有意识存放档案的地方；在西周时期，收藏档案的"天府"是我国有文献可考的保存文书档案的收藏机构。另外，西周中央政府机构之一太史寮，由太史及其属官组成官署，主要负责记载史实、起草文书和保管国家典籍等事务；春秋战国时期文书档案管理工作从传统史官任内分离出来，设置掌书、尚书等新的文书档案管理人员；在秦代，由于秦始皇高度集权的政治制度，秦国制定的各种礼仪度、律令，各郡县编报的官吏名籍、民户户籍等重要档案，都收藏于丞相府和御史大夫府，并由专职官员柱下史管理：在两汉时期，西汉为了加强对档案的管理，专门建立了如石渠阁、兰台、天禄阁等专门收藏文书档案的机构。东汉也建有石室、东观、鸿都等收藏图籍的机构；魏晋南北朝时期，各国大都都设有秘书郎、著作郎、令史、主书兼管现行机关的档案：隋唐时期，随着政治、经济、文化的繁荣兴盛，档案管理机构发展迅速。利用资料编修文书业发展为朝廷有组织的编纂事业，并且修建了甲库保管甲历档案。唐朝时期，设史馆于禁中，具有中央档案馆的机构性质：两宋时期，在军事与行政机构中，都设有架阁库以管理档案，中央设有通进司统管全国文书档案工作，设有金耀门文书库集中接收各架阁库档案，设玉牒殿和皇帝档案图书馆，还设有编修机构，如枢密院的编修司等；元明时期，元朝中央机关只设中书省，在中书省及地方机关中都设有架阁库。在明朝，设于中央的文书机构有文书房、司礼监、通政使司等，并且从中央到地方普遍建立架阁库，档案管理机构由分散逐渐走向集中，并且有了更大的发展。而且还修建了规模庞大、坚固并设有防护设施的皇家档案库；到了清朝，建立了档案库房，还在中央机关的军机处和内阁设立汉本房清档房、典籍厅等文书与档案工作机构。内阁大库和军机处的文书档案工作职能得到很大的加强，形成中央两大文书档案工作系统，使得清朝文书档案比明朝更有发展，组织上也更加的严密。

总之，我国古代的档案管理工作部门均是由国家的帝王设立的，并为其服务，为其所用，也由他们管理。在封建中央集权社会，档案管理部门是我国政治管理制度中的一个重要环节，而国家档案行政机关则是最能反映国家政权的组织形式。从档案工作的角度来分析，这个时代的档案行政单位，是统治者对国家的档案管理行使行政职权，其所统治的国家机关政要直接进行管理档案工作，集中保存朝廷王朝中央的档案资料，主要发挥档案编史修志的作用。并且，由于古代文书与档案长期不分，文书与档案机构之间没有清晰的划分，所以，在我国古代，档案管理部门通常是把文书、档案、图书、编史集为一体的综合的组织形式，当时还并不能算是国家规模的档案事业管理。

目前，我国的档案管理制度，有效地强化了档案事业的行政管理以及档案保存利用等工作，从而推动了档案管理工作的发展。然而，在我国社会政治经济文化快速发展的今天，我国的档案工作也面临着许多新问题，而如果我国的档案管理工作要顺应新的形势和新的情况，就要从我国的各种制度改革入手，以满足我国的新形势、新情况的要求，构建中国特色的新时代档案工作制度，进一步创新完善档案管理系统，推动我国档案事业的健康、稳定、迅速地发展。

（二）近代档案管理机构的发展及变迁

由于西方科技与先进文明的影响与渗透，清末国家体制发生了变化，现代国家体制的建立，国家的档案管理体制逐渐走向现代化。清朝末年，在中央和各地设置了总务科、文牍科、案牍科等专业部门。在某些从事洋务工作的机关和由外国侵略者直接掌控的机关，还有某些新兴的公司中，档案工作部门也出现一些新的革新。一些官办、私营企业设立了文案室或文案厅，同时设立舆图局、画室等，客观上使得档案管理体制趋于高度的统一化；南京临时政权期间，在总统官邸内设立了一个秘书处，秘书处设有收发室、文牍科等部门。当地机构还设立了文书和档案工作等相关机构；在袁世凯统治期间，还增设了具有现代特征的文书档案管理机关。在中央、省级机关设有秘书厅或总务厅，下属部门设有文件保管科、档案室等，各地机关亦相继跟进，建立了较为完善的档案管理体系，为现代档案事业的发展打下了坚实的基础。在民国政府期间，档案行政事业亦有所发展，政府直属各部、会普遍设立档案室、档案科以及掌卷室等各种级行政机关的文件档案管理机构，对行政机的文件档案进行集中保管。

总之，这个阶段的政府部门把档案工作逐步分离出来，各单位都普遍设立档案部门，形成了以档案馆为核心的档案组织系统，这使得各个部门的文件都有了集中化的趋势，同时也产生了建立国家档案管理机构和国家档案馆的目标需求。但总体而言，目前我国的档案行政组织还处在零散、落后的状况，各单位的档案管理工作基本是独立保管，各自为政，档案工作仍然是一个单位内部的工作，各档案管理单位之间互不统属、互不联系，因而，这一时期还没有形成统一的档案事业管理体系。

（三）现代档案管理体制的形成与发展

我国现代档案事业管理体制是新中国成立后，在我国党和政府的关心和支持下，通过确定全国各级档案管理部门制定而确立，并经过多次改革和调整得到进一步的发展。

1. 我国现代档案事业管理制度的基本形成

新中国成立时，我国档案工作仍处于政府档案馆工作时期。全国各部队、政府机关、企业、事业单位的档案工作，基本上仍处于分散管理、独立管理的状态。这一时期，我国还缺乏特色，没有全国统一的档案和档案管理制度。

随着第一个五年计划的良好进展和我国社会主义事业的快速发展，中央要求进一步加强统一集中领导和有计划的社会主义经济建设。为此，中共中央决定合并各省市行政机关，撤销大区，设立临时档案保管机构，对撤销机关的档案进行集中管理。由于贯彻落实原单位档案统一、集中、完整的原则，在对主要地区党政机构档案进行撤销和集中管理的过程中，保证了本单位档案的安全和完整。撤销机构不仅得到保障，还保证了归档活动的集中统一管理。同时也对档案事业贯彻集中统一管理的原则提供了经验，以身作则。随着区域档案日益集中化，不可避免地要创建一个领先的档案相关机构，朝着集中统一的方向发展，并创建一个专门的商业档案机构，负责组织和存储区域档案。这样，不仅促进了国家档案馆治理机构的产生，也为中央和省各级档案馆的创建创造了条件。

国务院在1956年4月发布了《关于加强国家档案工作的决定》。这是新中国档案馆建设中首次发布重要的档案指导性行政法规，影响非常大，意义深远。《决定》确立了全国档案工作的基本方针和任务，就加强各级档案工作机构建设、建立统一的档案归档制度、加快收集整理历史档案等作出了多项规定。《决定》的出台是对全国档案集中统一的重大改进，但仍保持各系统档案分开管理的现状，不进行根本改变。国家档案局、军委办公厅档案处和中共中央办公厅秘书局仍分别管理国家档案局、军队系统和中共各级党组织的档案管理工作。

我国档案事业管理体制形成初期，事实上仍是按照分散管理的原则。这种管理体制导致各部门独立治理、自成体系、各自为政，弊端是容易导致引导力量不集中，浪费人力、财力、物力，并且很难管理造成效率低下，也很难进行有效的符合政令、规划和规范统一的要求。随着人民民主专政国家政权的不断巩固和经济社会的快速发展，党和国家领导人逐渐认识到，党政档案各方面密切相关，在档案管理业务上也没有大的区别。将党政档案工作结合起来，既可以方便工作，又可以建立统一档案，符合精简、高效的原则。此后，我国档案管理体制第一次改革势在必行。

2. 档案管理体制的发展变化

（1）20世纪50年代中国档案工作的首次改革

周总理在1958年6月提出了对党政档案进行集中管理的建议，并在1959年一月下发了《关于统一管理党政档案工作的通知》。通知指出："把党的档案工作和政府的档案工作统一起来是完全必要的。在档案工作统一管理方面相对滞后，各级档案管理机既是党的机构，又是政府机构：为加强党对档案工作的领导，应规定各级档案管理机构在中央由中央办公厅主任直接领导，在地方由各级党委秘书长直接领导（不设秘书长的县委由办公厅主任直接领导）。"在中央向国家档案馆报告的同时，也同意建立一个党统一的档案馆，但要集中保管党的档案。1959年6月，经中共中央和国务院批准，正式建立中央档案馆，不仅负责国家档案的保管，而且负责党的档案工作。党和档案工作统一管理后，党中央档案工作秘书处的指示与国家档案合并。1960年以来，国家档案馆的业务管理工作一直由中共中央办公厅领导，其组织体系仍然属于国务院。在这一点上，负责党和政府、国家档案局档案管理工作的档案管理部门。地方机关档案管理工作也相应进行了调整。这是我国档案管理的第一次重大改革，标志着我国档案管理真正开始实行集中统一，在世界上独树一帜的党的双重领导和档案工作新模式下，成为我国档案工作的重要特征。

（2）20世纪80年代我国档案管理的第二次变革

1978年12月，十一届三中全会后，随着国家改革开放政策的通过，档案工作开始进入恢复巩固期，开创了新局面。特别是随着经济体制改革的深入，档案管理体制也必须进行深入改革。20世纪50年代以后，我国为了适应档案工作的现状，实行档案工作的集中统一管理，直接由共产党领导体制来管理。这一制度在当时的历史条件下是合理的，也促进了档案工作的开展。但到二十世纪八十年代，国家档案工作形势发生了很大的变化，档案工作已经超越了党和政府机关档案工作的范围，由国家机关、社会团体、企业事业单位档案工作为基础，以全国各大档案馆工作为主体，拥有国家档案。在档案工作新形势下，我国遇到了许多新问题，新形势下，档案事业的发展受到了影响，原有的档案管理体制改革势在必行。

中共中央国务院于1985年2月批准了中共中央办公厅、国务院办公厅《关于调整我国档案工作领导体制的请示》，在《批转关于调整我国档案工作领导体制的请示的通知》中明确指出"档案工作是维护档案和国家历史真实面貌的重要事业，是党和国家各项建设事业必不可少的环节。目前全国档案工作还不能适应社会主义各项事业发展的需要，希望各级党委和人民在政府进一步加强对档案工作的领导，把档案工作作为一项事业列入国民经济和社会发展规划，解决档案部门存在的一些实际问题，逐步实现档案管理现代化，大力开发档案信息资源，是档案工作更好地为党的总任务、总目标服务，为建设社会主义物质文明和精神文明服务。"这是新中国成立后的第二次档案事业管理体制改革。改革的内容主要有：其一，仍然实行党政档案工作统一管理原则，规定各级档案机构既是党的机构，又是政府机构，列入政府编制序列。其二，国家档案局由中共中央办公厅领导该归国务院领导，作为国务院直属局日常工作由国务院秘书长领导并统一掌管全国档案事务。中国第一历史档案馆中国第二历史档案馆，归口国家档案局管理；中央档案馆仍是中共中央和国务院直属的事业单位，日常工作仍由中共中央办公厅直接领导，在业务上受国家档案局指导。其三，地方各级档案局作为地方各级人民政府直属局，其领导关系是否作相应调整，由省、自治区、直辖市党委和人民政府根据实际情况确定地方各级档案馆归各级档案局管理。

1987年9月，我国第一部《中华人民共和国档案法》正式颁布施行。《档案法》明确规定："各级人民政府应当加强对档案工作的领导，把档案事业的建设列入国民经济和社会发展计划。"1990年颁布实施的《档案法实施办法》还进一步规定："县级以上各级人民政府应当加强对档案工作的领导，把档案事业的建设列入国民经济和社会发展计划，建立健全档案机构，确定必要的人员编制，统筹安排发展档案事业所需要的经费。其他机关、团体、企事业单位和组织也应当加强对档案工作的领导，保障档案工作的开展。"《档案法》还对档案机构的设置及其职责作了相关的法律规定，确定了档案机构的法律地位，不仅总结了新中国成立以来档案工作实践的成功经验，反映了国家机构改革的要求，而且对今后档案机构建设的加强，档案机构职能的不断完善以及档案事业的健康稳定发展提供了法律保障。

（3）20世纪90年代我国第三次档案管理变革

新中国成立以来，我国档案工作的实际情况表明，档案管理体制并非独立存在，而是必须要与我国社会发展、经济、政治体制等制度协调一致，才能确保档案工作的顺利开展，确保档案事业的健康稳定发展。中共十四大提出了国家机构改革的目标，即转变职能，精兵简政，提高效率。推行机构改革，既是当前政治体制改革的当务之急，又是进一步深化经济体制改革、构建市场经济制度、加速推进现代化进程的必要条件。

在1993年，中共中央办公厅、国务院办公厅联合发布了《关于印发中央档案馆、国家档案局职能配置、内设机构、人员编制方案的通知》；中央和国务院的批准将中央档案局和国家档案局合并为一个机构，包含中央档案馆和国家档案局两个部门，承担全国档案的保管、利用和全国档案事业的行政管理，被确定为党中央和国务院直属机构，副部级单位，由中央办公厅管理。

各地的档案部门和档案馆的如何建设及改革，各级党委、政府要结合当地的具体情况制定相应的档案管理体制。但各地的档案机构改革，要实现档案组织结构的灵活、高效，要与深化改革、建设社会主义市场经济体制相适应。按照中央一级的档案机构改革模式，根据中央关于加强档案机构设置，做好档案机构改革，是各省市档案机构改革的重点。也按照中央的要求，实行局馆合一，即一个机构，两个牌子，各履行两种职能，这不是简单地将两个机构合并，也不是将两个机构的功能合并为一个机构，而是一种全新的组织形式，这是一场意义深远的变革。在此项改革中，以职能转变为中心，该部门由原来的档案局管事业，档案馆管实体，合并统一后，该机构既管事业又管实体，把档案局和档案馆两个部门的职能有机地结合，形成一个科学、高效、统一的管理体系与运行机制。我国档案管理的重大变革，是以强化档案管理宏观调控、重视档案实体经营为核心的，必将推动我国的档案工作进入一个全新的发展时期。

第三节　档案工作的内容与性质

一、档案工作的基本内容

（一）档案收集

档案收集就是接收和征收档案，是档案管理的一个业务环节，而档案收集则是按照档案管理规定，根据制定的惯例接受制度以及专用的征收方式，即把在各机关、各部门、个人分散的档案和在社会上散失的档案，集中在国家档案馆或各级部门档案管理机构，以便进行科学的管理和管理。

档案的收集工作是档案管理工作的一个特殊的环节，是档案管理的基础，对于后期档案的整体管理具有重要的作用。

第一，档案收集工作是各级档案馆、档案室获取、积累档案的一种方式，该工作也是档案工作的出发点，收集到的档案是档案管理工作的管理对象。

第二，档案的收集是实现档案集中、统一管理的一个重要环节，也是一项重要的具体措施。

第三，档案收集工作的质量将直接关系到档案工作中其他各方面的工作质量。

第四，档案收集工作具有政策性强、涉及面广、工作要求高等特点，是与外界各方面密切联系的一个重要环节。

（二）档案整理

档案整理是指按照一定的原则对档案实体进行系统分类、组合、排列、编目之有序化的过程，它是档案管理中的一项基础工作。通过档案整理工作使成分复杂的档案条理化、系统化，有利于档案的保存和使用。

档案整理主要有以下三种类型。

1. 系统排列和编目工作

在一般情况下，档案室接受文秘部门和业务单位根据存档要求制作的档案卷，根据入馆的需要档案馆负责接受转递的档案卷，并对其进行整理。档案馆和档案室的整理工作，主要是对档案卷的质量进行检查，制订馆室内部的归类计划，对档案卷宗进行系统化的整理，并对档案卷进行编目处理。

2. 局部调整

局部调整的主要内容有：对已接收但不完全符合整理要求的档案卷，进行必要的部分加工整理；对由于遭受损失、销毁与移出等各种原因而使整理体系发生重大变化的档案，进行新的系统化调整。

3. 全过程整理

"全过程整理"就是对分散的、需要接收、收集的档案进行系统的整理，并对其进行编目分类，按照要求使其具有一定的历史关联性，便于保存和使用。文件的历史关联是文件形成、处理过程中的建立的内在联系，比如档案文件来自哪里，什么时间形成，内容相关性，形式等各方面联系。保存文件间的历史关联有时可以采取多种方式，最终目的就是方便档案存储和利用，并将两者结合。

（三）档案鉴定

档案鉴定是指按照一定的原则和标准，判定档案的真伪和价值，确定保管期限及决定档案存段的一项工作。通常所说的档案鉴定工作是指档案价值鉴定，这里所说的价值是指档案因具有凭证作用与情报作用，表现出的对机关和社会的有用性和有用程度。档案鉴定是对价值的评价和预测，鉴定工作可以去粗取精，使档案保管机构的人力、物力和财力能够充分发挥作用。

档案鉴定工作的制度与原则有以下几点。

第一，档案鉴定工作是一项科学性很强的工作，必须坚持全面观点、坚持历史观点、坚持发展观点。

第二，档案鉴定工作必须按照党和国家制定的鉴定工作原则和鉴定标准进行。

第三，档案鉴定工作必须有组织、有领导地进行，一般应由领导、专业人员和有关单位代表参加的鉴定小组负责进行。

第四，凡是经过认真的鉴定，判定为保存或销毁的档案，必须按照规定的程序办好鉴定手续。

第五，档案鉴定工作是一项决定档案命运的工作，档案工作人员必须严肃、慎重地对待鉴定工作，严格遵守档案鉴定工作制度。

（四）档案保存管理

档案保存管理是保证档案的完整性和安全性的一种行为，是档案管理中非常重要的一部分。

保持档案的整体体系，确保馆藏的存档工作井然有序；保护档案完整性，防止人为或自然的损坏，使其最大限制降到最低，尽量延长档案保存时间。

在我国档案保存管理主要包括以下四个方面。

1. 档案的排架排列

根据不同的条件，采用分类排架法和流水排架法，或分类、流水式综合排架法。"归类"是指根据档案的不同时期、不同的档案类型、不同的档案机构、建档单位的不同组织机构等，将馆存档案归入不同的类别进行排架；流水排架是根据整个宗门第一次入藏的时间先后排列；分类、流水综合排架法是将文献归类，然后按照全宗入库的先后次序排架。不管采取什么办法，一个宗门的档案都应该统一排放，不能分开或混合。

2. 档案的仓库保管工作

应健全档案保管制度，配置相应的保护设施，对温度、湿度进行适当的调整和控制，做好防火、防盗、防尘工作；确保档案文件的清洁和有序，确保档案的安全。

3. 档案的借出和归档工作

所有的档案的借出与归还均须逐一清点，并按程序进行。已用过的档案应放回到原来的位置。

4. 档案的检查工作

对所收藏的档案文件进行定期的全面的检查，如有需要，可以进行临时局部的检查。重点是要查看档案是否缺失，是否完整，要一本一本逐卷检查，每一步工作，要有详尽的记载并形成正式报告。

（五）档案检索

档案检索是指存储和查找档案信息的过程，它是开展提供利用工作的基本手段，是开发档案信息资源的必要条件。档案检索工作将档案信息运用一系列方法进行加工处理，形成各种检索工具，供人们查找所需档案。

档案检索的过程主要有下列几个步骤：①分析利用要求；②选定检索工具，确定检索途径和方法，如按分类途径、按主题途径，或按全宗构成者、责任者、年代以及其他途径检索；③按照选定的检索途径及其检索标识，如分类号、主题词等查取档案；④通过一定的方式将档案材料或编成的目录提供给利用者。

（六）档案编研

档案编研是指在研究档案和社会需要的基础上，按照一定的题目、体例和方法编辑档案文献的活动。档案编研工作可以满足更多利用者的需要，让档案信息以编研成果的形式长远流传下去，并延长档案原件的寿命。

（七）档案利用

档案利用又称利用服务，是指利用者以阅览、复制、摘录等方式使用档案的活动。档案得以利用是档案管理工作的最终目的，档案利用可以使包含在档案中的凭证价值和参考价值得以发挥和实现。档案利用是档案整个过程中的最终环节，国家政府以及档案馆工作人员为档案所做的一切努力，包括档案安全保护的最终目标就是能服务于现代化建设，服务于国家，服务于人民群众。

（八）档案统计

档案统计是指对反映和说明档案及档案工作现象的数量特征进行搜集、整理和分析的活动，是了解、认识和掌握档案工作总体情况的重要手段。档案统计工作不但可以为整个档案管理工作提供真实可靠的原始数据、基本事实，让人们对档案及档案工作做到"胸中有数"，而且还可以为档案工作决策提供强有力的信息支持，保证决策的科学性。

二、档案工作的性质

档案工作是一项非常重要而又严格的专门是以完整地保存和科学地管理档案，充分发挥档案的作用为目的的诸项管理活动的总称，是实现社会主义现代化建设、开展各种研究、进行各项工作的必要条件。做好档案工作不仅是当前工作的需要，还是维护党和国家历史真实面貌的重要事业。其基本性质有以下几点。

（一）档案工作是一项管理性的科学性的工作

一方面，就总的档案工作来看，档案工作是专门负责管理历史文献——档案的一种独立的工作，属于国家科学文化事业的组成部分。另一方面，从特定的部门、单位的档案工作来看，它又是某种工作管理的组成部分。档案从其保存和流传归宿的程序角度可以分为档案室阶段和档案馆阶段。档案室保存的档案，是本单位职能活动的历史记录，档案室工作既是档案事业的组成部分，又是机关或单位秘书工作的一部分。必须用一整套科学的理论原则和技术方法管理档案，对繁杂的档案进行研究、考证和系统管理。

（二）档案工作是一项服务性的条件性的工作

从档案工作同其他工作的关系来说，它为社会各方面工作提供服务，属于一项服务性的、条件性的工作。虽然档案工作是一项研究性的工作，但是档案部门研究档案、进行编著等活动的主要目的还是为了更好地满足各界的需要，为党和国家的各项工作提供档案材料。档案工作的服务性是档案工作赖以存在和发展的基本性质，档案工作者应当树立服务意识，掌握服务技能，完善服务条件，提高服务质量，积极为社会建设做出贡献。

（三）档案工作是一项政治性的工作

档案工作的政治性集中表现在档案为谁所有，为谁服务，受到什么阶级利益的制约，即档案工作存在着服务方向问题。在我国，档案工作不是一般的服务性行业，它是巩固人民民主专政、保加国家机密和历史财富的重要阵地之一。在当前的社会主义现代化建设事业中，档案工作必须把工作重点切实地转移到为经济建设服务的中心上来。档案工作的机要性也是档案工作的政治性表现之一，它是由档案本身的特点以及国家利益所决定的。古今中外任何国家的档案工作都有一定的保密要求。

档案工作者必须做维护历史真实面貌，实事求是，积极地提供档案用以编史修志，用档案印证历史，校对历史。

第四节　档案工作的价值与意义

　　档案的重要的价值就是它是历史的真实记录，这是一种客观原因形成的，它具有确凿的原始资料和历史证明。近现代的中外国学者尤其是历史学家对档案史料的高度重视和迫切要求，充分说明了其重要的利用价值。

　　历史研究是对特定时间、地点、发生的历史事件进行分析、归纳，进而揭示和总结了历史发展的客观规律，促进社会的进步和发展。历史文献、地方志是一个政党、一个国家进行政治斗争所必需的资料，而编史修志是我国科学和文化工作中的一个重要内容。而编撰史书，最可靠的资料也是档案史料。因此，档案是进行史学和修史的第一手资料。西汉司马迁《史记》、东汉班固《汉书》的编撰，均采用了大量的档案文献资料。

　　我国拥有编纂史志的传统，历史悠久，其内容之丰富、档案之多，在世界上都是少有伦比的。根据相关学者的资料，全国有上万种的历史地方志，超过10万册。我国编史修志的发展离不开大量的地方性文献资料。档案资料是编史修志的一个重要内容。

　　而档案则是国家进行经济建设、国防建设、外交活动、文化和教育等方面的重要凭证。我国各级档案馆和民间大量的档案是国家的一笔宝贵的财富，它记录了大量的历史事件和社会现象，其内容非常丰富。我们国家自古就是一个多民族、幅员辽阔的国家。特别明朝和清朝文献和地图大量记载了我国广阔的疆域和领土。新中国成立后，这些档案就为我们和邻国在边境上的划界提供了许多可靠的依据和证据。有些帝国主义和霸权主义者为了占领我的领土和岛屿，编造谎言，歪曲事实，但是，事实就是事实，是谎言不能取代的，我们所保存的大量相关档案和图片，都是揭露这种谎言、保卫我们的领土的绝佳材料。

　　档案既是国家经济文化建设的可靠基础，又是文学创作的重要材料。大量的文献事例说明，档案史料所反映的历史事实，在取材和构思时，都起到了很大的启发和证明作用。比如中国著名作家姚雪垠在撰写《李自成》时，也曾查阅过许多档案文献资料。

做好档案管理工作是一个组织机构健康发展的需要，档案管理工作是提高内部管理质量和工作效率的必要条件，是维护历史真实面貌的一项重要工作。在我国经济全面发展的历史背景下，做好档案管理工作，不断地更新档案管理观念，勇敢探索和尝试新的档案管理手段，以全面、真实地反映出整体发展状况和经营成果。因此做好档案管理工作对于各项工作的开展具有重要意义。科学规范的档案管理只有坚持与时俱进才能适应新形势的需要，开创档案管理工作的新局面。

第三章

档案信息化概述

第一节　信息技术概述

我国的档案信息化建设是在信息技术日新月异、国家信息化战略不断推进、电子政务建设迅猛发展的多重背景下发展起来的。其中，信息技术是档案信息化的前提和基础。认识信息化和信息技术的基本概念和知识，有利于把握档案信息化的基本规律，克服盲目性，提高自觉性，增强对信息化战略的执行力。

一、信息化基本概念

信息化是当今世界发展的大趋势、大潮流，是各地区、各领域发展的战略制高点。在档案信息化建设的理论研究和实践推进中，档案工作者需要掌握信息化的基本概念和特点。

（一）信息

客观世界有三大要素，即物质、能量和信息。人们较早地认识了物质，于18世纪60年代的工业化时期才认识能量，并发现了物质和能量的转换关系。20世纪50年代以后，信息科学发展成为一门新兴学科，至今方兴未艾，并深刻地影响着世界。

研究信息化首先须认识信息。一般来说，信息有广义和狭义之分。广义（即本体论）信息是指事物存在方式和运动状态的表现形式。"事物"是指存在于人类社会、思维活动和自然界中的一切对象；"运动"是指一切意义上的变化，包括机械、物理、化学、生物、思维、社会的运动。在这一层次上定义的是最广泛的信息，既包括自然信息，如鸟语花香、冬去春来；也包括社会信息，如政治信息、经济信息、军事信息、文化信息、科学技术信息、社会生活信息。狭义（即主体论）信息是指人所感知或表述的事物存在方式和运动状态。"感知"是外界向主体输入信息；"表述"是主体向外界输出信息。本体论层次上的信息是客观信息，不以人的存在为前提。主体论层次上的信息建立在人的意志基础上，是人的认识、感知、理解、表达、传递能力的产物，用于特定目的，因此，其内涵要比本体论层次上的信息丰富得多。显然，档案信息属于主体论层次，是人按照自己的意志，在对本体信息效用价值判断的基础上有选择地感知、存储和表述的信息。信息技术的发展，极大地拓展和增强了人对本体信息的感知和表述能力，档案信息化应当充分利用信息技术的强大功能和技术条件，增强人类对社会记忆信息的掌控和驾驭能力。

（二）信息资源

信息资源也有广义和狭义之分。广义信息资源是指人类在社会信息活动中积累起来的信息、信息生产者、信息技术等信息活动要素的集合。狭义信息资源是指人类社会活动中经过加工处理后达到有序化并大量积累起来的有用信息集合。随着信息技术，特别是互联网的普及，人们实实在在地感受到了信息的普遍性和价值性。将信息看作并转换为一种资源，是对信息或信息活动相关要素价值性高度认可的表现，是当今社会的一种先进意识。同时，从上述概念可以看出，不能随意地将信息称为信息资源。信息的资源化是有条件的，这种条件同样适用于档案信息资源。因此，我们在从事档案信息资源的建设时，也需要在"有序化"和"大量积累"上下功夫，并且要将与信息有关的信息生产者、信息技术等要素一并纳入信息资源建设和管理的范畴，实现信息资源体系的整体优化和信息资源价值的最大化。

（三）信息技术

档案信息化的物质基础是信息技术，全面认识信息技术是档案信息化建设的前提条件。信息技术是指完成信息的获取、传递、加工、再生和利用等功能的技术。它是一门综合性很强的高新技术，包括以下四项基本内容：一是感测技术，它是人的视觉听觉、触觉等感觉器官功能的扩展，使人们能更好地从外部世界获得各种有用的信息。二是通信技术，它是人的神经网络功能的扩展，其作用是传递、交换和分配信息，消除或克服空间上的限制，以便更有效地利用信息资源。三是计算机及人工智能技术，它是人的思维器官记忆、联想、计算功能的扩展，使人们能更好地存储、加工和再生信息。四是控制技术，它是人的效应器官（手、脚、口）功能的扩展，它是根据输入的指令对外部事物的运动状态实施干预，实现信息的效应。

（四）信息化

信息化是指社会经济结构从以物质与能源为重心向以信息与知识为重心转变的过程。也就是在经济和社会活动中，通过普遍采用信息技术和电子信息装备，更有效地开发和利用信息资源，推动经济发展和社会进步，使利用信息资源创造的劳动价值在国民经济生产总值中的比重逐步上升，直至占主导地位的过程。因此，信息化不是一种固定的状态，而是一个动态变化的过程。这个过程有着丰富的内涵包含两个支柱、三个层面、四个特点。全面认识信息化的内涵，有利于我们准确把握信息化的基本规律，引导和促进档案信息化事业持续、健康地发展。

"两个支柱"是指数字化和网络化。数字化是将现实世界中的各种模拟信息转变为以二进制代码表示的数字信息，供计算机处理和网络传输的过程。数字化是信息化的基础，没有数字化就没有计算机技术和信息技术。网络化是指利用通信技术和计算机技术，把分布在不同地点的计算机及各类电子终端设备互联起来，按照一定的网络协议相互通信，以达到所有用户都可以共享软件、硬件和信息资源的目的。网络化是信息化的手段，没有网络化，计算机终端就成为"信息孤岛"，难以提升数字信息的价值。由此可见，档案信息化建设必须紧扣住数字化和网络化两个主题。

"三个层面"：一是信息技术的开发和应用过程，这是信息化建设的技术基础，信息技术的开发和应用是信息技术与档案工作有机结合和融合的过程，在很大程度上影响档案信息化发展的效率和质量。二是信息产品制造业不断发展的过程，这是信息化建设的物质条件。信息产品包括计算机软硬件和网络产品，它在很大程度上决定了档案信息化平台建设，也进而决定了档案信息系统建设的水平。三是信息资源的开发和利用过程，这是信息化建设的核心与关键。档案信息资源是档案信息化管理和利用的对象，其本身的规模和质量，以及潜在和显性的价值，决定了档案信息化的效率和效益。这三个层面是相互促进、共同发展的过程，需要全面、协调、持续地投入和发展。在档案信息化建设过程中，需要建立档案信息化发展长效机制，充分利用和平衡这三个层面的互动关系。

"四个特点"：一是渗透性，信息化可以渗透并融入人类社会生活的各领域，深刻改变人类的工作、学习、交流、生活等方式。二是增值性，信息化可以实现信息的增值，使信息转变为信息资源，进而转换为知识，通过网络共享，广泛地传递信息、传承文化、传播知识，不断提升信息资源创造的社会价值和经济价值。三是创新性，一方面，信息技术的应用能够带来管理观念、管理理论、管理方法和管理手段的全面创新；另一方面，管理观念、管理理论、管理方法和管理手段的全面创新也将提高信息技术的应用水平和应用效能。四是带动性，信息化可带动档案行政管理和档案业务管理水平的全面提升。

二、计算机系统的基本构成

计算机系统一般由硬件系统和软件系统构成。硬件又称"裸机"，它出厂时好像刚出生的婴儿，具有被开发的潜能，但是不具备应用能力，需要软件对它进行"智力开发"。软件是人按照自己预定的目的和要求，编写的操作指令的集合。它相当于人脑，可以按照人的意志，模仿人的智慧，指挥硬件实现预定的功能。由此，硬件是软件的物质基础，软件是硬件的灵魂，软件指挥硬件的数据存取，数据运算处理，以及输入、输出和网络设备的运行。

硬件由主机、外部设备和网络设备组成；软件由系统软件和应用软件组成。

三、硬件系统

（一）主机

主机相当于人的大脑，具有控制、运算和记忆功能。包括中央处理器和内存储器两部分。

1. 中央处理器（CPU）

中央处理器是计算机系统的核心部件和指挥中枢，主要由控制器和运算器组成。控制器是计算机系统的指挥中心，它根据计算机操作指令，向计算机的各个部件发出控制信息，使计算机系统按照人的意志有条不紊、协调一致地运行。运算器是根据控制器发出的指令进行逻辑运算、算术运算的部件。

CPU的技术指标主要由主频、总线速度、工作电压等决定，它也决定了计算机系统的技术效能和档次。一般来说，主频和总线速度越高，计算机系统运行的速度也越快；工作电压越低，计算机电池续航时间提升，运行温度降低，也使CPU工作状态更稳定。当前各种移动终端的发展和普及就是得益于CPU技术的迅猛发展。

2. 内存储器

内存储器又称主存储器，简称内存，它是相对于外存储器而言的。运行时，内存储器与外存储器交换数据和程序，又将数据、程序与CPU进行交换，向CPU发出操作的指令和被处理的数据，再将处理完毕的数据存入外存储器。内存储器分为ROM（只读存储器）和RAM（随机存储器）两种，ROM存放计算机启动和运行的最基本的程序和参数；RAM存放正在运行的程序和中间数据。内存储器的容量等指标，也决定着计算机系统的性能和档次。

（二）外部设备

外部设备是主机与外界交换信息的中介和枢纽，其配置和使用在很大程度上受到主机技术性能的制约。

1. 外存储器

外存储器又称辅助存储器，简称外存，用于存放暂时不用，需要长期保存的数据和程序。外存可以根据需要，批量地与内存交换数据和程序。外存向内存传输数据称为"读"数据；内存向外存传输数据称为"写"数据。外存储器主要有磁盘、磁带、光盘、闪存、磁卡等。

存储器的主要技术指标是容量。存储器容量是指存储器存放数据的总量，以字节（Byte）为单位，缩写为B。一个B通常由8个二进制位组成，16个二进位合成一个字（Word）。存储器容量通常以KB（1 KB=1 024 B）、MB（1 MB=1 024 KB）、CGB（1 GB=1 024 MB）、TB（1 TB=1 024 GB）为单位。随着存储技术的发展和大数据时代的到来，计算机容量单位也越来越海量化。目前，还有更大的容量单位PB（1 PB=1 024 TB）、EB（1 EB=1 024 PB）和ZB（1 ZB=1 024 EB）等。外存储器的选择和配置是档案信息化基础设施建设的主要内容，是存储档案数据的主要载体。

2. 输入设备

输入设备是将外部世界的数据输入计算机系统的设备。目前常用的输入设备有键盘、鼠标、话筒、摄像头、扫描仪、翻拍仪、触摸屏、无线射频识别等传统的输入设备是键盘和鼠标。键盘按应用可以分为台式机键盘、笔记本电脑键盘；按工作原理分可以分为机械键盘、塑料薄膜键盘、静电电容键盘。其中，机械键盘价格低，易维护，使用普及；薄膜键盘无磨损，价格低，噪音低，应用广泛；电容键盘经久耐用，手感好，代表了键盘技术的发展方向。鼠标按工作原理分机械式和光电式；按接线分有线鼠标和无线鼠标。

随着多媒体技术、图像技术的发展，话筒、摄像头、扫描仪等输入设备的应用日益普及。话筒又称传声器，是声电转换的器件，按转换方式分为动圈话筒和电容话筒。摄像头是一种影像信息输入设备，可分为数字摄像头和模拟摄像头两大类，被广泛用于数码照相、录音、录像。扫描仪、翻拍仪是纸质载体信息模数转换设备，也是档案数字化的重要工具。

随着手机、平板电脑等移动终端的发展，触摸屏的应用也极其广泛，并给计算机用户带来崭新的体验。

无线射频识别（RFID），又称射频识别，是通过无线电讯号识别特定目标并将相关数据读入计算机系统，而无须在识别系统与特定目标之间建立机械或光学接触的一种数据传输技术。此项技术在档案信息化中有很好的应用前景。

3. 输出设备

输出设备是将计算机系统的数据进行输出的设备，与输入设备一起，构成计算机与外部世界交换信息的通道。常用的输出设备有显示器、扬声器、打印机等。

显示器是显示计算机处理结果的器件。主要有CRT（阴极射线显像管显示器）、LCD（液晶显示器）、LED（发光二极管显示器）、PDP（等离子显示器）四种。其中LED以其色彩鲜艳、动态范围广、亮度高、寿命长、工作稳定可靠等优点，适用于大型广场、商业广告、体育场馆等场所。PDP是采用等离子平面屏幕技术的新一代显示设备，其优越性是亮度和对比度高、厚度薄、分辨率高、无辐射、占用空间少，纯平面图像无扭曲，代表了未来电脑显示器的发展趋势。

扬声器（耳机）是电声换能器件，分内置扬声器和外置扬声器。外置扬声器般指音箱，其音响效果好，而内置扬声器可以避免佩戴耳机所带来的不便。打印机是将计算机处理结果输出在纸张等介质上的器件。一般分为针式、激光式、喷墨式、热敏式等。

（三）网络设备

网络设备是指用于网络连接、信号传输和转换的各类传输介质、网卡、集线器、交换机、路由器、光电转换等设备。

1. 网络传输介质

网络传输介质是指在网络中传输信息的载体，常用的传输介质分为有线传输介质和无线传输介质两大类。

（1）有线传输介质是指在两个通信设备之间实现的物理连接部分，它能将信号从一方传输到另一方。有线传输介质主要有双绞线、同轴电缆和光纤等。双绞线和同轴电缆传输电信号，光纤传输光信号。

双绞线，由两根具有绝缘保护层的铜导线相互缠绕而成，一般用于星型网络拓扑结构中。与其他传输媒介相比，双绞线在传输距离、信道宽度和数据传输速度等方面均受到一定的限制，但价格低廉，使用方便。

同轴电缆，其中心有一根单芯铜导线，铜导线外面是绝缘层，绝缘层外面有一层导电金属，用于屏蔽电磁干扰和防止辐射，最外面的绝缘塑料起保护作用。与双绞线相比，同轴电缆的抗干扰能力很强，屏蔽性能好，传输距离长，常用于设备与设备之间的连接。

光纤，又称光缆，是一种传输光束的细微而柔韧的介质，由一捆纤维组成，通过数据包在玻璃纤芯中的传播实现信息传播，是目前实现长距离、大流量数据传输的最有效的传输介质。光缆传输过程中信息衰减小、频带宽、电磁绝缘性能好、距离长，目前已经广泛用于主干网的系统连接和数据传输。

（2）无线传输介质是指我们周围的自由空间，即利用无线电波在自由空间的传播，实现多种无线通信。在自由空间传输的电磁波根据频谱分为无线电波、微波、红外线、激光等，信息被加载在电磁波上进行传输。

不同的传输介质，其特性也各不相同。它们的特性对数据通信质量和通信速度有较大影响。

2. 网卡

网卡又称网络适配器、网络接口卡，是将计算机等网络设备连接到某网络上的通道。网卡的主要功能是实现数据转换、数据包的装配与拆装、网络存取与控制、数据缓存等。网卡一般插在计算机主板的扩展槽内，通过收发器接口与缆线连接，缆线另一头接在信息插座或交换机上使计算机联网。选购网卡一般应考虑以下因素：生产厂家售后服务的有效性；用于主计算机、服务器还是工作站；使用什么网络介质或网络传输方式；计算机使用的操作系统；计算机或网络设备的总线类型等目前，由于终端接入的便捷性，无线网卡正在快速发展。

3. 集线器

集线器是基于星形拓扑的接线点。其基本功能是分发信息，即将一个端口接收的所有信号向所有端口分发出去。一些集线器在分发之前将弱信号重新生成，一些集线器整理信号的时序，以提供所有端口间的同步数据通信。目前，集线器已基本被成本相近的小型交换机所替代。

4. 交换机

交换机是一种用于电信号转发的网络设备。它可以为接入交换机的任意两个网络节点提供独享的电信号通路，具有提供桥接能力以及在现存网络上增加带宽的功能。

5. 路由器

路由器是连接互联网中各局域网、广域网的设备，它会根据信道的情况自动选择和设定路由，以最佳路径，按前后顺序发送信号。目前路由器已经广泛应用于各行各业，各种不同档次的路由器已成为实现各种骨干网内部连接、骨干网间互联和骨干网与互联网互联互通业务的主力军。无线路由器是带有无线覆盖功能的路由器，实际是一个转发器，将宽带网络信号通过天线方式转发给附近的笔记本电脑平板电脑、手机等无线终端设备。目前流行的无线路由器一般只能支持 15～20 个以内的设备同时在线使用。

6. 光电转换器

光电转换器是一种类似MODEM（数字调制解调器）的设备，和MODEM不同的是它接入的是光纤专线，是光信号。其原理是在远距离传输信号时，把电脑、电话或传真等产生的电信号，转换成光信号后在光纤里传播，这就需要光电转换器，它既可以把电信号转换成光信号，也可以把光信号转换成电信号。

还有一种光纤收发器，也被称为光电转换器，是一种将短距离的双绞线电信号和长距离的光信号进行互换的以太网传输媒体转换单元。这种设备一般应用在以太网电缆无法覆盖、必须使用光纤来延长传输距离的实际网络环境中，且通常定位于宽带城域网的接入层应用，将光纤最后一公里线路连接到城域网和更外层的网络上。档案部门在进行网络化基础设施建设时，不但要关注路由器、交换机乃至网卡等用于节点数据交换的网络设备，也要关注介质转换这种非网络核心设备。

四、软件系统

软件是一系列按照特定顺序组织的计算机数据和指令的集合。计算机之所以"聪明"，主要靠软件。软件的本质是人的意志和智慧，是人用特定的计算机语言，指挥计算机系统"做什么"和"怎么做"的指令集合。软件系统分两大类：系统软件和应用软件。

（一）系统软件

系统软件包括操作系统、数据库管理系统和各种工具软件等。

1. 操作系统

操作系统是管理计算机硬件资源，控制其他程序运行并为用户提供交互操作界面的系统软件的集合。操作系统是计算机系统的关键组成部分，负责管理与配置内存、决定系统资源供需平衡调剂的优先次序、控制输入与输出设备、操作网络与管理文件系统等基本任务。性能优良的操作系统，能提高计算机系统的运行效率和安全性能；操作系统的低效或故障，会造成信息系统的低效甚至瘫痪操作系统。按照应用领域可分为桌面操作系统、服务器操作系统和嵌入式操作系统。

（1）桌面操作系统。主要用于个人计算机，个人计算机主要有两类：PC机与Mae机。PC机一般使用Windows操作系统；Mae机使用基于Umix操作系统的MaeOS操作系统。Windows操作系统有Windows XP、Windows Vista、Windows7、Windows8、Windows10、Windows NT等。Umix操作系统主要有Mac OSX、Linux发行版等。

（2）服务器操作系统。一般指的是安装在大型计算机上的操作系统，比如Web服务器、应用服务器和数据库服务器等。该操作系统主要有三类：一是Unix系列，包括SUN Solaris、IBM-AIX、HP-UX、FREEBSD等；二是Linux系列，包括RedHat，Centos、Debian、Ubuntu等；三是Windows系列，包括Windows Server2003、Windows Server2008、Windows Server2008R2等。

（3）嵌入式操作系统。该操作系统是根据计算机应用的特定需要，如智能手机的应用，专门设计并嵌入在特定终端中的操作系统。该操作系统广泛应用于数码相机、手机、平板电脑、家用电器、医疗设备、交通灯、航空电子设备和工厂控制设备等各种电子设备。常用的嵌入式操作系统有Linux、Windows Embedded、VWorks等，以及广泛应用在智能手机或平板电脑等电子产品上的Android、IOS、Symbian、Windows Phone和Black Berry OS等操作系统。

2. 数据库管理系统

为了应用计算机有效地管理和利用信息，人们需要将某些相关数据，如文书档案、科技档案的目录数据，按一定的方式进行组织管理，这就需要使用数据库和数据库管理软件。

数据库可以简单定义为：以一定组织方式存储在一起的相关数据的集合。这些数据具有一定的结构，尽可能小的冗余度，与应用程序彼此独立，并能为数据库管理系统的所有用户共享。在信息化社会，数据库技术是各类信息系统的核心，是科学管理和有效利用信息资源的重要技术手段。数据库管理必须借助专用的软件——数据库管理系统。

数据库管理系统（Data Base Management System，DBMS），是操纵和管理数据库的一组软件，用于建立、使用和维护数据库。DBMS具有以下功能：一是描述数据库，运用数据描述语言，定义数据库结构；二是管理数据库，控制用户的并发性访问，数据存储与更新，对数据进行检索、排序、统计等操作；三是维护数据库，确保数据库中数据的完整、安全和保密，数据备份和恢复，数据库性能监视等；四是数据通信，利用各种方法控制数据共享的权限，在确保数据安全的前提下广泛共享数据。

数据库按结构不同一般分层次型、网络型和关系型三种。目前，常用的数据库管理系统主要是指关系型数据库管理系统（RDBMS），主流产品有SQL Server、Oracle、Sybase、Foxbase和Informix等。

选择RDBMS的目的是存储档案目录数据和电子文件原文数据，实现对档案数据的有效管理。为适应档案业务管理需要，选择RDBMS主要考虑以下几个重要因素：

（1）档案管理软件所采用的数据库管理系统；

（2）数据库管理系统在数据库建立、数据备份、分布式数据存储与管理等方面的功能；

（3）数据库管理系统使用的方便性、易操作性、兼容性与可维护性；

（4）数据库管理系统所能提供的大文本存储、全文检索等功能；

（5）数据访问是否遵循统一的标准，是否可实现与其他格式数据库文件的转换。

3. 各种工具软件

软件工具是指为支持计算机软件的开发、维护、模拟、移植或管理而研制的软件系统。它是为专门目的而开发的，在软件工程范围内也就是为实现软件生存期中的各种处理活动（包括管理、开发和维护）的自动化和半自动化而开发的软件。开发软件工具的最终目的是提高软件生产率和改善软件运行的质量。工具软件按照软件工程建设阶段可分为六类：模拟工具、开发工具、测试和评估工具、运行和维护工具、性能质量工具和程序设计支持工具。此外，还有许多辅助特定业务处理的工具软件，常用的有：办公软件（如微软Office）、媒体播放器（如暴风影音）、媒体编辑器（如绘声绘影）、媒体格式转换器（如格式工厂）、图像浏览工具（如ACDSEE）、截图工具（如Hypersnap）、图像/动画编辑工具（如Picasa）、通信工具（如QQ）、翻译软件（如金山词霸）、防火墙和杀毒软件（如金山毒霸）、阅读器（如Cajviewer）、输入法（如搜狗）、系统优化/保护工具（如Windows优化大师）、下载软件（如Thunder），等等。档案工作者熟悉和善于使用这些工具软件，往往可以解决档案业务处理中的一些大问题，起到"四两拨千斤"的效果。

事实上，Windows等操作系统也附带一定的工具软件，如负责系统优化、系统管理的软件，这一类的软件被称作系统工具。顾名思义，与系统软件类似，系统工具作用于系统软件，而不是应用软件。常见的有系统优化（磁盘的分区、磁盘的清理、磁盘碎片整理等）、系统管理（驱动等）以及系统还原等软件。

（二）应用软件

系统软件的特点是通用，它并不针对某一特定应用领域。而应用软件的特点是专用，即针对特定的管理业务，并应用于某些专用领域的信息管理。如用于政府信息化的电子政务系统，用于企业信息化的电子商务系统，用于辅助行政办公和决策的办公自动化系统，用于机关档案室信息化的数字档案室系统，用于档案馆信息化的数字档案馆系统等。这里所指的应用软件具有以下特点：一是在特定的操作系统环境下，运用特定的软件工具研制而成；二是针对特定的信息处理需求和管理业务需求进行设计开发，且应用于特定的专业领域、行业、单位，或辅助特定的管理业务。

有些书将上述的工具软件，例如Windows Office，甚至将数据库管理系统也列入应用软件的范畴。本书以"通用"和"专用"为区别的原则，还是将工具软件和数据库管理系统列为系统软件的范畴。其原因是：第一，这些软件虽然也专用于某些用途，如媒体播放，但是，这种工具还是具有一定的通用性，广泛应用于各个领域行业和单位。第二，工具软件虽然也使用某些软件开发工具进行研制，但是，它也提供了二次开发的能力，可以作为各种应用软件的开发平台，如数据库管理系统。

第二节　信息化与档案管理工作

　　档案信息化不是简单地用计算机替代传统的手工作业，也不是将传统的管理方式复制到信息化平台上去。其本质上是档案工作和信息技术的结合，其成功与否也取决于这两者的融合，这种融合从概念到实践都是一场深刻的革命，赋予两者崭新的内涵。

一、档案信息化的概念

　　科学的定义是档案信息化实践的理论基础，有利于全面理解档案信息化的目标和任务，有利于按照信息化的客观规律推进档案事业的科学发展。什么是档案信息化?学界有多种定义，不同的视角会有不同的理解。《大辞海》中对其定义："档案信息化是指在国家档案行政管理部门的统筹规划和组织下，以档案信息资源建设为核心，以信息人才为依托，以法规、制度、标准为保障，全面应用现代信息技术，不断改革传统的档案管理模式，有效提高档案信息资源收集、管理和提供利用服务水平，加速档案管理现代化的过程"。该定义总结了我国档案信息化的基本经验和基本规律，其内涵如下。

（一）必须由档案行政管理部门统筹规划和组织实施

　　档案信息化不是单纯的计算机应用，也不是具体的档案业务，而是事关全局和影响深远的复杂的系统工程。需要人才、设备、资金等方面的支持，需要全面、持续、稳步地推进，并需要经历较长的完善过程。因此，档案信息化不能各自为政、分头建设，而必须由各级国家档案行政管理部门建立统一的规划、制度、规范、标准实行宏观管理和监督指导。同时，需要精心组织实施，在技术平台、网络体系、组织机构、人才队伍、资源建设、基础业务、建设经费等方面提供保障，才能确保这项事业持续有效地开展。

（二）必须以档案信息资源建设为核心

从某种意义上说，档案信息化的核心目标是使档案信息"资源化"，即将档案信息转换为真正意义上的档案信息资源。资源化不是简单地将档案信息做数字化处理，也不是简单地将其放到网络上传输，而是应用信息技术，使档案信息媒体多元化、内容有序化、配置集成化、质量最优化、价值最大化，通过档案信息系统的加工处理，确保各种社会信息的真实、完整、有效，便于跨越时空广泛地共享利用，在实现档案信息增值的同时，承担起传承人类记忆的历史使命。

（三）必须建立高素质的档案信息人才队伍

档案信息化是档案专业、信息专业和计算机专业的结合，属于技术密集和知识密集型专业。传统的档案干部队伍结构和人员知识结构已经不能完全适应档案信息化的需要。目前，档案部门缺乏档案专业和信息技术专业的复合型跨界人才，特别是中、高级信息技术专业人才，这已经成为制约档案信息化深入发展的瓶颈。因此，一方面，要引进和培养相关人才；另一方面，要通过建立有效的激励机制，鼓励档案人员学习信息技术知识，提升档案信息化水平。

（四）必须在法规、制度、标准方面建立相应的保障体系

信息技术的应用必然向传统的保障体系提出全面的挑战。只有根据信息技术的特点和应用要求，不断制定和完善档案管理的法规、制度、标准、规范，才能确保档案信息系统的科学建设和有效运行。

（五）必须全面应用现代信息技术

信息技术具有强大的潜能，只有全面、成功地应用才能真正转化为生产力。所谓全面应用，有三层意思：一是与档案工作有关的各个工作部门和人员都要参与应用，而不是仅靠档案业务人员应用；二是应用于档案全过程管理的各项业务，而不是只应用于单项业务；三是引进、消化、吸收各种先进、适用的信息技术，并不断跟踪和应用新兴的信息技术，使信息技术真正成为档案事业发展的不竭动力。

（六）必须改革传统的档案管理模式

传统的档案管理模式建立在手工管理基础上，必然会出现与信息技术应用不相适应或不相匹配的问题。应当不断改革传统的档案管理模式，适应信息技术环境下的新型档案管理模式，而不能消极地让新技术适应传统的档案管理模式，这样才能最大限度地发挥信息技术应用的效能。

（七）必须树立强烈的效益意识

档案信息化不是作秀表演，不能徒有虚名，而要遵循经济规律，力争取得务实的效果。当然，档案信息化很难估量直接的经济效益。但是，在产出效果方面，要努力追求社会效益、长远效益。要树立大目标，不能满足于一般的省人、省事、省力，而要致力于解决传统档案管理中遇到的收集难、著录难、整理难、保管难、内容检索难、多媒体编研难，以及电子文件的保真、保密、保用等老大难问题，力争提升档案科学化、规范化的管理水平和服务水平，在促进社会改革、开放，经济发展、文化繁荣以及法制化、民主化进程中建功立业。

档案信息化的概念是在档案工作与信息技术相结合，档案管理理论研究和实践推进相结合的过程中逐步形成的。档案界曾经有过许多与档案信息化类似或相关的概念，都强调了某些侧面，如"档案管理自动化"，它强调包括微机、微电子、缩微、复印、传真等自动化技术在档案管理中的应用；"计算机辅助档案管理"，它强调应用计算机人机交互、对话的方式，辅助档案管理的各项业务工作；"档案现代化管理"，除了强调档案管理应用计算机技术，实现管理手段的现代化以外，还强调档案管理理念、体制、方法的现代化；"文档一体化管理"，强调运用文件生命周期的理论，从公文和档案管理工作的全局出发，应用计算机技术实现档案的全过程管理和前端控制，提高文档管理的效率和质量。这些与档案信息化相关的概念形成，都是计算机技术及其在档案工作中应用状态、发展水平的标志，既反映了档案信息化理论研究和实践探索的阶段性成果，也反映了我国档案信息文化发展的轨迹。

二、档案信息化历程回眸

我国档案信息化自20世纪80年代起步以来，经历了从弱到强，从低端到高端，从分散到整合的发展过程，取得了长足的进步。迄今为止，大致可以划分为三个阶段。

（一）探索起步，奠定基础阶段（20世纪80年代）

这是初级阶段，计算机软件和硬件技术都还不成熟，数字化和网络化从观念到技术都处于萌芽状态，基本上对这两个概念还没有认知。当时把"档案计算机管理""档案管理自动化"或"计算机辅助档案管理"等称作以电脑技术来改进和支持传统的档案工作的档案信息化工作。这段时期，我国的档案馆起步较早。大概20世纪70年代末，中央档案馆、中国人民解放军档案馆、国家档案局档案科学技术研究所等单位先后购买了电脑等设备，开展了对档案馆信息化建设的研究与试验，很快在全国有20多个档案馆成功开发并运行计算机辅助档案管理系统。此后，档案管理机构对档案信息化的应用热情高涨，发展迅速，到80年代后期，已开发出一批计算机辅助档案管理系统、档案一体化管理系统，并通过科技革新与管理变革相融合，使计算机应用的效益得以最大化。这些实践活动为国家档案馆的信息化建设和管理提供了丰富的文献资料，培养了一批热心于信息技术的业务技术骨干，同时也为档案管理信息化事业的发展提供了有力的支持。但那时仍处于探索、起步、基础的时期，其应用重心集中在计算机上，以模仿档案的传统方法，协助档案立卷、著录、编目、统计、检索等管理工作。那时我国大部分的档案机关单位还没有使用互联网技术，而计算机技术在档案室中的运用起到了很好的作用，但没有与外部单位建立了联系，所以对外界影响很小。

我国档案信息化起步较早，发展较快主要得益于：一是微机技术迅猛发展，并在档案部门迅速普及；二是全国开展档案工作恢复整顿和升级达标活动，计算机应用被纳入档案工作升级达标考核指标；三是通过升级达标，各单位普遍建立、健全了档案管理规章制度和规范标准，提高了档案的内在管理质量，为档案信息化奠定了基础。

（二）项目带动，重点突破阶段（20世纪90年代）

从20世纪90年代开始，随着计算机技术的快速发展，Office系统的使用越来越普遍，以及办公自动化技术的推广，使档案工作者对信息技术的应用更加积极。1993年，我国实施了"政府信息化"，推行"政府采购管理体制"后，产生了大批的"电子文档管理工作"；1996年，国家档案局组建了"电子文件归档研究领导小组"，全面统筹推进了档案信息化管理工作进展。国家档案局以需求为导向，以项目带动，研制出一大批具有鲜明特点的档案信息系统；在档案科学方面，大力发展了光盘、多媒体、CAD、条形码，数字水印，图像处理等技术；从单个站点应用到联网应用进行系统建设，即从单一的功能应用到全面综合的使用，从档案管理后端到档案的前端控制和整个流程的管理，从简单的模仿传统档案管理到以计算机技术为基础档案信息化的变革；从对档案的实体化管理到对档案信息的管理；从封闭式的应用到开放式的应用，实现文档一体化管理体系与电子政务，电子商务，企业信息化以及办公自动化系统互联，实现了功能综合化、性能成熟、管理专业化方向发展。总之，随着通信网络的不断发展，信息技术在档案管理上的运用越来越明显。

（三）宏观管理，全面推进阶段（21世纪以来）

进入21世纪，国家档案局加强对档案信息化的宏观管理，并将其纳入国民经济和社会信息化的总体规划。2001年，国家档案局、中央档案馆颁发《档案管理软件功能要求暂行规定》，对档案管理软件的开发研制和安装使用进行了严格规范。2002年，国家档案局发布了《全国档案信息化建设实施纲要》，对档案信息化建设进行战略布局；同年，颁发国家标准《电子文件归档与管理规范》（CB/T18894—2002），推动了我国电子文件管理工作的开展。2003年，国家档案局第6号令公布了《电子公文归档管理暂行办法》。2004年11月，国家信息化领导小组会议纪要中明确把档案信息化列入国家信息化基础信息库的建设计划。2006年，国家档案局印发的《档案事业发展"十一五"规划》中，将"建设较大规模的全国性、系统性、分布式、规范化的档案信息资源库群，建立一批电子文件中心和数字档案馆，实现档案信息资源社会共享"作为总体目标之一。2010年，国家档案局发布了《数字档案馆建设指南》，为各级档案馆推动馆藏档案资源数字化、增量档案电子化，逐步实现对数字档案信息资源的网络化管理以及分层次多渠道提供档案信息资源利用和社会共享服务提供了参考和依据。2011年，《全国档案事业发展"十二五"规划》将"加快数字档案馆及电子文件（档案）备份中心建设，完成国家数字档案馆建设总体规划的编制工作，对电子档案进行安全有效的管理"作为主要目标之一。2014年，国家档案局发布了《数字档案室建设指南》，推动数字档案室建设的开展。

在国家档案局统一规划与规范的指导下，档案数字化、电子档案归档管理、电子档案移交进馆，档案管理系统的数字化和公共网站的建设等，我国档案信息化建设正在如火如荼地进行着。随着馆室联动、馆社（社区）联动、馆际联动、馆际联动的一体化数字化档案馆和数字化档案室体系相继建成，这改变了早期各自为政分头建设的局面。随着档案信息资源的整合集成，有效扩大了档案信息的共享，实现了档案信息的安全管理与高效的管理，并与社会信息化的实现同步进行，推动了档案管理事业与其他社会工作的协调发展。

这一时期我国档案管理信息化工作主要体现在：一是加强对电子档案归档的管理，并向馆内的多媒体和电子文档的内容进行拓展。二是要利用局域网、政务网、因特网等网络平台，各级档案管理部门与档案形成部门通过局域网、政务网以及互联网等平台实现互联互通，达到档案数据资源交换与分享，从而形成区域性的档案信息馆。三是档案资料来源得到了极大的扩展，能够通过多种技术方法，将有价值的文献资料（包括实物资料和电子资料）通过多种技术手段进行采集、收集和接收，不仅克服了原有的工作过程中只有一个传统载体数据管理方式，同时也极大地丰富了档案信息资源库。四是深入发掘和提炼出多种角度、多种功能的档案资料，并从多种渠道为用户提供全方位、多角度、深层次的档案资料，全面提高了档案服务和管理质量。五是数字档案馆（室）建设如火如荼，如深圳市、青岛市率先启动数字档案馆建设；上海市通过数字档案馆建设实现民生档案远程协同服务，建立"馆室、馆社、馆际"三联动机制；北京市档案馆实行可公开档案的大规模数字化工作及推进面向社会的服务。六是逐步建立和完善了档案信息化的宏观管理体系，国家层面的档案信息化纲要、制度、规范、标准相继颁发，其他档案工作规划、制度、规范、标准也都融入了有关档案信息化的要求。

三、档案信息化的意义

档案信息化建设无论对于档案事业自身发展，还是社会信息化发展都具有十分重要的现实意义和深远的历史意义。

（一）是社会信息化建设的客观要求

人类已经进入崭新的信息社会。信息化已经成为衡量一个国家、地区、企业或专业综合实力的重要标志，各行各业都在贯彻实施信息化战略。档案事业发展也必须主动适应时代潮流，搭上信息化快车，加快现代化步伐。

社会信息化包括政府、企业、家庭、社会保障体系信息化四大领域。这四个信息化领域都离不开档案信息化，因为这些领域的信息化已经或正在形成浩瀚的电子文件，这些新型文件打破了纸质媒体一统天下的局面，使信息的存储媒体、传播媒体表现媒体呈现多元化发展态势。新媒体与传统媒体相融合，深入社会生活的各个领域，深刻地改变着人类的生存环境和生活方式，并留下精彩纷呈的数字记忆。这些记忆是社会的宝贵财富，迫切需要实行档案化管理，即采用信息技术手段进行收集、整合、保管和共享利用，以提高其整合度，延长其价值链，保障社会的全面、协调、可持续发展。因此，档案信息化是时代和社会信息化发展的客观需要。

（二）是档案工作现代化的必由之路

档案工作现代化是指用科学的思想、组织、方法和手段，对档案工作进行有效管理，使之获得最佳的工作效率、经济效益和社会效益的过程。信息化与档案工作的结合，不仅能减轻手工劳动，提高工作效率，而且能全面优化档案工作的各个要素，全面提升档案管理水平。

1. "化"观念

信息化是一个充满生机和活力的领域，也是公开、公平的人类活动平台。信息技术的应用，可以使档案工作者不断破除封闭、狭隘、守旧、畏难的落后观念，激发起开拓、开放、效益、效率、服务等先进意识，弘扬追求理想、崇尚科技、奋力改革、务实创新、图存图强、团队作业的精神风貌，营造尊重知识、尊重人才、鼓励创新的社会氛围，为档案事业的持续发展赋予强大的正能量。

2. "化"资源

档案信息资源是管档之基，用档之源。按照档案信息化的要求，需要将电子档案收起来，将存量纸质档案数字化做起来，将档案信息资源总库建起来。做好这些工作，就能逐步解决目前馆藏档案中存在的载体单一、门类不全、存储无序、利用不便等难题，显著增强档案资源的丰裕度、适用度、有序度、集成度、可靠度，使档案管里从实体管理转变为内容信息管理，再转变为知识管理，更好地满足社会大众不断增长的档案信息利用需求。

3. "化"管理

信息技术的应用，会暴露出传统管理模式的弊端，向传统管理模式提出挑战，从而促使档案管理部门加快建立与信息技术应用相适应的档案管理原则、体制、机制、规范和考核体系，加强档案收、管、用等各项基础工作，以保障档案信息化的顺利实施和建设成效。信息化管理水平越高，对改革传统管理观念和模式的要求也越高。因此，档案信息化的推进必将全面、持续地提升档案管理的现代化水平。

4. "化"技术

先进和适用的技术永远是档案信息化发展的强大动力。然而，先进和适用有时会产生矛盾，只有进行档案信息化实践，才能使技术的先进性和适用性取得统一，产生效益；才能持续激励档案工作者关注、引进、吸收新兴的信息技术。事实证明，档案信息化一方面能促使先进的信息技术与档案管理有机结合，对档案和档案工作产生带动和增值作用；另一方面也会使信息技术在档案需求的导向下日臻完善，促进信息产业的发展。

5. "化"队伍

信息化是技术密集型、知识密集型的事业，档案信息化对高素质人才具有依赖性。一方面促使我们去选拔和培养人才，更新档案人才队伍的专业结构和知识结构，并合理地组织和使用人才，最大限度地调动人才的积极性；另一方面档案信息化的理论研究和实践锻炼，又为人才的培养和能力的发挥提供了机会和舞台，使越来越多热衷于、尽心于、擅长于信息技术的档案人才脱颖而出，创新创业。

（三）是提高档案服务水平的必然选择

在传统的管理方式中，档案人员借助简单工具，通过手工方式对档案实体进行收、管、用。其局限性在于：只能通过档案实体（如文件、案卷、卷盒）的整理、存放、调用和传递，管理和利用档案的内容；用户利用档案，只能实时（上班时间）、实地（在阅览室）调用档案实体（案卷）进行查阅；档案信息难以脱离档案实体，灵活、高效地跨越时空，广泛共享。信息化时代的档案利用可以突破原有档案利用的局限，提高档案信息资源利用效率。

1. 直接查阅内容

电子档案信息内容和实体的可分离性，使我们可直接对档案信息内容进行灵活地分类、排序和组合，利用计算机检索途径多、能力强的优势，快速查找；同时，还能实现对档案信息内容的全文检索。

2. 提供多媒体信息

可以采用多媒体技术，提供声情图文并茂的多媒体档案信息，真正做到让记忆说话，让记忆显影，生动地还原真实的历史。

3. 跨越时空障碍

档案信息化系统可以借助互联网，将任何档案信息，在任何时间，传递到任何地点的任何人手中，彻底打破了档案信息传递的时空障碍，实现"全天候"服务。

4. 实现联动服务

通过网络将档案服务的主体，包括档案馆、档案室、社区事务受理服务中心的档案资源连成整体，通过数据集成的手段，在馆室联动、馆社联动、馆际联动的基础上，实现档案信息的"一站式""一口式"或"一门式"服务，联动服务在民生档案服务中特别有效。

5. 服务的多样性

信息技术，特别是网络技术的应用，极大地拓宽了服务主体、服务对象、服务手段、服务形式和服务媒体，如网站查询服务、电话咨询服务、微博微信服务、个性化推送服务、主题展览服务等，使服务真正做到以用户为中心，以需求为导向，进一步改善档案部门的服务形象。

第三节　档案信息化的战略与任务

　　档案信息化不是一般意义上的档案工作，而是档案事业发展的战略性举措，即关于档案事业发展的全局性、长远性谋划。战略思维是大智慧，战略谋划是大手笔，只有战略正确、任务明确，才能保障档案信息化既好又快地发展。

一、档案信息化发展战略

　　档案信息化的标志性发展战略是2002年国家档案局颁发的《全国档案信息化建设实施纲要》，该纲要不但明确了"十五"期间全国档案信息化建设的指导思想、建设目标和主要任务，也为今后制定发展战略奠定了基础。2006年的《档案事业发展"十一五"规划》中再次将档案信息化建设作为主要任务之一，提出："加大管理力度，全面整合各类档案资源，促进档案信息资源总量增加，质量提高，结构优化；加强多形式、多层次共享平台建设，推进服务机制创新，促进档案信息资源的公开、共享和再利用，全面提升档案信息资源开发利用水平和能力；加快优化档案信息资源开发利用工作的保障环境，建立长效发展机制。"2011年的《全国档案事业发展"十二五"规划》强调要加强档案信息化基础设施建设、加强电子文件管理和数字档案馆建设、加强数字档案资源建设、加强档案信息服务建设等。在全国档案信息化战略的指导下，各省市均将档案信息化建设纳入本地区档案事业发展规划和社会信息化发展规划。

　　档案信息化的战略实施，即发展策略主要有以下几个方面。

（一）制定国家档案信息化发展专项规划

　　档案信息化建设作为国家档案事业发展的有机组成部分，在国家档案"三个体系"建设中举足轻重，其发展水平直接制约着"三个体系"建设效果。在科学制定国家档案事业发展规划的基础上，须同步配套制定《国家档案信息化发展规划》和《国家档案信息化中长期发展计划》作为专项规划，其目的是总结过去的经验教训，解决现有档案信息化建设中存在的短视行为、重复建设、无序状况，确保档案信息化建设协调有序地向广度和深度推进。国家档案信息化发展专项规划要研究档案信息化建设的战略定位和目标，明确实施阶段、落实任务完成的配套保障措施，做好与档案事业发展规划和国家信息化建设规划的相互衔接，把档案信息化建设的重大战略、重点项目、改革试点和政策要求纳入国家和各行业、各层面规划，并把解决档案信息化建设中突出矛盾的措施落实到具体的项目上，分清责任。

（二）加快档案信息化法规与标准体系建设

档案信息化建设首先要加强档案管理的顶层设计支持，加强立法，完善标准规范，确保档案信息化工作具有法律依据和规范。档案工作本身就有承担保存社会记忆的历史使命，信息化时代的今天，社会及个人的各项活动需要通过电子档案来记录。档案信息化急需解决的是电子档案的凭证作用不明确、目前电子文件的归档没有形成统一的要求、电子档案存储和管理中的各类安全问题。所以必须从法律上明确其地位、作用与要求，明确电子文件（档案）的定义、属性、法律证据效力、组织机构和职责、权利和义务、归属和流向等问题，才能保障档案信息化管理顺利实施。与档案信息化"人法"相配套的是建立和完善档案信息化标准规范体系，包括基础标准、管理标准、业务标准、技术规范和专项标准等，使档案信息化成为技术标准清楚、质量要求准确、可操作性强的建设项目。

（三）加快"三个体系"建设

"三个体系"是指"建立健全覆盖人民群众的档案资源体系、方便人民群众的档案利用体系、确保档案安全保密的档案安全体系"。三者是相互联系、相互作用、相互影响的。其中，档案资源体系是基础，是根本；档案安全体系是保障，是为档案资源体系和档案利用体系服务的；档案利用体系是目的，是归宿，是档案事业发展的效益工程。"三个体系"建设既与档案信息化密切相关，又为档案信息化发展指明了方向。

档案资源体系建设是档案信息化的核心内容。针对国内档案信息资源建设发展不同步、标准不统一、"信息孤岛"依然存在的现象，应加大建设力度，初步形成完整配套的档案信息资源体系。在加快传统档案数字化步伐的同时，加大对新生电子文件规范化的监督和控制，建立电子文件归档及电子档案接收应用系统，推进电子文件归档和电子档案的接收、保管与利用，逐步建设全国性可共享的档案目录数据库、纸质档案全文数据库、电子档案数据库和多媒体档案数据库；加大档案信息资源的整合，一方面加强各部门档案信息资源的纵向整合，另一方面加大与其他相关信息系统之间的横向整合，实现档案信息资源的共建共享。

档案利用体系建设是档案信息化的服务方向。通过建立档案信息共享通道和服务平台，拓展档案信息服务社会的渠道，强化档案信息资源共享机制，逐步减少"信息孤岛"，加快档案信息资源的开发利用，挖掘档案信息利用服务的社会效益和经济效益，建立高效、优质、快捷的新型档案利用服务体系。

档案安全体系建设是档案信息化的重大课题。档案部门必须始终坚持把档案信息安全与档案实体安全放在同等重要的位置，通过提高认识，强化管理，采用先进技术和各种有效措施保障档案信息安全，确保数字档案和电子档案内容真实、长久可读和有效利用。

（四）加强档案信息化的理论体系研究

档案信息化建设发展至今，已到了强烈呼唤先进理论的时候，这种"倒逼"现象，是由信息化建设"技术引领需求"的特有规律所决定的。档案信息化建设之初，大家都尝试将传统档案管理基本理论运用到信息化建设实践中。随着实践不断深入、范围不断扩大，目前档案信息化建设遇到了"瓶颈"，在一定程度上是由于缺乏相应的理论指导，导致法规不健全、标准不配套、研究方向不明确、管理对象不明晰等问题出现。数字档案馆、电子文件中心、档案信息服务体系、档案信息利用体系、档案信息安全保障等档案信息化建设中的热点、难点问题，也需要基础理论来支撑。档案信息化理论研究要立足于档案工作实践、行业特点、专业特色探索档案信息化发展规律，构建系统的、具有中国特色的档案信息化理论体系，引领、指导档案信息化工作。

（五）推进档案信息化成果共享与交流

应本着成果资源共享的原则，有效整合政府、院校、企业的智力资源，积极吸纳和采用具有全国推广价值的档案信息化技术研究成果，减少项目重复建设，节约国家投资。国家应对已经实施档案信息化建设的单位加强经验总结和理论研究，搭建一个交流平台，把取得的成果在档案业界进行推广和共享。另外，在具体项目建设过程中，要立足实践应用，合作攻关，充分吸纳先进信息技术的成果，优化建设中的各种技术方案和各种技术选型要求，解决具体的关键技术应用问题，注重使用标准规范的研究成果，引导市场，重点培育精通档案信息化建设业务的IT企业。

（六）探索档案信息化建设评估体系

档案信息化建设是一项系统工程，涉及的范围很广，它几乎涵盖了档案业务建设的所有内容。在档案信息化建设过程中若要确保建设质量，弄清建设中的短板或缺项，就需要对档案信息化建设实施评估。评估作为一种控制手段，需要建立一套科学、合理、可行的评估体系，该体系需要从系统论的角度考虑，全面分析评估体系的各个构成要素，合理设置评估指标，综合考量档案信息化建设成效，尤其是最后的评价结论要成为推进和改进档案信息化建设的重要参考依据。

二、档案信息化建设的主要任务

（一）信息化基础设施建设

基础设施是档案信息资源收集、管理、开发利用的物质基础和技术条件，主要包括计算机和网络的软硬件系统、数据库管理系统、网络系统以及计算机用房设施等。基础设施应当从先进性和适用性相统一的原则出发，按照档案信息化建设的规划和应用系统建设的实际需求，进行采购、配置和安装。目前，全国尚无统一的档案信息化基础设施建设规划，强调将档案信息化基础设施建设纳入本地区、本行业、本单位信息化发展总体规划，与电子政务、电子商务、办公自动化等基础设施共同建设，形成统一的系统平台和设备环境，以便获得必要的资金、技术支持，相互协调发展。

（二）档案信息资源建设

大数据背景下，档案信息资源是国家经济和社会发展的重要战略资源，其建设内容主要有三个方面：一是首先要建立电子档案目录、档案文献信息资料总库，以满足计算机档案资料检索与共享利用的需求；二是要加速馆藏文献档案的数字化，特别加强对珍贵稀有档案的保存和保护，以满足社会对文献资源检索和使用的需要；三是强化电子文档的归档，搞好电子文档的交接工作，把有历史意义的电子文档做到高效地收集、管理和使用。档案信息资源的建设要与数字档案馆、数字档案室、公共信息库、所属单位管理信息库等进行整合，保障档案信息安全尤为重要，以使档案信息资源能够有效地传递、互联、共享。

（三）档案管理应用系统建设

档案管理应用系统建设是信息技术与档案工作需求相结合的产物，是实现档案信息化实用价值的关键环节。其主要任务包括：研制开发和推广应用相对统一、符合规范的档案管理软件，包括电子文件归档管理，数字档案馆、数字档案室、档案行政管理等软件；推进档案信息化与电子政务、电子商务、办公自动化的同步发展；建设档案网站，并与本地区、本系统各级各类档案门户网站建立链接运用档案管理系统开展档案管理各项业务，并做好应用系统的维护。

（四）档案信息化标准规范建设

进行档案信息化建设必须统一进行标准规范化建设，这也是档案信息化的重要依据。在全面调查研究的前提下，按照国内外有关规范和一般准则，制定出符合我国实际的、符合实际的档案信息化标准规范。该规范包括管理型、业务型和技术型三大类，主要内容：电子文档的存档、电子文档的管理、数据的识别、描述、加工、存储、查询和传输、转换、管理、使用等方面，依据内容逐步建立起符合中国特点的、符合我国国情的档案管理规范标准。制定的标准规范体系应当与档案文档来源形成者、档案信息利用者的标准规范体系相适应，使分散的档案机构、档案信息系统、档案资源库集成为有机的整体，真正在跨地区、跨行业、跨层次、跨部门的广阔空间内最大限度地实现档案信息资源的广泛共享。

（五）档案信息化人才队伍建设

坚持以人为本，始终把培养人才、建设队伍、提高人的素质放在第一位。将信息技术基础知识培训列入档案干部培训教学计划；加强档案信息化建设相关技术、技能培训课程与教材的建设；加强对档案业务人员实用技术的操作培训；更新档案人才队伍的知识结构，在内部培养人才的同时，吸纳社会信息技术人才力量，形成开放式的人才队伍，形成尊重知识、尊重人才、鼓励创新、人尽其才的良好工作氛围，营造优秀人才脱颖而出、健康成长、才尽其用的政策环境。

（六）档案信息安全保障体系建设

档案信息化安全责任重于泰山。档案信息安全保障体系建设包括：建立档案信息安全保障组织体系；健全档案信息安全管理的法规制度；加强档案管理应用系统的安全管理；采取管理和技术手段确保档案信息网络传输的安全；加强对档案信息安全的行政监管和业务指导；加强档案人员的安全教育等。

第四章
大数据环境下
档案信息化管理

第一节 档案信息资源整合

一、档案信息资源概述

（一）档案信息

1. 信息

信息，指音讯、消息、通信系统传输和处理的对象，泛指人类社会传播的一切内容。人通过获得、识别自然界和社会的不同信息来区别不同事物，得以认识和改造世界。在一切通讯和控制系统中，信息是一种普遍联系的形式，是创建一切宇宙万物的最基本的万能单位。

现代社会，信息与材料、能源共同构成了人类社会发展的三大资源。信息普遍存在于人们的生活当中，无时不有，无处不在，它加快了沟通速度，扩大了交流空间，提高了社会物质财富和精神财富的创造效率，促进了生产力水平的提高，使社会不断向前发展。

2. 档案信息

档案信息包含三个方面：第一方面是档案的内容信息，也是档案主要组成部分，即档案所记录的所有信息；第二方面是档案的外部形式信息，方便索引，例如文件名称、文件编号、责任人、形成时间、载体物质形态等；第三方面是档案的可再生性信息，如根据对档案内容和形式，生成时间等信息进行加工、分类而得到的信息：目录、索引、指南、参考资料等。

档案是内容信息和物质载体的结合物，而档案信息是档案的内容信息。因此，档案信息仅是档案的一个方面，两者是有区别的。但是，二者又有紧密的联系：一是档案信息的存在离不开档案，尽管档案信息不是档案的全部，而且它可以转换成非档案形式的信息，但是它一旦离开了档案，就不能称之为档案信息了；二是档案信息的传递和存贮需要借助于档案的传递与存储，或者说档案的传递与存储意味着档案信息的传递与存储；三是由于档案是内容信息与物质载体的结合体，从信息性或从物质性的角度来认识档案都具有一定的合理性。

档案信息的特点使档案信息具有独特的价值。其主要特点有：

（1）原生性

作为原始记录的档案客观地记载了人类各种社会实践活动的事实经过，为人们的深入认识提供了素材，因此，相对其他信息而言，档案信息又是原生信息具有原生性。

（2）回溯性

档案记载着历史上各种活动的事实和经过，它印证了历史事实而成为人类活动真实的历史标记，因此档案信息属于历史信息，具有回溯性。

（3）内向性

档案具有一定的机密性，因此它的利用范围和利用程度是有限定的，在相当长的一段时间内，档案不能像其他文献信息那样为社会全体人员所广泛利用，这就造成了档案信息具有内向性的特点。

（4）联系性

档案信息具有相互联系的特点，这种联系，一是指同一类信息可以在不同的档案全宗里发现；二是指同一事物在时间上的联系；三是指不同事物之间的联系。

（5）价值性

档案信息的价值是客观存在的，但是要实现档案信息的价值，必须通过加处理和传递。只有当人们接受并产生了效益，档案信息才能实现自身的价值。

（二）档案信息资源

1. 信息资源

百度百科记载，信息资源是指人类社会信息活动中积累起来的以信息为核心的各类信息活动要素（信息技术、设备、设施、信息生产者等）的集合。

信息资源在经济、社会的各个部门、各个领域广泛存在着，它能反映各种事物的形态、内在规律以及其他事物之间的联系。当前大数据时代的信息社会，信息资源对一个国家、对一个民族的发展至关重要，成为人类赖以生存的重要资源，也是一个国家经济和社会发展的具有竞争力的重要战略资源。其发展与应用是整个信息化体系的关键。

信息资源与其他资源相比，主要特点表现在：

（1）信息资源能够重复使用，其价值在使用中得到体现；

（2）信息资源的利用具有很强的目标导向，不同的信息在不同的用户中体现不同的价值；

（3）信息资源具有整合性，人们对其检索和利用不受时间、空间、语言、地域和行业的制约；

（4）信息资源是社会财富，任何人无权全部或永久买下信息的使用权；它是商品，可以被销售、贸易和交换；

（5）信息资源具有动态性，是一种动态资源，呈现不断丰富、不断增长的趋势。

信息资源的丰富程度、信息的传播速度及应用效率，是衡量一个国家综合国力的重要标志，开发利用信息资源是国家和社会发展的根本途径。

2. 档案信息资源

档案信息资源是信息资源的一个组成部分，其定义分为广义和狭义之分。

广义的档案信息资源是指人类社会活动中积累起来的以档案信息为核心的各类档案信息活动要素的集合。它包括如下几部分：

（1）档案信息要素

档案信息要素是源于档案的已经经过加工处理有序化并大量积累起来的有用信息的集合，这部分内容在诸要素中处于核心地位。

（2）工作人员要素

档案信息资源的工作人员要素，是指负责管理档案信息的档案工作者的集合。

（3）技术要素

档案信息资源的技术要素是指加工、处理和传递档案信息的信息技术的集合。

（4）其他档案信息活动要素

其他档案信息活动要素，如与档案信息活动相关的设备、设施、活动经费等，都属于这类要素。

狭义的档案信息资源是指来源于档案的，反映事物特征，运动状态、方式及规律的，已经经过加工处理有序化并大量积累起来的有用信息的集合。狭义的档案信息从属于广义的档案信息，包含了档案信息的三个层次。档案信息资源并不等同于档案信息，而是具备了创造性、规模性以及可开发性三大条件的档案信息。

二、档案信息资源的组织与整合

（一）档案信息资源的组织

1. 档案信息资源的组织的定义

档案信息资源的组织，是按照一定的原则、方法，把无序的、指定的档案信息资源有序化、系统化的过程。信息科学的系统论、控制论、信息论为档案信息资源的整理提供了理论依据。随着计算机科学技术与人工智能的发展，利用大数据对档案信息资源进行挖掘分析，为存储或利用档案信息资源提供多种高效的检索方法和检索路径，以适应档案资料的需求，以便有效开发利用和组织档案信息资源。

2. 档案信息资源的组织方式

（1）传统档案信息资源的组织方式。

①根据档案信息内容划分，可以分为目录方式、索引方式、文摘方式、综述方式等。

A.目录方式。这种方式是对档案的内容和形式特征进行揭示，并按照一定的方式加以记录和编排的组织方式。

B.索引方式。这种方式是根据一定需要，将档案中的主要内容或其他特征摘录下来，标明来源出处，并按照一定次序进行排列，以供查阅的组织方式。

C.文摘方式。这种方式是对档案信息资源内容进行加工，以简短精确的文字提炼档案信息资源的内容，并按一定次序进行排列以供用户查阅的组织方式。

D.综述方式。这种方式是对某一时期内、一定范围内的大量原始档案材料中所含的信息进行归纳整理、分析提炼而形成文字的方式。

②根据排序方式划分，可以分为字顺组织方式、编号组织方式、时序组织方式、地序组织方式等。

A.字顺组织方式。这种组织方式是根据项目的字顺对档案信息资源进行组织的方式，主题组织方式、题名组织方式、责任者组织方式都属于这一类。

B.编号组织方式。这种组织方式是依据特定号码的顺序对档案信息资源进行组织的方式，分类组织方式、代码组织方式都属于这一类。

C.时序组织方式。这种组织方式是依据档案中所含时间的顺序对档案信息资源进行组织的方式。

D.地序组织方式。这种组织方式是依据地名顺序对档案信息资源进行组织的方式。

③根据档案信息的特征划分，可以分为分类组织方式、主题组织方式、题名组织方式、责任者组织方式、代码组织方式等。

A.分类组织方式。这种组织方式是指根据档案分类法对档案信息资源的内容进行揭示，并按照分类法的体系进行排列的方式。

B.主题组织方式。这种组织方式是将档案信息资源内容根据档案主题词表加以揭示和著录，并根据主题词的字顺进行系统排列的方式。在档案主体法方面我们现在主要使用的是《中国档案主题词表》。

C.题名组织方式。这种组织方式是以档案的题名为对象对档案信息资源的内容加以揭示和著录，然后依据字顺对档案信息资源进行排列的方式。

D.责任者组织方式。这种组织方式是以档案的责任者为对象对档案信息资源的内容加以揭示和著录，然后依据责任者名称的字顺对档案信息资源进行排列的方式。

E.代码组织方式。这种组织方式是利用档案的代码，如档号、文号等组织档案信息资源的方式。

（二）档案信息资源的整合

1. 整合的具体方面

（1）信息资源与数字资源整合

信息资源整合在诸多学者的论著中都有明确论述，有学者认为，信息资源的本质就是需要协调和整合。也有学者认为，信息资源管理意味着整合或协调（Co-ordination），它是一种出现在学术、方法、职能和技术层次上的以用户为基础的综合结构。

人们普遍把信息资源整合分为广义和狭义两种。狭义上说，就是把一定区域中原本分散的、异构的、分散的、具有一定规模的信息资源，按照一定的逻辑或物理的方法进行整合，从而便于管理、使用和服务。广义上的信息资源集成，即将分散的资源进行整合，将杂乱的资源转化成有序的，从而便于使用；信息采集、组织、加工和服务是信息采集、组织、加工和服务的集成。

在信息化社会中，信息技术与网络技术飞速发展，使得信息化环境下的数据资源整合越来越重要。数字资源的整合是利用互联网技术和应用程序将零散的信息资源结合在一起形成一体化的体系，从而达到集中管理、跨平台、跨数据库检索的目的。即通过对各种数字化资源进行无缝整合，构建一个统一的索引体系，能够完成数字资源的统一检索和排序等。可以按照用户的需求，经过一系列的数据处理，例如：启动标引系统、翻译处理、信息导航、搜索引擎等，并利用各种数据源进行信息的搜索，整理搜索结果然后反馈给用户，用户可以在一个统一的检索系统中，找到几乎每一家档案馆的数字化信息资源，能适应不同类型的用户的个人需要。

（2）国家档案资源整合与档案信息资源整合

国家档案资源的整合，不仅是指一般意义上对国家和社会具有永久保存价值的档案的管理由分散到集中、由无序到有序的过程，而且主要是指在我国档案工作"统一领导，分级管理"的体制下，对国家和社会档案资源的有效配置，以适应经济全球化时代增强区域综合竞争力需要的一项社会系统工程[①]。

根据信息资源整合的特点和规律，我们可以从几个方面来理解档案信息资源整合。一是围绕特定的主题，对分散形成的档案进行信息资源集中，以集中反映某一实践领域或对象的基本情况。二是根据一定的需要，对各个相对独立的已经实现了一定程度的有序化的档案信息进行融合、类聚和重组，构成一个新的功能更强大、效率更高的档案信息资源体系的过程。简而言之，档案信息资源整合是一种管理，它的管理理念是：取代过去单纯以信息技术进行信息管理的理念，主张对信息资源运用技术、经济、人文的手段进行统筹规划、全面管理。其管理特征是自上而下的、集中式的、可控性的、个性化的和实时性的管理。因此，不能把档案信息资源整合问题简单看成是技术层面的问题，而是一个综合治理的问题。

---

① 　缪逸霞. 试论信息化在档案资源整合中的作用[J]. 科技经济导刊，2019，27(35):23.

2. 整合的意义

（1）可以解决档案信息资源分散与用户需求集中的矛盾

用户需求是档案信息资源整合的原动力。信息技术的飞速发展营造的网络环境改变着用户的信息环境，决定着用户信息需求的满足方式和信息交流与利用形态。在过去几十年的时间里，档案工作者一直使用"馆藏档案""室藏档案""馆藏建设""室藏建设"等概念。这些概念的着眼点都是一个单位或一个部门，比较孤立、微观和分散，没有从一个国家的角度对其加以认识和把握，以致前些年不少地方的档案馆在进行馆藏建设时，往往从本档案馆出发，片面地追求"门类齐全，结构合理"，使得档案馆中的国家档案资源大量重复，同时也出现了某些档案有人争、某些档案无人管的现象。

因此，没有经过整合的档案信息资源的分散性和孤立性，与用户的集中共享需求存在着矛盾。档案信息资源整合是为了更好地实现档案信息资源的共享，以利于用户的集中利用，其本质是站在机制创新的高度解决档案信息资源建设问题。档案信息资源建设需要从"整合"起步，与相关部门协同合作，实现档案资源利用的整体效益和社会效益。

（2）可以解决档案利用形式单一与用户需求多样化的矛盾

全球化时代，用户不仅需要查询个人档案信息，也需要查询一些历史或者文献信息；不仅需要纸质档案，更需要数字化档案，表现出多层次多样化需求。特别对于网络档案信息资源的检索，用户对操作界面的友好性和简单化的要求增强，希望提供操作简单方便的"一站式"检索服务。

没有经过整合的档案利用形式单一，难以满足用户多样化需求。档案信息资源整合特别是网络环境下数字档案信息资源整合使得网络利用成为可能，克服了时间、地点等条件的限制，提高了档案信息资源的利用效率，使得信息的增值服务成为现实，创造了规模化的收益和社会效益。综上，档案信息资源整合要求真正从信息使用者的角度出发，突破信息资源地域和时间上的限制，建立档案数字信息资源的协调化、集成化体系，解决有限的信息收藏和无限的用户信息需求之间的矛盾，最终实现资源共享。

3. 数字档案信息资源整合的内容

随着信息技术和网络技术的发展，数字档案信息资源的整合成为一个新的话题。数字档案信息资源包括分布在网络上的信息资源，也包括存贮在本地数据库的信息资源。数字档案信息资源整合不仅仅是技术问题，也不只是档案信息资源的集成问题，而是一个系统的大工程，其主要内容包括数据整合、系统整合和服务整合等方面。各个方面的内容相互支撑，相互依赖，逐步从后端的数据层向前端的应用转化。

（1）数据集成

数据集成就是要把不同类型的档案资源数据库进行整合，形成一个互相联系的数据库群，使数据能够自由地流通。当前实现数据集成的技术有两种：一是利用中间件代理技术，二是利用资源概念数据库和实际资源数据库之间的映射关系。这两种方式使得不同类型的数据库都能够互联，能够在进行访问和查询时形成一个统一的整体，能够有效地进行数据的集成和整合，极大地提高了网络档案信息资源的使用效率。

（2）系统集成

档案信息资源管理系统是由各个档案单位所采用的信息管理软件。近几年，随着社会信息化进程的加快，各级档案事业单位特别是国家综合档案馆在建设和利用档案管理系统方面已取得了一些成绩。然而，由于各单位各自独立发展，造成了不同的档案管理基础软件标准存在差异，导致了档案信息资源的互相独立，实现共享困难。为了实现网络档案信息资源的集成，必须采用先进的技术，建立统一的网络档案信息资源交换和共享平台，使其能够将不同类型的档案管理系统连接起来，为实现网络档案信息资源的共享提供了必要的条件。

（3）服务集成

网上档案信息资源的整合与单纯地把档案资源上传到网上是不同的。目前，国内许多档案馆都开设了公共网，有的在宣传档案、档案作用、档案工作等方面，还为广大群众提供了一定的网上档案信息服务。但归根结底，因各档案站点之间相互独立，无法做到相互无缝衔接，也无法为用户提供全方位、深层次、一体化的网上档案信息服务。网上档案信息资源整合的目标是实现分散、异构的网上档案信息资源的无缝链接、有效使用和增值，必须为使用者提供统一的用户接口和通用的查询方式，实现"一站式"的查询，使用户在不受时间、空间、形式等方面的限制，从而方便获得档案信息。在这个方面，数字图书馆建设的很多经验值得我们借鉴。

三、大数据环境下档案信息资源整合的必要性

大数据时代，庞大的纸质档案信息资源和海量的数字档案资源的不断增长，给档案管理部门带来了巨大的挑战。但是，档案馆运用大数据挖掘技术和分析方法，使档案信息资源整合，挖掘潜藏在档案信息资源中的深层价值，恰好可以解决这一难题。因此，实现大数据时代背景下海量信息的整合，是档案部门迎接挑战的有效方法。我们将从新时代的发展趋势、提高档案信息资源服务质量的需要和实现档案信息资源数字化这三方面来进行必要性分析。

（一）新时代的发展趋势

随着社会信息化的发展，数字化与网络化建设的不断完善，档案信息资源的记录载体、记录方式、管理方式也随着时代的进步而发生着变化，档案信息资源的管理也应朝着网络化、数字化的方向发展。

随着人类的进步和发展，大数据时代的来临，人们在计算机系统存储的数据信息也越来越多，这些数据是人们工作、生活和生产活动等的原始记录，能够为人们提供重要的利用价值。例如，美国沃尔玛超市将尿布与啤酒这两种看似毫无任何关联的商品摆放在一起进行销售，这一举措带来了意想不到的收益，使超市尿布和啤酒的销量大幅增加原来，美国的妇女通常在家带孩子，所以她们会经常嘱咐丈夫在下班路上为孩子买尿布，而丈夫在买尿布的同时就顺便购买了自己爱喝的啤酒。于是，沃尔玛就通过这一发现为企业带来了丰厚的利润。这个故事讲述了沃尔玛超市通过对自己企业的档案信息资源的数据信息进行挖掘，为超市的发展带来了黄金价值。由此可见，档案信息资源整合将是挖掘档案信息资源潜在信息价值的有效措施，是实现档案信息资源、共享化的必然选择，也是适应社会信息化进程的需要，更是档案事业发展的必然趋势。

此外，为了克服传统的档案管理方式所带来的弊端，实现档案信息资源的集成也是必要的。长期以来，由于档案管理部门的独立性，使得档案资源长期处于分散状态，而这种分散化已经不能满足大数据时代的集中要求，因此，档案信息资源的集成就成为必然。随着数字化和信息化，档案信息资源的相对完整性和集中性是其显著特点，因此，需要对档案信息资源进行整合。特别是随着现代电子电脑的普及，产生的档案资料也逐渐呈现出电子化的特点，我们在进行整合时，

必须要考虑到将来的发展趋势。比如科技部、财政部、农业农村部等相关部门联合组建的国家科技文献资源网，教育部负责推动的全国高校信息保障体系，包括文化和旅游部、国家图书馆数字图书馆工程以及各地数字档案馆的建设等，这些工程建设是对信息完整性和需求的体现。

（二）提高信息资源服务质量的需要

在现代政府以公民需求为导向信息管理的核心下，充分利用信息技术提供高效高质的档案信息服务，是未来服务发展的方向。在这种背景下，档案馆被推向了信息公开的前台，这意味着档案信息资源开发具有了政治合法性和迫切性。社会信息资源整合程度的提高与公众信息意识的觉醒，为档案信息资源的整合创造了良好的社会环境与氛围，同时使档案资源的整合成为一种必然趋势。近年涉及老百姓切身利益的民生档案数量与日俱增，与之相对应的是人民群众利用档案的需求也不断增加，因而迫切需要一种能够集中保管和统一利用的档案管理机制的出现。整合档案信息资源为公众提供了一个双向主动式档案信息服务手段。除此之外，一方面是档案信息资源提供服务的频次、速度、要求越来越高；另一方面是档案信息资源服务的范围、空间、形式越来越广，社会的需求永远是激活档案信息资源整合和开发的力量源泉，推动档案信息资源整合的动力是适应时代发展和档案信息资源服务对象多元化的需要，档案信息资源整合的建设会使档案服务社会的力度、方式、手段实现新跨越。总之，实现档案信息资源的整合，可以提高人们利用档案信息资源的检索效率，可以改善档案网站、档案馆以及档案室的服务质量。

（三）实现档案信息资源数字化

大数据环境与过往的信息环境最大的区别，不仅是巨量的数据资源的诞生，而且是大数据能够对信息、数据等进行筛查、分析和处理。大数据的处理包括了大数据采集、大数据处理、大数据统计分析与大数据挖掘等方面。大数据具有数据挖掘和分析、内存计算和流处理技术等处理技术。大数据的存储包括分布式文件系统、非关系型数据库（NOSQL）、数据仓库等存储技术。大数据的应用技术包括云计算及其编程模型MapReduce、大数据获取技术、大数据存储技术、大数据分析技术、大数据可视化技术等，在大数据时代，档案馆既要开展纵向层次的整合，又要开展横向功能的整合。档案馆可以通过综合利用大数据的存储技术、处理技术以及应用技术实现数字化档案信息资源的功能，如实现数字化档案信息资源的交换与共享功能、安全存储功能等，如表4-1所示。

表4-1　大数据相关技术及功能

大数据相关技术分类	技术示例	实现功能
大数据存储技术	分布式文件系统、非关系型数据库（NOSQL）、数据仓库等存储技术	存储功能
大数据处理技术	数据挖掘和分析、内存计算和流处理技术	信息挖掘与数据处理功能
大数据应用技术	云计算及其编程模型Map Reduce、大数据获取技术、大数据存储系统、大数据分析技术、大数据的可视化	信息资源交换与共享、安全存储等功能

　　一方面，云计算技术的具体应用说明大数据技术能够实现档案信息资源的交换功能。例如，档案"云平台"的构建。支撑云、公共云、业务云三个平台共同组成了档案信息资源整合的"云平台"。其中在业务应用层，可以通过大数据的存储处理技术完成档案信息资源的采集、编目、存储等工作。数据整合处理层通过对档案信息资源的分类等工作加工，编研不同的档案成果，形成不同的数据库，如特色档案、现行文件等。另一方面，大数据技术在档案信息资源共享平台充当着非常重要的角色。通常来说，档案信息资源整合共享平台有着采集功能、审核功能、信息管理功能、信息共享功能、安全保障功能，如图4-1所示。其中，采集功能主要是负责收集档案信息既可自动采集，又可人工采集。大数据的获取技术可以通过档案信息资源的数据分析，从而更好地获取可以用的档案信息资源。审核功能主要负责对其质量的监控，通过层层严格的筛选和鉴定，删除不合格的档案信息，动态存储可利用的资源。此外仍可以通过大数据的智能过滤技术提前对档案信息资源进行筛选和加工。

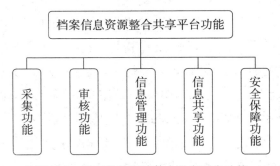

图4-1　档案信息资源整合共享平台功能

大数据技术可以促进档案信息资源共享功能的实现。公众可以通过档案信息资源整合共享平台，在线访问和查询档案馆藏信息资源，使档案信息资源充分地发挥自身的价值，服务大众。其次，档案信息资源整合共享平台可以打破地域限制以及"信息孤岛化"的状态，促进各大档案馆之间的联系，实现更大范围内的资源共享。

四、大数据环境下档案信息资源整合的SWOT分析

大数据是具有容量大、类型多、访问速度快、高应用价值等主要特点的资料集合，正在迅速向数量庞大、来源分散、格式多样的数据资料进行采集、存储和关联分析转变，从中发现新知识、创造新价值、提升新能力，形成新一代信息科技与服务应用。随着因特网的广泛应用，计算机、网络、通讯等技术的飞速发展，各类数据和信息也以爆炸式的速度增长。任何事情都是有两面性的，网络为人们提供了大量的文本信息资源，也为人们提供了便捷、便捷的途径，但也带来了许多难题，比如在海量的信息资源中如何快速、高效地发掘自己所需的有用的价值信息资源。所以在大数据时代悄然来临的今天，在档案部门新的数据资源大量涌现，这些海量的数据资源也对档案信息资源的整合提出了新的挑战。在当前形势下，档案管理部门要立足于当前的形势，并在大数据时代的背景下，充分运用信息挖掘技术，为实现档案信息资源的整合，获取有价值的档案信息资源，采取切实有效的措施势在必行。

接下来，我们将采用SWOT分析法：S（strengths）是优势；W（weaknesses是劣势；O（opportunities）是机会；T（threats）是威胁或挑战，对大数据环境下档案信息资源整合的优势、劣势、面临的机遇和挑战进行分析，如表4-2所示，有利于档案部门在进行信息资源整合时认清形势，扬长避短，抓住机遇，寻找良好的契机，制定符合大数据时代背景的档案信息资源整合措施。

（一）优势分析

在大数据时代，各种数据信息日益膨胀、呈现爆炸式的增长。那么，将各种分散的、独立的信息统一到一起，形成逻辑上统一的整合体，将是目前档案部门存储和利用大数据的最大需求。因此，实现档案信息资源的整合与共享是大数据时代和信息化时代的召唤，得到了国家层面的高度重视。接下来，我们将从国家

表4-2 大数据环境下档案信息资源整合的SWOT分析矩阵

优势（strengths）	劣势（weaknesses）
（1）档案馆技术优势 （2）档案馆保管条件优势 （3）数字化信息管理系统的发展	（1）档案信息资源质量难、把关难 （2）理念与实践进度不匹配 （3）缺乏统一的技术整合规范标准
（1）国家政策支持 （2）信息挖掘技术的进步 （3）信息化建设	（1）信息实施精准管控难 （2）给数据分析带来了挑战 （3）安全技术存在漏洞
机遇（opportunities）	挑战（threats）

政策支持、信息挖掘技术进步、数字化现代管理系统的产生三方面来分析大数据时代档案信息资源整合的优势。

1. 国家政策的支持

2014年，大数据首次写入政府工作报告，大数据逐渐成为各级政府关注的热点，政府数据开放共享、数据流通与交易、利用大数据保障和改善民生等概念深入人心。

2015年7月，国务院印发《关于运用大数据加强对市场主体服务和监管的若干意见》用大数据加强对市场主体服务和监管，明确时间表。

2015年9月，国务院印发《促进大数据发展行动纲要》（以下简称《纲要》），系统部署了国大数据发展工作，至此，大数据成为国家级的发展战略。

《纲要》提出，要加强顶层设计和统筹协调，大力推动政府信息系统和公共数据互联开放共享，加快政府信息平台整合，消除信息孤岛，推进数据资源向社会开放，增强政府公信力引导社会发展，服务公众企业；以企业为主体，营造宽松公平环境，加大大数据关键技术研发、产业发展和人才培养力度，着力推进数据汇集和发掘，等等。

2017年1月，工信部编制印发《大数据产业发展规划（2016—2020年）》。发展目标：到2020年，技术先进、应用繁荣、保障有力的大数据产业体系基本形成。大数据相关产品和服务业务收入突破1万亿元，年均复合增长率保持30%左右，加快建设数据强国，为实现制造强国和网络强国提供强大的产业支撑。

2015年以来，我国一大批大数据产业园相继落地，大数据产业生态加速完善，相关标准和技术体系持续完善，应用市场日益壮大，产业国家影响力不断提升。根据相关数据统计显中国大数据产业受宏观政策环境、技术进步与升级、数字应用普及等众多利好因素影响2018年整体规模达到4384.5亿元，较2017年同比增长24%[1]，《大数据白皮书（2022）》显示，2021年达到1.3万亿元，复合增长率超过30%；大数据市场主体总量超18万家，形成大企业引领、中小企业协同、创新企业不断涌现的发展格局。

培育10家国际领先的大数据核心龙头企业和500家大数据应用及服务企业。形成比较完善的大数据产业链，大数据产业体系初步形成。建设10～15个大数据综合试验区，创建一批大数据产业集聚区，形成若干大数据新型工业化产业示范基地。

2017年9月，公安部印发《关于深入开展"大数据+网上督察"工作的意见》，要求到2018年底，全国各级公安机关要完成网上督察系统优化升级，实现全警种数据对网上督察系统的开放共享，满足"大数据+网上督察"需要。到2020年底，建成基于公安云计算平台的全国公安机关警务督察一体化应用平台，相关运行机制进一步健全完善，警务督察部门的动态监督和预警预测能力进一步提升。

2018年7月，工信部印发《推动企业上云实施指南（2018—2020年）》明确，到2020年，力争实现企业上云环境进一步优化，行业企业上云意识和积极性明显提高，上云比例和应用深度显著提升，云计算在企业生产、经营、管理中的应用广泛普及，全国新增上云企业100万家形成典型标杆应用案例100个以上，形成一批有影响力、带动力的云平台和企业上云体验中心。

2. 大数据环境下信息挖掘技术的进步

联网的发展与普及，各种数据以及信息呈现出爆发式的增长。互联网在给人们获取大量文本信息资源快捷方便的同时，也带来了诸如如何挖掘、筛选自己所需信息的难题，但是大数据时代的信息挖掘技术则刚好可以帮助人们解决这一难题。以"web"数据挖掘技术为例。

首先，谈一下"Web文本挖掘技术"在档案信息资源整合中的应用。Web是当今互联网上最受欢迎、最为流行的超文本信息系统，不仅能实现各种类型数据的无缝集成，还具有提供图形界面快速检索等功能。因此，我们可以利用web文本挖掘技术的高效率、智能化等优势，结合档案信息资源整合中所面临的多种多样的问题，帮助人们改善检索效果以及服务。

接下来，介绍一下文本挖掘的基本思想，如图4-2所示。

---

① 阮健.《大数据产业发展规划（2016—2020年）》发布 [J]. 工程建设标准化，2017(03):23.

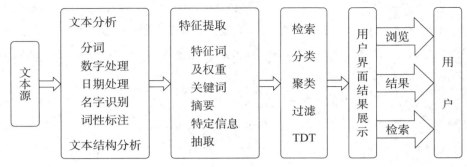

图4-2 文本挖掘的基本思想

首先，利用网络文本挖掘技术，可以提高档案信息的使用效率。通过对数据进行聚类，分析用户的历史数据，将分析结果归类，并将其标记，使得所提供的信息更为准确，从而在其种程度上优化了用户的搜索结果。该方法能有效地提高检索的精确性、提高检索效率、节省查询时间等。另一方面，服务也能得到改进。例如，档案馆、档案网站等，通过掌握和分析使用者浏览各种档案信息资源的频次和所耗费的时间，可以分析使用者对各种档案信息资源的喜好，从而为使用者提供更加个性化的建议，提供个性化的精准服务。

3. 建立现代化的数字档案管理系统

随着计算机技术、通信技术和网络技术的迅速发展，传统的档案管理方式面临着前所未有的挑战。与发达国家比较，我国的档案管理工作存在着滞后现象，2006年，相关的组织机构提出，要对传统的档案管理模式进行更新，加快档案信息化的步伐，建立健全干部档案、干部档案管理制度，逐步实现档案管理的数字化，未来，档案的数字化必然是档案的主要形态。

数字化的电子档案管理是对传统干部人事档案管理的一种革新，数字档案管理系统由日常业务管理、档案数字化采集、数字化档案查询三大部分组成。它可以实现档案资料的收集、鉴别、整理、保管、传递、统计；对日常工作进行了数字化管理，并利用组织系统专用网络，实现了对干部档案的在线浏览和远程查询。这对于以后的干部任用、提拔干部都有很大的便利。

（二）劣势分析

凡事都有两面性，有利就有弊。接下来，我们将从三个方面集中分析大数据环境档案信息资源整合的劣势。

1. 缺乏统一的技术整合规范标准

许多学者认为技术与标准是制约档案信息资源整合的重要"瓶颈"。熊志云认为："尽管我国档案信息化建设起步较晚，但对档案信息的标准化工作一开始就比较重视。"梁作华指出："迄今为止，标准问题仍未受到足够重视，缺乏制定标准的统一机构，国家尚未出台档案数据库结构、信息存贮和著录格式、软硬件配置、网络体系结构、信息处理界面等方面标准，要建立一个比较完整的档案信息资源整合的标准体系，还须一个长期的探索和实践过程。"很多学者认为，在我国的档案馆信息化中，标准问题还未得到充分的关注，缺少一个统一的组织和协调机制，更无法建立跨系统、跨领域的标准制订机构。为此，设立专业的机构，在国内逐步推行并建立较为完备的档案信息资源管理规范，已经是当前我国档案信息化建设和档案信息资源整合中亟待解决的问题。

2. 理念与实践进度不匹配

"大档案"理念由来已久，但是在实践进程上并未得到良好的落实。长期以来许多档案工作人员和专家学者都提到整合档案信息资源以及转变档案管理观念，但是如何转变并没有一套详细具体的对策。因此，我们不仅要提出与时代发展相匹配的管理理念，还要将理念贯彻到档案信息资源整合的实践中。在大数据时代，档案信息资源整合需要各个环节的配合和各个部门协调一致的工作才能完成，而各部门、各环节的协调需要一个强大的信息系统来组织和实现，从而使档案信息资源得到最优化的利用，使良好的档案信息资源整合观念发挥意识能动作用，更好地指导档案信息资源整合的实践工作。

3. 档案部门各自为政，缺乏有效沟通联系

目前，中国实行的档案管理体制是条块相结合的，即综合档案馆主要负责党和政府机构形成的档案，而专业档案则由专业档案机构负责保管，档案部门由同级档案行政管理部门进行指导、检查和监督。无论是在实践层面还是在法规层面，条块分割已经成为档案管理的基本形态，并且已经持续多年。但是，随着档案信息资源整合工作开展，许多学者指出这一制度阻碍了档案信息的共享。郑鸥认为，它虽然有其合性，但也造成了地方各级国家综合档案馆在档案资源整合上

难以有所作为。由于档案资源的分散、馆藏档案信息的"含金量"不高，很难满足日益增长的为领导决策资政服务、为群众维权服务的需求[①]。

（三）机遇分析

只有把握机会，我们的发展才会更好。随着大数据技术的发展，各级档案馆的信息化建设也迎来了新的发展契机。今后，我们要从三个角度进行发展：

1. 我国的信息化建设为档案信息资源整合提供了环境支撑

信息化为档案信息资源的集成创造了有利的环境支持，在信息化的过程中，通过不断地完善通信网络和计算机系统，这为档案信息资源的整合提供了良好的基本条件。首先，我们的国家已初步建成覆盖全国、通达世界、技术先进和业务多样的全国公共通讯网架构。现在，基本上所有的学校，科研部门、政府、公司和个人都在用电脑上网。其次，网络化是实现档案馆信息资源的最根本和最高效的方式，它将各种数据资源相互连接起来，使得人们能够在不受限于时间和空间的情况下，自由地获得所需要的文件档案资料。建立先进的专业通信网络，为档案资料的集成创造了大量的实践机遇，而互联网技术的发展也为档案资料的集成奠定了坚实的基础

2. 电子政务建设为档案信息资源整合提供了技术支撑

（1）档案部门是电子文件、电子档案收集、存储、管理的基地

档案管理机构对政府机关所产生的纸质文件具有管理权，所有的纸质文件均由档案机关统一管理。随着时代和科学技术的发展，各部门产生大量的电子文档。纸质文档和电子文档在本质上表达了相同的内容，二者之间存在着紧密的联系，不能分开，必须由同一个档案管理部门来统一管理。

美国是世界上最早实行电子政务的国家，曾经因为电子文档的管理权问题而引发诉讼。美国国家档案局于1995年发布了《通用文件保管期限表》的更新版本（GRS20）。新版GRS20将其适用范围从中央数据处理系统所生成的档案扩展至在办公自动化及电脑中心所产生的电子档案，并且修订了电子表格的条款：若电子表格是行政资料而非公务资料，或仅供备份时所产生之资料，则可将其移除。

然而，有些使用和提供电子文档服务的组织和个人却感到，该时限表的颁布

---

① 郑鸥. 加强档案信息资源整合势在必行 [J]. 上海档案，2006(5):22-25.

超出了法律给档案署的授权不慎重和轻率，并且起诉美国国家档案馆和文件署。美国上诉法庭于1999年8月6日做出最后的判决：新版的GRS20胜诉，美国国家档案局及文件署赢得胜利。

2002年，我国国家档案馆发布了《电子文件归档与管理规范》，明确了其格式和管理标准，并对其进行了详细的规定。上海、福建和广东的一些省份已经出台了电子文档和电子档案的管理规定。这些规范和办法的颁布和应用表明，档案管理机关对电子文件和电子档案的管理是一种有效的手段。

（2）档案部门是以档案为核心的信息资源整合、配送、利用的基地

档案各级管理部门负责政府部门政务信息的整合和分发，政府部门的电子文档最终归集到档案管理部门进行负责管理和服务，这是当前世界上普遍采用的做法。

国家档案与文件署是美联邦档案局的主管部门，负责对联邦档案管理系统进行控制和管理，即国家档案馆，联件中心、总统图书馆等，以及对联邦政府机构的电子文档的管理进行监督和指导。原来在美国大多数的电子文档都是通过一个数据资源库转移到国家档案局与文件署管理。目前，国家档案局与文件署也要解决文件管理、保管和获取的问题，涉及数据图像、数据声音、地理信息系统、电子邮件，网页和其他电子文档。

在我国，国家档案局颁发的《全国档案信息化建设实施纲要》在多个方面对"十五"期间电子文件管理目标提出了具体要求，如在第二部分"档案信息资源建设"中指出，"加强电子文件归档管理。各级机关和企业、事业单位档案部要根据档案管理的要求，加强对本单位电子文件积累、鉴定、著录、归档等工作的督、指导，保证各单位产生的有保存价值的电子文件真实、完整、有效。选择有条件的单位进行电子文件归档管理的试点工作，及时总结、推广经验，引导、规范机关电子文件的归档管理"。第三部分"档案管理应用系统建设"中指出，"加强档案信息建库入网工作，争取将各地档案数据库作为重要信息资源库纳入当地电子政务、信息港建设总格局中立电子文件服务中心。有条件的档案馆应建立电子文件服务中心，提高公文流转速度，对机读文件和机读档案进行接收、管理和远程服务。"

档案是国家机构、社会团体、个人在社会生活中所形成的具有价值的各类历史资料，只要与此相符，即为档案资料。它的主要内容包括：政府文件、行业专业数据库、社会公众服务等，包括语音、视频、图片等种类。通过对大量数据的收集、数据的大规模存储，实现对数据的高效存取与检索，是当前档案馆管理工

作的目标。档案馆以及档案室是以档案为中心，整合、分发和利用信息资源的基地。全国各级档案局经地方党委、政府批准，陆续将现有的公文公之于众，并将其作为现有的档案信息资源服务中心。

（3）档案信息资源实现共享的方式

①建立一个功能完备的档案资源数据库

要使档案工作充分利月信息技术在信息化进程中的优势，首先要建设好档案信息资源的数据库。可以通过如下方式进行资源数据库的建立：第一，要主动建立特色馆藏开发以及特色信息资源的数据库，比如科研成果数据库、图片数据库、名人数据库等；第二，建立多个专题资源的信息数据库，这就需要通过大数据技术对档案信息资源进行数据挖掘、加工、整理、有序地重构现有档案信息资源，从而使用户能够高效高质量地搜索到所需要的档案信息资源。例如红色文化数据库、纪念日数据库、历史大事次数库等；第三，引进或使用现有人口统计商用数据、企业名人名录数据库等。

②构建Web平台和应用体系

由于档案管理部门的网络系统是涉及国家机密的计算机信息网路，故不能直接建成一个信息比较全的结合网络，需要根据不同区域，按不同的用途，建立对应的网络。结合我国目前的电子政府建设现状，提出了三种不同类型的网络，分别进行了物理隔离。

A.建设内部办公业务网，为档案局（馆）提供各项办公业务和档案管理服务业务，使其各部门的行政办公业务和档案管理业务自动化、网络化。

B.设立专门的电子政务网络，在各单位之间实现横向连接，并在各部门之间进行信息交流，实现了与机关档案室、下属各级档案局（馆）的垂直政务信息传输和档案数据传输，开展非涉密信息交换、业务互动和信息资源共享。

C.设立单位公共信息网络，以便与因特网连接，使档案室与外界进行信息交换，为广大群众提供档案信息查询服务。

③建立电子档案馆

在《全国档案信息化建设实施纲要》中，国家档案馆明确指出："各级档案行政管理部门要积极参与当地政府上网工程和电子政务建设。加强档案信息建站入网工作，争取将各地档案数据库作为公众信息源纳入当地电子政务、数字政府或信息流建设总格局中。"我们相信，建立电子档案馆将会发挥更强的功能和作用。

电子档案馆主要包括网上电子档案归档平台、电子档案数据库、现有档案阅读中心和档案管理系统，可以实现政务网上产生电子文件、电子档案的在线管理、电子档案的统一标准归档管理以及网上数据、网上检索、网上检索等在线服务。各级部门电子档案实行分层管理，即省级政府机关在政务网上建立"电子档案馆"，各级地方政务网站中建立"电子档案馆"。

④建立网上省级档案网络集中管理系统，为广大群众提供信息

要加快档案馆的信息化进程，强化对档案平台的统筹，防止各地重复投资、各自为政，以及因数据资源格式不一致而导致的档案文件信息资源共享不能实现，实行省为单位，在全省统一建设档案网站集群系统。本系统是以省档案馆网站为中心，以及下面各市（市）、县（市、区）、县（区）档案部门为职能栏目，并具还可以包括档案信息查询系统、网上"爱国主义教育基地"档案展览等拓展传统档案服务范围的功能。

3. 档案馆信息化是为档案信息资源整合提供了基础

近几年，随着信息时代的互来，我国各级档案管理部门对档案管理工作进行不断改进，都在一定的范围内进行了数字化和信息化管理，为档案信息资源整合建设打下了良好的基础。档案部门要大力发展和使用一大批内网，全面推进档案管理工作的现代化和自动化，为中国档案馆系统的建设奠定基础。档案部门应按照电子档案的管理，严格按照电子文件的管理要求，确保电子文件的真实、完整和有效性。近几年，北京市制定了全市档案信息化综合发展计划，并在全市范围内建立了档案资料共享和公开档案目录，实现了档案资源的数字化管理。

（四）挑战分析

知己知彼，方能百战不殆。一方面，我们既要抓住机遇，促进档案信息资源整合开展；另一方面，也要了解其面临的挑战和威胁，以制定好相应的解决对策。接下来，我们将从以下几方面进行分析。

1. 需要庞大的资金支持

虽然档案管理部门在开展档案信息资源整合工作的时候，得到了政府的财政资金支持，但是这些资金远远不够，档案信息资源整合的后续工作需要更多的资金做支撑。然而，档案部门缺乏其他筹款渠道，因而资金将是大数据环境下档案

信息资源整合面临的一大困境。此外，受我国各地区经济发展水平的制约，各区域档案信息资源整合建设的投入、档案数字化、信息化建设等方面都存在着严重的不平衡以及信息不对称等问题。

张成芳认为，档案信息资源整合还存在论证不足的问题，在系统设计档案信息资源整合规划时没有一个相对完整的构想，对整个过程中容易出现的问题或解决对策准备不充分，论证存在缺陷，所以其结果既达不到整合的要求又造成了不必要的浪费[①]。

2. 档案信息资源质量的把关

档案信息资源的质量很难得到有效的控制。就目前而言，我国大多数的公共档案馆都存在着单一的馆藏结构，其中政府机关的档案文献资料占有相当大的比重，而其他种类的档案却很少，尤其是一些特色档案的资料尤其匮乏，比如黄河文化档案，非物色文化遗产等特色档案资料较少，建设档案信息资源库需要有丰富种类的档案资源基础，太单一的信息资源是很难引起读者的注意的，如果这种情况下建立档案信息资源平台投入太多，那就是一种浪费。为此，应从多方面着手，加强馆藏建设，多渠道收集档案资源，充实馆藏资源，建立具有特色的档案，是目前档案管理工作的重点。此外，与其他社会信息资源相比，档案信息资源具有保密性，特别很多的档案资料由于牵涉到国家的集体机密，无法在网络上公开，需要在超过规定的时限，这些机密档案才可以公开的，但实际上，档案一旦过了保密期限，承载的信息内容就已变得陈旧和落后，不再满足用户需要。除此之外，目前，还没有一个明确的档案信息资源质量统一标准。因此，在进行档案信息资源的整合过程中，如何收集高质量、高价值的档案文献资料，是当前各级档案工作部门所面临的重大挑战。

3. 档案信息资源整合管理体制的建立存在困难

目前，我国档案事业实行分级、分专业管理制度，已不能适应大数据环境下档案信息资源的整合，大量的档案资源分散在各单位，处于非专业管理状态，同时管理不规范，造成的损失是无法估量的。甚至有些单位长期将档案堆积于仓库里，造成虫蚀鼠噬、温度变化无常；有些单位把文件堆在不同的办公室里，几乎

---

① 张成芳. 档案信息资源优化整合与开发利用的相关措施探讨 [J]. 科技展望，2016，26(04):247.

没人管，部分档案损坏严重。由于档案的管理混乱、很难查找和使用、服务社会难度大，还存在重复建设等问题，浪费了大量的物力、人力、财力，再就是档案馆的馆藏结构单一、服务功能薄弱。以上都是档案信息资源整合管理体系建设面临的问题，实现档案整合信息资源管理机制不仅是对已有的档案信息资源进行整合，而且必须建立新的标准化运作机制，采取资源整合的方式进行管理，保证今后不再出现新的档案资源分散问题。提出了建立"大档案"的制度，明确省级、市级综合档案馆的核心位置，并给予其档案信息整合的权力。以市级综合档案馆为中心，打破传统的管理模式，可以有效解决档案资源分散、从而增强档案的辐射力、影响力、凝聚力。

五、大数据环境下档案信息资源整合的策略

我们将从档案实体整合与数字档案信息资源整合两方面提出应对措施。首先，谈一下档案实体的整合。

（一）从内容层次开展档案实体整合

档案的实体整合是一个从个体档案层面上进行的集成的，而大量的文献馆藏也是档案信息资源整合的根本。档案实体整合，主要包括档案管理制度、档案管理程序、档案系统资料的整合，以及各级区域实体单位档案资料的整合，以及把区域内各部门存在的档案资源的整合。

1. 现有各部门档案馆藏整合

档案馆已不再是单纯的实物保管单位，而是未来档案资源共享的重要来源和基础。传统的档案实体通常是以实体档案的方式存放于档案库房，档案馆工作人员要对档案资料进行全面的整理，并做好基本的分类工作。当前，一直对档案馆进行实物案卷进行整理，但效果并不理想。大数据环境下，档案馆要按照档案整合的职能特点，实现档案管理制度化、归档程序化、馆藏数字化信息化以及智能化控制的管理。同时，要做好馆藏各类载体标准、海量存储和整合，对原有馆藏有特色和使用价值高的档案进行分类整理，并主动将已接收进馆的档案建成编研成果数据库，实现传统档案与现有档案信息的结合，实现民生档案、城市建设档案、电子政务档案以及指纹档案等特色数据库。

2. 开展本区域各级部门的档案信息资源的整合

过去，各个单位都会自行整理自己的档案文件，但单个单位的条件往往受到限制。那么将一个地区县市的各单位相关档案文件集中起来，这样可以节省大量的人力和物力。在各区域总体规划中，为县级单位为"档案管理中心"，并将其他档案形成各级部门移交给县档案馆，建立以档案部门为主体，各专业部门协同配合的区域管理模式，从而实现档案资源集中化、人员素质现代化、管理工作规范化，业务建设标准化，大大提高档案服务质量。

（二）从技术层次开展数字档案信息资源整合

在大数据的时代背景下，档案数字资源具有数量庞大、增长迅速、多源异构等新特点，在给人们带来丰富信息的同时，也给数字档案信息资源的整合带来了一定的数据存储问题、安全保障体系的建设等问题。我们将从以下几方面对大数据时代下数字档案信息资源的整合策略进行探讨。

1. 建立统一的档案数字信息资源整合标准体系

在大数据时代，档案数据的多样性已成为常态，要实现档案数字资源的整合就需要协调相关利益方建立兼顾适用性、稳定性和国际性的档案数字资源整合的标准体系，完成对不同协议、标准、规范的整合。这包括档案信息化过程中涉及的各类数据组织方式和网络通信协议的整合，各相关业务系统中使用的数据标准和协议规范的整合以及采用的各类存储、应用标准的整合等。唯有如此，才能确保整合工作遵循相同的标准，方便档案数字资源的存储和迁移，实现档案数字资源的交流与共享。

2. 实现由馆藏中心模式向服务中心

大数据技术可以通过对复杂关联的数据网络中出现的趋势进行预测，为人们的行为决策提供有益指导。这就要求档案部门改变过去单一的"供给式"思维模式，关注大众的利用需求，构建起以社会利用需求为导向的档案数字资源体系。比如，档案网站导航、索引等人性化服务的提升都可以更加方便用户。时刻关注用户需求的变化，进而实现由馆藏中心模式向服务中心模式转变，不断提高档案服务与用户之间的匹配度。

3. 构建适应大数据要求的档案数字资源分析系统

毫无疑问，构建适应大数据要求的档案数字资源分析系统依然要用到大数据信息挖掘技术。接下来以"云计算"技术为例加以说明。

云计算技术具有资源虚拟化、高可扩展性、高可靠性、按需付费等显著的特征，它适应了大数据时代分布式存储与海量数据并行处理的需求，实现了计算机资源的服务化，是大数据时代档案数字资源整合的基础平台和支撑技术。

首先，要按照全国统筹的规划，档案各部门单位应结合自己的基础设施和档案馆的资源配置情况，灵活地选用合适的云计算部署方案。处于档案信息资源整合的关键性环节的各单位要建立私有云，其他各单位可以视自身条件，将重要的数据资料存储到自己的私有云中，并且可以以动态申请私有云的方式来解决自身计算能力、存储空间等方面的缺陷。其次，云计算能够将业务逻辑、组织结构、表现形式等有机地结合起来，消除数据的"信息孤岛"问题，从而构建一个信息整合的档案数字资源管理平台，促进数据资源的深度整合和知识的开发。然后，云计算把档案应用服务进行整合，并可以以服务分发的形式发给用户，并且能够支持用户通过多种终端设备随时接入需要的云端服务。从而使档案数字化资源的整合优势得到充分的发挥，从而更好地提升档案工作的效能和便利。

（三）从服务层次开展档案信息资源整合

众所周知，档案馆开展档案信息资源整合一方面是为了加强对档案信息资源的管理，另一方面更为了提升档案馆的服务效能，方便公众查找和利用。笔者将从构建档案信息资源整合共享平台和主题档案数据库两种途径进行说明。

1. 构建主题档案数据库

在大数据时代，基于公共服务的视角下，档案馆既要做好档案的征集、保存、管理等基础性工作，又要积极实现档案信息资源的共享，满足公众多样化的需求和高标准的期望首先，档案馆可以打破"条块"机制的束缚，和各级档案馆分工合作，形成资源互补，最大限度地发挥资源优势。同时，依托档案馆形式各异的馆藏资源，根据一定的标准进行资源挖掘与整合，推进档案的数字化工作，建立编研成果数据库，做好检索与服务工作，从而提升检索效率，完善服务质量。

其次，广大公众既可以是档案的利用者，还可以是档案信息资源收集者。档案馆可以通过广泛的宣传，如通过网络宣传、发放直传手册等方式调动大众贡献档案信息资源的积极性。此外，档案馆还可以以"公开征集"的形式征集档案。如沈阳档案馆征集了展示九一八事变"真相"的珍贵档案资料入馆，这些珍贵的档案资料能强有力地证明日本侵华的罪行。档案馆还可以开展形式多样的主题展览展示，展览从公众手中征集的档案信息资源，增强公众的自豪感和使命感，使公众更加积极地贡献自己珍藏的档案信息资源。比如，沈阳市档案馆在2016年8月25日举办了"沈阳老照片"主题展览，既丰富了档案馆的馆藏资源，又能让公众积极参与到档案信息资源成果共享之中。

除此以外，档案馆还可以构建联机检索数据库，将档案馆的数字化档案信息资源分门别类，然后实施联机检索，方便公众打破地域限制，检索其他档案馆的馆藏档案信息资源。沈阳市档案馆的检索数据表明公众对民生档案、家庭档案以及社会保障等相关档案的查阅最频繁。因此，档案馆在进行档案实体资源整合的时候，可以按主体建立编研成果数据库，比如建立社保档案、婚姻档案、民生档案等主题档案数据库。

2. 构建档案信息资源整合共享平台

在大数据时代背景下，档案馆数字化档案工作的开展，催生了海量的数字化档案信息资源，且公众对档案信息资源的需求也日益增多，实现档案信息资源的整合与共享时代的必然趋势。

档案信息资源共享平台是一种基于互联网技术，整合了采集、审核、存储、发布共享利用功能的软硬件集合。通常来说，档案信息资源整合共享平台有采集功能、审核力能、信息管理功能、信息共享功能、安全保障功能。首先，公众可以通过档案信息资源整合共享平台，在线访问和查询档案馆的馆藏信息资源，使档案信息资源充分发挥自身价值，服务大众。其次，档案信息资源整合共享平台可以打破地域限制以及"信息孤岛"，促进各大档案馆之间的联系，实现更大范围内的资源共享。浙江省在构建整合共享平台方面有诸多成就和可供借鉴参考的经验。笔者将以浙江省构建档案信息资源整合共享平台为案例进行说明。浙江省多个城市和地区开展了区域档案信息资源整合共享平台的构建，如"湖州市数字档案资源共建共享工程""丽水市档案共建共享平台""海宁市档案信息资源共享平台""宁波市档案信息资源共享平台"等。丽水市整合了全市范围内的档案信息资源，并且以民生为需求建立了民生档案数据库，放在丽水市档案信息资源共享平台之上，能够满足丽水市公众不出家门，远程利用和查阅档案的需求。

（四）从安全层次开展档案信息资源整合

在大数据时代，个人电脑、手机等移动设备，微博、微信等社交App产生的多种类型的信息构成了海量的大数据资源。这些数据涉及个人、企业、国家等人类生产生活的方方面面。然而，这些海量的数据资源面临着黑客攻击、恶意泄密等安全威胁，尤其是档案馆存储的档案信息资源有的涉及国家或者企业的机密。因此，在大数据时代，档案馆加强数字化档案信息资源的安全保障体系的建设就显得极其重要。

1. 加强访问安全的建设

首先，加强访问安全的建设。访问控制是实现档案信息资源受控共享、保障档案信息资源被合规访问的有效措施。访问控制是档案馆网络安全防护的重要渠道，起着关键性的作用。通过访问控制技术能够合理地控制和认证用户访问权限，保证非法用户无法窃取资源。常用的访问控制措施有身份认证、口令加密、设置文件权限、控制网络设备权限等。档案馆应建立IAM（身份识别和访问管理）和隐私保护系统，实现统一身份认证与访问权限控制，达到用户安全集成管理的目标，有效应对档案数字资源整合与大数据应用过程中的安全风险。其次，通过数据加密技术保护档案信息全。通过SSL（secure sockets layer，安全套接层协议层）加密，实现在数据集的节点和应用程序之间移动保护大数据。

总之，档案馆可以综合运用大数据集成、存储、处理、访问相关技术以及云平台保障技术加强数字化档案信息资源安全保障体系的建设，保障档案信息资源不受非法侵害和恶意泄密。

2. 加强存储安全的建设

为了实现档案信息资源的整合，档案馆开始尝试构建档案信息资源整合共享平台，档案信息资源整合共享平台通常包括用户端、各级档案部门、档案控制中心和云端模块。在实施档案信息资源整合与共享的过程中，其存储安全十分重要。一方面，为了保护档案信息资源的存储安全，档案馆在上传数字化档案信息资源到整合共享平台的时候需要进行扫描，防止恶意数据的侵袭。另一方面，档案馆要开展数据加密存储，寻求适用于档案馆存储系统的加密存储技术、密钥长期存储和共享机制。这样既能保护档案馆用户的隐私性，又能保障档案云平台和档案信息资源整合共享平台的信息存储安全。

总之，档案馆在开展档案信息资源整合工作的过程中，一定要格外重视安全保障体系的建设。一方面，档案馆要提升安全防范意识，从档案存储物理系统到档案信息资源本身，多方位实施安全防范与控制。另一方面，档案馆要构建风险预警与防控机制。例如，在档案"云平台"的构建过程中，开展风险识别、风险控制等工作，监测与维护存储资源的安全。

第二节　档案信息资源挖掘

在大数据环境下，伴随着互联网技术的飞速发展，各类社会媒体的普遍应用，档案信息资源具有来源多元、内容丰富、信息散布、数据繁杂等特性。档案信息资源的数量急剧增长，种类越发繁杂，数字化、信息化程度不断提升，使用传统的管理手段已经难以处理新形态的档案信息资源，树立大数据观念下的档案信息资源挖掘新思维、构建大数据技术指导下的档案信息资源挖掘新技术显得越发必要。

目前，云计算、语义处理技术和可视化技术等新型大数据应用技术已经趋于成熟，并已应用在档案管理领域。深入探究这些技术在档案信息资源管理中的应用，总结经验和不足，有利于档案工作更好地开展。以大数据技术指导档案信息资源挖掘工作，对档案信息资源的价值进行深入分析和系统全面地提取，对未来档案服务工作有着非常重要的作用。

一、利用大数据技术进行档案信息资源挖掘的应用背景

在大数据时代，数据的种类和规模空前庞大，数据成了一种最重要的社会资源，且亟待人们对其进行开发和利用。大数据深刻改变了人们的生活、生产和思维方式对社会各方面造成了巨大影响，档案信息资源在新的社会背景下也发生了巨大改变并越发显现出大数据的特征，如何对海量档案信息资源进行高效系统挖掘，从而实现深层次开发利用成为当下档案工作的中心。传统的档案信息资源挖掘工作不能满足新形势下档案信息资源的开发要求，将以云计算、语义引擎和可视化分析为代表的大数据技术应用到档案信息资源的挖掘工作中，可以为其带来巨大机遇，世界各国深入推广、积极倡导于大数据技术，我国也出台了相关政策进行支持，为大数据技术深入应用于档案信息资源挖掘领域提供了支持。

（一）大数据在我国政府工作中的实施与应用

目前，我国已经认识到大数据对于国家未来发展的重要价值，并为大数据技术的发展提供了思想指导和政策支持。档案信息资源是国家记忆的主要构成部分，也承担了保存国家记忆的重要使命，是未来国家战路资源最重要的组成部分之一。在国家积极倡导大数据技术应用的当下，把大数据技术与档案信息资源的挖掘工作紧密结合，构建一个基于网络的具有多种结构的、承载"中国记忆"的数字资源库，并使用大数据技术对档案信息资源进行深入挖掘和利用，顺应时代的要求和政策的支持方向，扩大档案信息资源的社会影响力，使档案信息资源为国家信息化进程的深入和国家竞争力的提升做出更大的贡献。政府掌握着全社会量最大、最核心的数据。了解政府大数据应用的案例和数据有助于释放政府数据的价值，也有利于民众对政府的了解。

1. 实施方面

（1）工商部门主要对企业异常行为监测预警

依托大数据经源，建设市场主体监管平台，将市场主体精确定位到电子地图的监管网格上，并集成基本信息、监管信息和信用信息。利用大数据技术评定市场主体的监管等级，提示监管人员采取分类监管措施，有效提升了监管的科学性。

政府利用大数据技术为全国的中小型企提供产业动态、供需情报、行业龙头、投经情报、专利情报、海关情报、招投标情报、行业数据等基础性情报信息等，并且根据企业的不同需求提供消费者情报、竞争者情报、销售类情报等个性化制定情报，为中小企业的全面提升竞争力提供数据信息支持。

（2）交通部门利用大数据技术解决拥堵情况

利用大数据技术对每个城市的交通状况进行监测，每个城市都会有自己的交通大数据平台对本市进行全局实时监测分析，自动调配公共资源，修改完善城市运行中存在的问题。利用大数据技术可以缓解城市交通堵塞，事故高发区、早晚高峰期的实时分析。通过调控道路车辆流动情况，全天候实时监测各道路车辆流动情况，识别出各个时段道路拥堵情况。为人们的出行提供了极大的便利性和安全性。

（3）教育部门利用大数据改善教学体验

在网络学习和面对面学习融合的混合式学习方式下，实现教育大数据的获取、存储、管理和分析，为教师教学方式构建全新的评价体系，改善教与学的体验。为提高教学水平，应用数据挖掘和学习分析具，为教学改革发展提供持续完善的系统和应用服务。随着土地及人口红利殆尽，大数据成为与水电煤等一样重要的生产料，成为继土地之后政府最重要的资产。了解政府大数据应用的案例和数据价值释放的方法，将有利于激活沉睡的数据，释放政府数据价值。大数据应用领域十分广泛。

2. 应用方面

（1）工商部门

中小企业大数据服务平台精准服务企业山西中小企业产业信息大数据应用服务平台依托大数据、云计算和垂直搜索引擎等技术，为全中小企业提供产业动态、供需情报、会后情报、行业龙头、专利情报、海关情报、招投标情报、行业研报、行业数据等基础性情报信息，还可以根据企业的不同需求提供包括消者情报、竞争者情报、合作者情报、生产关情报、销售类情报等个性化定制情报，为中小微企业全面提升竞争力提供数据信息支持。

（2）交通部门

2016年10月，杭州市政府联合阿里云公布了一项计划：为这座城市安装一个人工能中枢——杭州城市数据大脑。城市大脑的内核将采用阿里云ET人工智能技术，可以对整个城市进行全局实时分析，自动调配公共资源，修正城市运行中的问题，并最终进化成为能够治理城市的超级人工智能。"解交通堵塞"是城市大脑的首个尝试，并已在萧山区市心路投入使用，部分路段车辆通行速度提升了11%。

（3）教育部门

徐州市教育局利用大数据改善教学体验。徐州市教育局实施教育大数据分析研究在应用数据挖掘和学习分析工具，在网络学习和面对面学习融合的混合式学习方式下，实现教育大数据的获取、存储、管理和分析，为教师教学方式构建全新的评价体系，改善教与学的体验。此项工作需要在前期作的基础上，利用中央电化教育馆掌握的数据料、指标体系和分析工具进行数据挖掘和分析，构建统一的教学行为数据仓库，对目前的教学行为趋势进行预测，为徐州市信息技术支持下的学讲课堂提供高水平的服务，并能提供随教学改革发展一直跟进、持续更新完善的系统和应用服务。

（4）医疗卫生部门

微软肋上海市浦东新区卫生局更加潜能化

作为上海市公共卫生的主导部门，浦东新区卫生局在软件SQL Server2012的帮助之下，积极利用大数据，推动卫生医疗信息化走向新的高度：公共卫生部可通过覆盖区域的居民健康档案和电子病历数据库，快速检测传染病，进行全面的疫情监测，并通过集成疾病监测和响应程序，快速进行响应。与此同时，得益于非结构化数据的分析能力的日益加强，大数据分析技术也使得临床决策支持系更智能。

（5）气象部门

气象数据为理性救灾指明道路大数据对地震等"天灾"教授已经开始发挥重要作用，一旦发生自然灾害，通过大数据技术将为"理性救灾"指明道路。抓取气象局、地震局的气象历史数据、星云图变化历史数据，以及城建局、规划局等的城市规、房屋结构数据等数据源，通过构建大气运动规律评估模型、气象变化关联性分析等路径，精准地预测气候变化，寻找最佳的解决方案，规范应急、救灾工作。

（6）环保部门

生态环境部用大数据预测雾霾。微软在利用城市计算预测空气质量上，已推出过利用大数据来临测和预报细粒度空气质量服务，该服务覆盖了中国的300多个城市，并被中国生态环境部采用。同时，微软也已经和部分其他中国政府机构签约，为不同的城市和地区提供所需的服务。该技术可以对京津冀、长三角、珠三角、成渝城市群以及单独的城市进行未来48小时的空气质量预测。与传统模拟空气质量不同，大数据预测空气质量依靠的是基于多源数据融合的机器学习方法，也就是说，空气质量的预测不仅仅看空气质量数据，还要看与之相关的气象数据、交通流量数据、厂矿数据、城市路网结构等不同领域的数据，不同领域的数据互相叠加，相互补强，从而预测空气质量状况。

（7）文化旅游部门

山东用旅游大数据带动农村经济发展。山东将内公安系统、交通系统、统计系统、环保系统、通信系统等十余个涉旅行业联合，整合全旅游行业的要素数据，开发完成旅游产业运行监测管理服务平台。通过管理分析旅游大数据，山东提升景区管理水平，挖掘内旅游源，开发更多符合游客需求的景点以及"农家乐"等乡村进而带动景区特别是农村地区的经济发展。

（二）大数据技术在档案信息资源提工作中体现的优势

国际咨询机构麦肯锡对大数据做出以下定义："大数据是指无法在一定时间内用传统数据库软件工具对其内容进行采集、存储、管理和分析的数据集合。"因此，在互联网时代，为了方便开发与利用数据资源，必须采用一个新的数据处理技术。大数据背景下，档案信息资源具备大数据特征，主要表现在下列三个方面：一是各个档案馆所产生的档案信息资源总产量持续增长；二是档案信息资源的种类和结构愈来愈繁杂；三是信息资源使用价值丰富多彩，聚集度高。普遍发掘具备大数据特征的档案信息资源，对档案信息资源效用最大化具备不可估量的价值。

档案信息资源的挖掘工作是指对海量的档案信息资源进行采集，并对采集到的数据进行清洗、集成、变换等处理，最后选择相应的挖掘模型，实现对档案信息资源价值的开发和提取，从大量的档案信息资源中挖掘价值、提取知识，从而对其进行更为广泛和高效利用的过程。档案信息资源的挖掘流程如图4-3所示。

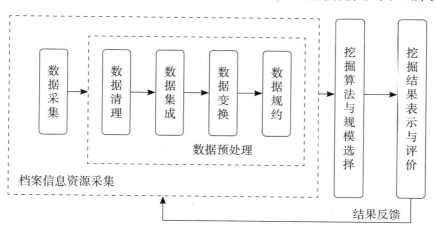

图4-3　档案信息资源挖掘流程

档案信息资源的大数据化给其挖掘工作带来了很多困难，如档案信息资源的采集问题、清洗问题、价值分析问题和结果提取问题等，但是大数据技术运用于档案信息资源的挖掘工作有以下三点优势。

1. 可以实现档案信息资源更系统、更全面地采集

大数据处理技术强调对整体数据进行分析和挖掘，取代了传统档案信息挖掘中以抽样代替整体的方法，可以改变因为遵循传统经验思维搜集局部档案信息进行分析而造成的挖掘成果的片面性和不完整性。云存储技术手段为信息采集提供了足量的空间，为系统、全面采集档案信息资源提供了技术支持。

2. 可以实现档案信息资源的智能化提取，并提高挖掘的精确度和效率

基于云计算的大数据价值分析技术可以在挖掘过程中提高精确度，可视化技术可对档案信息资源进行全面直观地呈现，语义处理技术为档案信息资源的智能检索创造了条件，有利于挖掘效率的提升。

3. 可以弥补由于档案缺失而造成挖掘结果价值低的问题

大数据技术通过对海量档案信息资源进行处理分析，创建数据资源库，当某一部分档案信息资源存在缺失时，可以根据档案信息资源间的关联性原则对相关资源进行追踪，以补充缺失的档案信息，从而保证档案信息资源挖掘结果的完整性和可靠性。

二、大数据技术在档案信息资源挖掘中的具体实践

大数据技术对社会生活的各个方面造成了冲击，深入地影响着人们生产和生活的方式。在档案信息资源的具体挖掘流程中，以语义处理技术、云计算技术和可视化技术为代表的大数据技术正得到日渐广泛和深入地应用，并取得明显的效果。

（一）自然处理技术在档案信息资源挖掘中的运用

1. 自然处理技术运用必要性分析

大数据背景下，档案信息资源总产量持续增长，构造更加比较复杂，多媒体系统档案占有率特别大。在这样的环境下，手工制作搜集、开发与利用档案信息资源愈来愈艰难。自然处理技术在大数据挖掘全过程中为设备带来了了解数据库的水平。为了能利用自然语言理解技术对初始档案信息资源进行修复，搭建数

据档案信息资源的媒体语义查找架构，深层次挖掘档案信息资源提取的技术支撑点，在语义了解的前提下完成档案信息资源挖掘算法的语义度与特性，从而实现大量繁杂档案信息资源的高效挖掘、智能化提取、挖掘质量与挖掘高效率。

2. 自然语言处理技术在档案信息资源挖掘里的实际应用全过程

自然语言处理技术的重要作用是对初始档案信息资源应用自然语言理解，能够更好地识别使用者的目的与需求，完成对档案信息资源最准确的获取。自然语言处理是基于计算机科学和语言学为载体，利用算法设计剖析人们自然语言理解的技术。这是人工智能领域的一种关键方式。自然语言处理的关键技术包含词法分析、句法分析、语义剖析、内容分析以及语音识别技术和文本生成技术等。通过这个技术，在档案信息资源挖掘时，可使计算机能够全面理解和初始档案信息资源。自然语言处理技术有利于系统地掌握档案信息资源的内容挖掘，检测档案信息资源内容，依据关键词义、语义整理档案信息资源，对原始信息进行深入挖掘、检索和质量检测利用这些技术还可以实现自然语言所表达的内容信息不同形态之间的转换，有利于档案信息资源拓展与直观表达，对档案信息资源挖掘效率的提升意义重大，同时为智能检索技术的应用奠定基础。

自然语言处理技术主要包括两大类，即机器翻译技术和语义理解技术。机器翻译技术，即使用计算机实现对自然语言内容的认识和提取，并以文本或其他形式输可把一种类型的自然语言翻译成另一种类型的自然语言。语义理解技术则强调把检索工具和语言学进行有机结合，通过对关键词专用检索工具的开发以及对原始信息的前文扫描，弄清其词义、句意之间的相互关联，从而在语义层次上实现检索工具对检索目标词汇的用解。在自然语言处理技术中会用到汉语分词技术、短语识别技术、同义词处理技术等，对原始语言信息进行系统区分、鉴定和提取。

总的来说，在档案信息资源挖掘过程中，语义检索技术方法主要有两种：语义分析法和分词技术。前者目的在于在资源挖掘中对检索关键词进行语义分析，对关键词进行拆分，并查找拆分后关键词之间的关联以及搜索与关键词含义存在关联的其他关键词，最终实现对查询者目的的解读，搜索出最符合使用者要求的结果；而分词技术则是当档案使用者对档案信息资源进行查询时，将其查询词条按照相应标准进行划分，然后按照对应匹配方法把划分后的字串符进行处理，实现对目标资源提取的一种技术。将语义处理技术应用于档案信息资源挖掘工作中，有利于提高档案信息资源的检索质量，使检索结果更符合使用者需要，可以更确切、高效和准确地实施档案信息资源挖掘工作。

目前，语义处理技术已经在档案信息资源的开发利用中得到了实践。例如，维基百科、百度百科等无须付费的新型资源库，这些数据库本身覆盖了范围很广的信息资源，且这些资源易于获取、成本低、更新速度快，将其应用于档案管理领域，使之逐渐成为档案信息资源挖掘和自然语言处理的语义知识库和语义知识来源。从这些语义知识库中，可以对近义词、相关词、上下位词和同义词进行智能分析、自动抽取，从而大大增加了对档案信息资源进行语义分析的智能化程度，可以提高在档案信息资源挖掘工作中提取目标资源的效率和准确度。

（二）云计算在档案信息资源中的应用

云计算（cloud computing）是分布式计算的一种，指通过网络"云"将巨大的数据计算处理程序分解成无数个小程序，然后通过多个服务器组成的系统对这些小程序进行处理和分析，并把得到的结果返回给用户。在云计算发展早期，简单地说其就是简单的分布式计算，解决任务分发，并进行计算结果的合并。因此，云计算又被称为网格计算。通过这项技术，可以在很短的时间内（几秒钟）完成对数以万计的数据的处理，从而拥有强大的网络服务能力。

云计算是继计算机、互联网后的又一次IT革命，云计算是信息时代的一个大飞跃，未来的时代很可能是云计算的时代。虽然目前有关云计算的定义有很多，但总体来看，云计算的基本含义是一致的，即云计算具有很强的扩展性和高可用性，可以为用户提供一种全新的体验。云计算的核心是可以将很多的计算机资源协调在一起，使用户通过网络就可以获取到无限的资源，同时获取的资源不受时间和空间的限制。

在档案信息资源的挖掘过程中，首先要完成档案信息资源的采集，然后进行档案信息资源的预处理，即对档案信息资源进行价值分析和去噪处理，以实现档案信息资源的高效挖掘、优质开发。在此过程中，云计算技术广泛应用于构建档案信息资源整合共享平台，以拓宽档案信息资源的采集渠道；提供高效且廉价的档案信息资源处理工具，以降低档案信息资源的挖掘成本，并提升档案信息资源的价值密度。构建基于"云平台"的云档案系统，从而实现对档案信息资源更全面系统地开发与利用。

1. 应用必要性分析

计算的应用必要性体现在以下几个方面。首先，可以平衡档案信息资源挖掘基础设施建设。目前，由于地区经济发展不平衡、经费投资差别大，我国档案信息资源开发挖掘工作在基础设施建设上存在较大差别。一些发达地区在档案信息资源挖掘基础设施的建设上投入大量资金，确保了工作需求得到满足，但是有些经济欠发达地区的基础设施建设存在较大缺陷，没有足够的设施和技术对档案信息资源进行挖掘、开发。在这种情况下，通过云计算的基础设施服务来统筹规划档案机构的挖掘工具、管理服务器、存储器等基础设施，通过建设营造云计算环境，向分布的档案机构提供基础设施服务支持，这样不仅可以节省档案信息资源挖掘基础设施建设的资金，还可以平衡不同经济状况地区的档案信息资源开发状况，使挖掘技术力量较弱的档案部门同样可以开展档案信息资源开发工作。其次，可以拓宽档案信息资源采集渠道。在档案信息资源挖掘工作过程中，最基础的部分是对海量档案信息资源的采集。广域的数据采集对于档案信息资源挖掘成果的系统性、全面性至关重要。通过云计算构建"档案云"平台，实现档案信息资源共享，对各档案机构、企事业单位的档案信息资源进行统筹规划，合理存储、调动、分配档案信息资源，消除以往的档案信息资源"孤岛"将其融合为一个档案信息资源的"海洋"。分散的档案机构在进行档案信息资源采集时，不仅可以对自身馆藏资源进行采集和处理，还可以通过档案信息资源整合共享平台，综合考虑云平台中档案信息资源的关联性，拓宽采集渠道，深入探索档案信息资源价值，实现更为高效、优质的挖掘和开发。

云计算存储空间大、计算能力强、安全性高，现在通过云计算实现数据共享的技术条件已经成熟，并在档案信息资源管理领域有所应用。随着档案信息资源特征进一步明显，云计算必将在档案信息资源的挖掘和开发领域发挥越发重要的作用。

2. 云计算在档案信息资源挖掘中的具体应用过程

云计算应用体现在三个层次，分别是基础设施服务、平台服务和软件服务。目前，云计算在档案信息资源挖掘过程中最直观的应用是构建云档案平台，完善数字化的云档案管理系统，实现档案信息资源和档案基础设施的共享，以拓宽档案信息资源的挖掘渠道，扩大档案信息资源的采集范围。此外，云计算是对海量数据进行分析和处理的关键技术，也是进行大数据分析及应用的基本平台。在档案信息资源挖掘过程中，云计算的Mapreduce处理技术可以对海量的档案信息资源进行预处理，以关联原则和聚类分析的方法，对档案信息资源分批处理并对其进行价值分析，确保档案信息资源的优质挖掘。

（1）构建云计算平台以拓宽档案信息资源采集渠道。云档案平台的构建是档案信息资源挖掘的前提，构建云档案平台之前必须建设平台必需的资源设备体系，具体包括作为云档案平台服务器端的服务器设备、互联网设备和档案信息资源的存储设备和构建云档案平台必需的现有档案信息资源，这些由云平台的构建者统一实施建设，以完成构建平台的硬件准备。此过程就是构建一个把档案信息资源、档案处理软件资源和档案信息存储资源有机整合的资源池，把档案机构现有的大量相同类型的资源构成同构或接近同构的资源池的过程。通过上述工作将不同的档案机构间或同一档案机构中的异构档案信息资源进行处理，使之整合成同一结构类型的档案信息资源为实现档案信息资源共享、广域信息采集奠定基础。之后所构建的云档案平台的管理系统，负责对该平台中存储的海量档案信息资源进行统筹管理，同时协调支配云平台的各类任务，使云档案平台得以正常运行、高效操作，并保证平台的安全性。在此环节中，云平台管理系统负责管理档案信息资源、各项具体应用任务、云平台的安全性监管和用户的使用情况管理等。通过构建管理系统实现档案信息资源的共享，以形成档案信息资源广域采集。基于以上操作，最后通过云档案平台的服务系统实现档案信息资源的共享，以统一标准实现档案信息资源的整合之后，构建成一个规格确定的档案云平台，在技术上能将分布在不同档案部门的数据库和一站式检索界面结合起来最大限度地实现档案信息资源共享和业务协同。同时，建立平台的服务接口，建立查询、访问档案信息资源的服务区域，从而实现档案信息资源的共享。在此过程中，云平台还可以创建其信息数据采集接口，注重对网络档案信息资源的采集和移动互联网App数据的采集，利用强大的储存能力和对档案信息资源的处理能力，对档案信息资源进行收集。云档案平台的构建实现了档案信息资源的扩区域整合，把档案信息集中统一存储在后台数据库中，为海量档案信息、资源的安全存储和高效共享提供了存储空间和管理工具，为档案信息资源的大规模系统采集提供了基础，为档案信息资源的挖掘开发提供了条件。

（2）云计算可以对挖掘对象进行价值分析、资源整合，提升挖掘精确度与效率。

云计算的Mapreduce处理技术在档案信息资源挖掘的数据预处理阶段可发挥重要作用，主要应用于对海量档案信息资源进行价值分析以及对原始档案信息资源进行数据清洗，以实现档案信息资源的高效挖掘。不同地域的档案机构在进行档案信息资源的深层次开发利用时，通过信息资源共享平台采集到的档案数据是凌乱复杂的，不具有应用价值的档案信息资源普遍存在，同时由于多信息资源采集渠道导致存在大量重复档案信息资源。Mapreduce应用算法可以对档案信息资櫰价值进行评估和处理。在档案信息资源挖掘工作的数据预处理阶段，对采集到的大量档案信息资源进行同构化处理后，将其分割成几个部分，在此过程中每一部分都会有相应的键一直对应关系将这些档案信息资源交予不同的Map区域进行处理，此时在不同的Map区域对最开始的键一直对再次进行处理，形成中间结果更细化的键值对，继而由Shuffle进行清洗操作，把所有具有相同属性的Value值组成一个集合，将此集合呈至Reduce环节进行价值合并，Reduce部分将这些Value值进行搜集，把相同的Value值合并在一起，最终形成较小的Value值集合。Mapreduce对海量档案信息资源分而治之，并使用"物以类聚"的分析方法，分析档案信息资源之间内在的特点和规律。根据档案信息资源属性间的相似性对其分而治之，再根据其价值点之间的相似性对其实现价值聚合，可以在档案信息资源挖掘中实现资源清洗和价值分析整合，提升挖掘效率。

（三）可视化技术在档案信息资源挖掘中的应用

1. 可视化技术运用必要性分析

大数据背景下，档案信息资源的种类和结构更复杂，数量非常大。在挖掘档案信息资源的过程当中，需要把诸多海量的、多种多样的、结构繁杂的档案信息资源以数据可视化的方式呈现出来，使档案信息资源管理者和使用人可以清楚地洞悉档案信息资源所隐藏信息，并把这些信息转化成对自身生产活动有用的知识。挖掘档案信息资源，可以清晰直观了解原始网络资源。伴随着档案信息资源数据量的增大，这一过程变得更加艰难。针对档案信息资源的开发人员和挖掘者而言，大量的档案信息就像一个非常大的超级黑洞，必须逐一识别、核查和挖掘这些资源的潜藏使用价值。当原始挖掘目标数量较大时，必须对原始信息资源开展检索。在传统档案信息资源检索环境下，客户只能依靠持续翻页来获取全部结果。在挖掘档案信息资源的过程当中，引入可视化技术，将档案信息资源与其内部结构不可见的语义关系以图形方式直观地表现出来。与此同时，计算机在解决档案信息资源时，更加重视人机交互技术，以便系统、高效地对档案信息资源进行发掘，准确提取其潜在价值，使之发挥的社会效用。

2. 可视化技术在档案信息资源挖掘中的具体应用过程

信息可视化的定义为"使用计算机技术，使复杂的数据信息以交互的、可视化的形式体现出来，以增加人们对其认知程度"。可视化技术的主要研究重点在于它倾向于对复杂的数据信息进行综合分析，将其转化为易于理解的可视化图形，以直观的视觉方式展现数据中隐含的信息和规律。人类从外界获取的80%信息来自视觉系统，因而可视化的主要任务在于建立起符合大家普遍认知的、易于理解的心理印象。信息的可视化技术已经发展多年，现在越发成为人们分析抽象、复杂数据的重要工具之一。在现实生活中，存在很多信息可视化的使用案例，例如，俄罗斯互联网调查机构在2013年对全球196个国家的35万个网站进行数据收集、整合和统计，并且根据这些网站之的数百万个网页链接制成了互联网星际图。在互联网星际图中，星球的大小代表了该网站访问流量的多少，星球之间的距离则表示了相关网页链接出现的频率和强度。

在档案信息资源挖掘领域，信息可视化技术也可以发挥类似的效力。首先，构建一个完整的档案信息资源数据，即档案信息资源可视化界面，对该数据集中的档案信息资源进行全面的认识。其次，放大目标所在的档案信息资源领域并排除不需要的档案信息。最后，结合用户的具体需求向用户展示具体细节，通过用户的具体操作和实践过程探索在档案信息资源可视化分析中使用者的行为，以此对可视化系统的实现提供指导。同时，注重档案信息资源的关联性和系统性，向用户展示档案信息资源数据项之间的相关性。在上述过程中须注重对历史操作数据的搜集和整理，要重视保存并整理在与使用者进行交互过程中产生的历史记录，这样可以对可能遗失的相关信息资源进行复原，也可以对类似的工作进行复制和重复以及细化更深层次的档案信息资源可视化处理与挖掘工作。与此同时，注重使用者、档案信息资源和档案管理者三者之间的交互，以实现档案信息资源可视化的操作。

档案信息资源的可视化描述是对其进行高效、准确挖掘的前提。这一过程的主要内容是构建反映档案信息资源具体内容的图符、多纬度空间描述图、特征库、知识组织体系和相应的数据压缩格式。对于档案信息资源，尤其是以文本形式存在的文书类档案信息资源，可以根据这些档案形成的时间先后将其进行图形化显示，将它们的特性以图形形式表示出来。当前可应用于档案信息资源挖掘工作中的文本信息可视化技术有很多种，如标签云技术，即将原始档案信息资源的原始属性进行排列，用大小、颜色、字体等图形属性对原始档案信息资的关键属性进行可视化表述。除此之外，还有图符标志法，这种可视化方法可以把专业的、复杂的档案信息资源以十分直观且易于理解的形式向挖掘者和使用者进行展示。在档案信息资源挖掘过程中，通过可视化技术了解挖掘对象的属性和关联性，对采集的海量数据进行去噪处理，有利于管理者和使用者更清晰地认识这些信息资源从而实现档案信息资源准确高效地提取。

目前，已经有很多城建档案馆将可视化技术运用于档案信息资源的管理和应用中，如鞍山市城建档案馆、安庆市城建档案馆等。通过可视化技术对馆藏资源进行直观表示，增强了档案信息资源采集、归档、处理过程的透明度，对档案信息资源的开发利用有着重要作用。除此之外，南京信息工程大学也对高校档案信息资源进行了可视化处理，构建了以校档案馆为中心，涵盖学校各级党政机关、学院各档案机构的档案信息资源可视化协作网，将学校的行政类档案、学术类档案以及其他类型档案信息资源进行系统搜集，将相关数据利用可视化技术以图符的形式进行直观展示，并将其应用于有关联关系的抽象网络档案信息资源库。以可视化管理技术对该网络信息库进行管理，并设计易于操作的人机交互界面，以此辅助用户充分发掘和分析档案信息库中隐含的知识信息。

三、大数据技术应用下档案信息资源挖掘工作的发展趋势

大数据技术深刻地影响着档案信息资源的挖掘过程，在社会信息资源日新月异的大数据背景下，未来的档案信息资源挖掘工作也必须适应时代发展的潮流。在大数据技术得到深入应用的前提下，档案信息资源的挖掘工作逐渐呈现出新的发展趋势，主要体现在挖掘主体协同化、挖掘对象社会化和挖掘方式标准化三个方面。

（一）挖掘主体协同化

在大数据时代，档案信息资源外延的扩大化以及跨媒体的语义处理技术在档案息资源挖掘领域的应用，未来的档案信息管理工作应当秉承以档案部门为主导

的协同合作主体多样化原则。在档案信息资源挖掘领域主要体现在挖掘主体的协同化。在大数据背景下，数据的关联性日渐紧密，档案信息资源与其他类型的信息资源之间也具有越来越紧密的联系，档案机构在从事信息挖掘的过程中与其他社会机构协同合作成为未来档案信息资源挖掘工作的新趋势。各级档案馆可以加强与图书馆、博物馆等文化事业单位的协同与合作，推进信息资源的共享；也可以加强与商业机构的合作与协同，对档案信息资源进行协同开发，注重与档案信息资源的服务供应方、互联网运营商的协同，挖掘档案信息资源中隐藏的商业价值；高校档案机构也可以搭建与政府机构、企事业单位、民间组织进行信息交流的平台，主动推送档案信息服务，与这些机构协同挖掘档案信息资源的价值，获得人力、物力和财力上的支持，使高校的研究成果产生更大的社会效益。

现已存在档案机构与其他文化事业单位协同挖掘档案信息资源的案例。比如，中国第一历史档案馆与故宫博物院、湖南广电集团进行协同合作，深入挖掘馆藏档案信息资源，联合摄制了大型纪录片《清宫秘档》，使社会公众通过这些清代档案深入了解了当时的历史状况，深得好评。在云计算技术的支持下，未来图书馆与档案馆进行资源整合，协同挖掘馆藏信息资源成了档案信息资源挖掘发展的一个方向。又如，加拿大国家图书档案馆、天津泰达图书档案馆的成功运行都为未来的图书馆与档案馆协同发展提供了参考。

总之，档案信息资源是大数据时代最重要的财富之一，其价值的挖掘和提取对未来数十年社会的发展具有不可估量的意义，档案信息资源的挖掘工作关系到档案信息资源的整合与优化，关系到档案服务工作的前进方向，关系到信息化社会档案信息资源对于社会的服务能力，更关系到我国在大数据时代能否把握历史机遇，实现综合国力和国际竞争力的全面提升。大数据技术虽然已经普遍应用于社会的很多领域，但在档案信息资源挖掘领域中的应用尚处于起步阶段，使用云计算、可视化分析、语义处理技术等大数据技术系统而高效地进行档案信息资源挖掘是当下和未来档案工作的重要内容。广泛采集、综合分析、整合成果、高效利用，树立大数据背景下的档案信息资源挖掘新理念，使用以大数据技术为基础的档案信息资源挖掘新技术，广泛借鉴国内外先进成果，积极总结经验教训，顺应时代潮流和国家政策的指引，完善相关标准和法规，大力深化大数据技术在档案信息资源挖掘领域的应用，打造多部门协同发展，面向多元化信息来源、统一协调的档案信息资源挖掘体系，为我国的档案事业做出更大的贡献。

（二）挖掘对象的社会化

大数据时代，各类新型数字化媒体层出不穷。这些社会化媒体每天都产生和传递着海量的社会信息资源，而这些信息资源日渐成为档案信息资源的重要来源，如何对与日俱增且价值巨大的社会档案信息资源进行采集、存储，并挖掘其中价值成了档案挖掘工作的难题。大数据技术在档案信息资源挖掘中的深入应用可以解决这一难题，档案平台的构建可以实现社会化档案信息的区域共享和流通，云存储技术可以为体积巨大的社会档案信息资源提供安全可靠的存储空间，语义处理技术可以实现媒体的档案信息资源处理。这些都为社会档案信息资源挖掘提供了技术支持。如今档案信息资源的社会化趋势与日俱增，随着"大档案观"理念和档案的"社会记忆"理念的提出与推广，档案信息资源的外延逐渐扩展，关于社会化媒体信息资源的研究也愈发活跃。国内档案学学者冯惠玲早在2012年全国档案学年会上就指出，当下社会化媒体的快速发展和普及，将会对未来档案信息资源的平台搭建理念、管理方法以及利用方式产生巨大影响，导致档案信息资源采集渠道、管理架构和开发利用方式的调整变化，推动未来档案信息资源的新变革。如今，社会媒体信息资源的急剧增长极大地推动着我国档案信息资源的社会化进程，社会媒体的应用深刻改变着社会民众的档案意识，为档案信息资源的社会化注入潜在推动力。大数据技术为其开发利用提供技术支持和保证，在未来的档案信息资源挖掘中，挖掘对象的社会化已成为必然趋势。

现已有对社会化档案信息资源进行挖掘的实践案例。早在2011年，美国国家档案馆就在官网上开设了"公民档案工作者"板块，面向社会大众，开放档案信息资源，并接受反馈信息。公民可以在此板块针对社会化档案信息资源发表图片、文字说明，对某些信息资源进行标注，对网站内容进行补充，甚至可以就某一具体信息进行撰文评论。这一板块的开设实现了档案信息资源网站与社交媒体的联通，大大推进了档案信息资源的社会化进程，档案机构通过对社会化档案信息资源进行采集和深入挖掘，可以开展更好的档案信息资源服务工作。

（三）挖掘方式的标准化

虽然云计算、语义处理技术已应用于档案信息资源挖掘领域，并将不断普及，但是想要实现档案信息资源更大范围的资源共享、应用工具的共享和利用，还有很多挑战，最主要的挑战在于挖掘方式的标准化处理。国务院颁布的《促进大数据发展行动纲要》中提到要"推进大数据产业标准体系建设,加快建立政府部门、事业单位等公共机构的数据标准""推进数据采集、政府数据开放、指标口径、分类目录、交换接口、访问接口等关键共性标准的制定和实施""积极参与ISO/IEC、ITV等相关际标准的制定"。在目前的大数据挖掘工作中,原始档案信息资源普遍存在著录标准组织标准不统一现象,这给档案信息资源的挖掘利用造成了困难。因此,今后云计算技术、语义处理技术应用于档案信息资源挖掘时将呈现出挖掘方式标准化的趋势。在未来的档案工作中,各级档案机构首先要做好档案信息资源组织标准的构建工作,为跨媒体的语义处理和信息提取创造条件。要注重对现有档案信息资源组织标准的完善和对统一挖掘标准的理解和推广,实现大范围的档案信息资源标准化处理,从而使档案信息资源的挖掘方式实现标准化和统一化。同时,在云档案平台的构建过程中也应该注意标准化建设,需要由国家出台相关政策对云计算服务平台标准进行规范和指导在具体的实践过程中,严格执行现有的档案数据著录与案卷级、目录级数据格式标准还应总结问题出台新标准,以实现档案信息资源在未来更大范围内的资源共享、广域采集和标准化开发利用。除此之外,还应当注意在档案信息资源挖掘过程中如何参与制定与执行国际标准,建立起标准化的信息资源接收渠道,形成统一规范的接收协议实现全球通用的档案信息资源执行标准是新技术在该领域得以普及和推广的重要保障。

建立统一标准,在该标准下对档案信息资源进行采集、整理,进而实现标准化的挖掘和利用。在现实中已经有了初步的探索,比如浙江省丽水市完成了全市范围内的云档案信息共享系统的构建,该系统把市区及下辖九个县区的各数字化机关档案室档案备份系统和云档案信息资源共享系统整为一体,采用统一标准进行处理,大大提升了档案信息资源的挖掘效率,也为我国未来在全国范围内推行档案信息资源的标准化处理提供了借鉴。

第三节　档案信息资源开发与利用

当前社会是一个信息社会，在该社会背景的影响下，对信息资源的利用不断增强，在档案管理中充分利用信息资源是提高其管理效率的关键。档案信息是一种重要的资源，通过各种手段和控制技术对其进行分析、开发和利用，是当前社会发展的必然结局。在档案工作的管理过程中，档案信息资源的开发和利用是利用相应的手段和分析方式对其进行控制的过程，是档案工作在社会发展中的必然选择。

随着科学技术的不断发展，档案管理已成为当前企业发展的重点。在档案管理的过程中，对各种档案管理方式和档案控制模式进行分析是当前发展的关键，是提高档案管理水平的主要方式。在我国传统的档案管理过程中，由于人们对档案管理的重视不够，使档案管理存在诸多问题。随着当前信息资源利用的不断深入，各种技术手段和管理模式的应用成为发展的主要措施。推动档案管理在档案管理的过程中，信息化管理模式已成为当前档案管理的主要手段，是加强档案管理工作的主要措施和手段。信息技术的应用提高了档案管理的工作效率，是保证其发展的前提和关键。这是信息时代的要求，也是档案事业发展的必然结果，更是社会发展的主要手段。

一、档案信息资源开发与利用的现状

（一）档案信息资源开发与利用的含义

档案信息资源的开发与利用指的是在档案管理工作领域应用现代信息技术性，对信息资源进行采集、生产加工、传送和利用的一个过程，提升档案管理工作质量。开发的目的就是生成有用信息，确保有效供给信息。利用就是为了实现信息其价值，保证信息在各类活动中充分发挥，造成经济效益。可以说，档案信息资源开发是基础，利用是目的，两者互为因果，相辅相成。

（二）移动互联网环境下档索信息资源开发与利用的特征

在移动互联网环境下，档案信息资源开发与利用有了一些新的特征，把握变化才能更好地适应这一环境。

1. 获取档案信息资源的途径增多

传统获取档案信息资源途径主要包括到馆获取、从档案编研成果中获取、访问档案网站获取。在移动互联网环境下，档案获取途径变得更加丰富，微信、微博、手机App等多种途径可供选择。在这些社交媒体的帮助下档案走进了千家万户。

2. 时间上的碎片化

由空间的移动性导致了档案信息资源利用时间的碎片化。这一特点不仅要求档案信息资源可被随时访问到，还对档案信息资源开发者提出了新的要求。在移动互联网环境下，人们已经进入"读图时代"，档案信息资源展示形式应该与时俱进，图片、小视是当前更受欢迎形式。另外，阅读时间碎片化对档案信息资源的内容也产生了定影响，人们更加倾向于简单娱乐性的内容。因此，档案信息资源开发者应该把握住移动互联网环境下的新特点，提供用户需要的内容。

3. 空间上的移动性

移动环境指的是人或物处在不断变化的空间环境中，茆意宏提出："在移动信息服务的过程中，用户及其所持终端是处于移动状态的，总是跨越不同地点，跨越不同情境。"一方面，这一特点为档案利用提供了便捷，用户获取和利用档案信息的空间自由度更大。另一方面，这一特点也对档案利用工作提出了挑战：移动空间环境中的干扰因素增加，用户对档案信息的利用呈现碎片化趋势，对档案信息的质量要求更高，移动环境对无线网络、信息传输等的技术要求也更高。

4. 用户主导档案信息资源开发

在移动互联网环境下，网民的"话语权"得到增强，更加有利于表达自身诉求传统的由"档案馆"主导的档案信息资源开发逐渐向用户主导转变，一些类似于"我需要的档案信息"的调查活动使用户加入档案信息资源开发的"选题""选材""编辑"，甚至是宣传推广中。利用者也是开发者，使档案信息资源利用率得以提升。

5. 档案信息资源利用的深度增加

在移动互联网环境下，档案信息资源的利用从简单的"实物利用"向"知识利用"转变。档案的凭证性作用依然重要，但是在移动互联网环境下人们参考档案指导实践活动、利用档案信息进行创作、通过档案回忆历史的例子随处可见。档案信息资源开发利用深度加深。

（三）档案信息资源的开发与利用的现状

2019年8月中国互联网络信息中心发布了《中国互联网络发展状况统计报告》报告指出，截至2019年6月，中国网民规模达8.54亿，中国手机网民规模达847亿，较2018年年底增加2984万人，网民中使用手机上网人群占比达99.1%，较2018年底提升了0.5个百分点。由此可见，在移动互联网环境下，提供档案利用途径是十分必要的，目前档案工作在这一新领域既取得了一定的成绩也存在着一定的不足。

1. 移动互联网环境下档案信息资源开发与利用取得的成绩

目前，我国各级各类档案馆已经利用移动互联网推出多种档案信息利用服务，并取得了一定的成绩。下面从实践和理论两个方面进行总结。

（1）在实践方面。移动互联网的发展给档案信息资源开发利用带来了巨大的变化，档案信息资源利用更加方便快捷。2006年贵州省档案馆首次开通手机短信查档业务，2010年东莞市档案馆开通WAP站点档案查阅业务，2013年湖北省十堰市档案馆推出手机微信查档业务，2013年江苏省句容市档案馆率先开通手机档案馆服务，此后各种移动互联网服务迅速在全国各地拉开帷幕。这些新型档案信息资源利用的方式使档案利用效率得到了很大提升。

①短信服务是基于SMS（short message service，短信服务）和IMMS（multimedia message service，彩信服务）两种数据通信服务技术，实现的档案信息查询、档案咨询服务、档案信息推送、档案信息发布等档案利用服务形式。

为了更好地为社会各界提供良好的服务，让广大利用者更方便、更快捷、更准确地获得所需要的档案信息和有关现行文件，提升档案信息服务层次，贵州省档案馆在贵州省移动通信公司的大力支持下，在以往开展的到馆查询、网络查询的基础上，通过充足的调研、论证和多次测试，于2006年5月推出了国内首个短信查档服务，开通了利用手机短信查询档案和现行文件的服务业务。服务对象是贵州省移动手机用户，服务方式是通过手机短信进行档案查询，服务内容为贵州省可向外界提供的约15万条档案目录。短信查档是一种早期的利用移动互联网提供档案利用服务的方式。其特点是操作简单、使用灵活、稳定性好。通过短信可以向利用者提供一些诸如档案利用开放时间、预约查档等辅助性的简单而确定性的信息。

②WAP（wireless application protocol，无线应用协议）以智能信息传送的方式在移动终端实现互联网和高级数据业务的引人和交互操作，实质是为移动用户提供浏览网页等网络服务。WAP是简化的Internet协议，其目标是将丰富的互联网信息引入移动终端中，使用户能够随时随地利用丰富的信息。通过WAP，档案部门可以提供诸如移动馆藏目录查询、个人利用信息查询、在线移动利用等服务。相对于短信服务，WAP的服务范围更广，内容更加丰富。相较于固定的Internet协议，WAP更加开放灵活，界面更简洁、操作更简单、实时互动效果更好。叶莎莎认为"WAP是专门为小屏幕、窄带宽、高延时、有限存储容量和较低处理能力的无线环境而制定的一种无线应用协议。"目前中国第一历史档案馆与中国第二历史档案馆等许多档案馆都设有专门的WAP服务。

③档案微博指的是一些档案机构如各级档案局（馆）、高校档案馆及档案杂志社等所开通的微博账号。目前，通过新浪认证的省级档案馆微博号共有7个，它们分别是山东省档案馆、安徽省档案馆、江苏省档案馆、浙江省档案馆、吉林省档案馆、河南省档案馆、湖南省档案馆。其中，湖南省档案馆与江苏省档案馆的粉丝最多，分别是50717和50062位。微博的特点主要可以归纳为"短、平、快"，短，是指微博字数控制在140字以内；平，是指微博用户信息交流与发布的方法简单，中间环节很少；快，是指微博可以随时随地进行信息发布，信息传播的速度很快。这些特点使微博的影响范围广，信息传播快，影响力巨大，吸引各个领域加入其中。

④微信是腾讯公司于2011年1月21日推出的一款通过互联网快速发送短信语音、视频、图片和文字，并支持多人群聊的即时通信工具。微信与档案利用工作

的结合始于2014年嘉兴市档案局微信公众号首次通过认证。微信属于社交媒体，用户多，即时性强，信息传播与社会交往相连接，地域性强。社交媒体上的信息传播同样遵循情报学的"小世界原理"（即无论世界如何大，人口如何多，联系多么困难，人际情报交流与传递总是能实现的）和"六度分离"实验结论（即世界上任意两个人之间的信息传递人际网络平均传递大约是6次），所以我们认为社交媒体的传播方式非但没有限制信息传播范围，反而具有巨大的潜力。

⑤App是英语application的缩写。它是结合了通信和互联网的优势，加之云计算所拥有的强大信息资源，借助广大的终端传递服务，专门针对智能手机、iPad等移动设备所开发的应用。对于档案利用工作，App可以集检索、咨询、互动、导航、建立读者账户等多项功能于一体。目前已经有浙江省的"浙江档案"、温州市的"档案云阅读"、广东省的"广州市国家档案馆手机智慧导览V1.0"等少数几个档案馆专门App。

二、档案信息资源开发与利用的策略

（一）进行科学定位

在现代科技发展的趋势下，伴随着档案信息化的建设逐步推进，大家对档案信息资源开发利用的观念进一步增强，因此，档案信息资源的开发利用遭受社会各界的高度关注。可是，现阶段档案信息化搭建还存在一些不足。一些档案部门对档案信息资源开发利用的认知存有误差，档案信息技术性设施、设备建设与发展趋势缺乏可靠性和稳定性。档案信息基础设备主要包含档案信息网络管理系统、数据库系统、信息安全防护设备等。这几个方面的不平衡发展限制了档案信息资源的开发与利用。

我国目前还没有形成一个完整的档案信息资源开发和使用的规范，按照一个统一的技术标准和规范来进行档案信息资源的开发，这是有效利用与共享档案信息资源的根本。由于目前我国档案信息资源的开发与利用缺乏一个相对统一的标准，也没有统一的开发方法，对于档案资源共享应用存在方法不唯一，也没有统一的规范，各部门单位之间按照自己主张办事，不互相配合等问题，没有统一的依据标准进行档案数据源建设，导致人与人之间、人与机器之间以及机器与机器之间不能流畅地实现信息共享。针对档案信息资源开发利用还有一个重要解决的问题就是信息安全问题，信息安全也是国家安全的一个重要内容，当前我国的核心硬件、软件、技术等多方面依靠进口，给档案信息资源的开发利用带来了很大的安全隐患，这也严重地制约着我国档案事业的信息化发展。

基于上述情况，必然会极大地影响档案信息资源的开发与利用。要使档案信息资源得到有效的开发和利用，就必须从以下几个方面着手。

一是相关部门人员要坚持与时俱进，提高创新意识，认识到档案信息资源开发利用的重要性，从而促进档案信息资源顺利高效的开发和利用。从当前我国各级档案馆信息化的现状来看，如果档案管理部门的信息资源的有效开发利用不高，这必然会影响到全国档案信息化的顺利实施。如何把各级档案部门的信息资源与信息系统、信息网络紧密联系起来，如何真正实现档案信息资源的共享和利用，解决这些问题是当务之急，只有这些问题解决了，才能充分发挥档案信息资源最大使用价值，才能促进档案信息化的高效发展。

二是对档案资料资源进行统一规划，逐步推进。具体来说，需要统一的组织和规划和各方面协调好的基础上，才能实现开发出系统而独特档案信息资源利用平台，只有这样，才能推动档案信息的有效利用，才能为档案事业的发展和进步奠定坚实的基础。所以，在档案资源的开发和使用中，要坚持"自上而下"的原则，要在总体规划的前提下，要首先对档案资料的开发和利用进行宏观规划；各级档案局要根据本单位的实际，构建和完善档案信息资源的开发与利用框架，并根据上级机关制订的有关文件资料的使用准则和要求，明确其职责，强化责任意识；同时，要建立一个切实可行的协调共享机制，确保档案信息资源的整合工作顺利开展，为各城市的发展提供可靠的档案信息资源服务。

三是要强化自身建设，健全机制，充分发挥档案信息资源在信息化建设中的作用，这就需要各部分加大力量培训专门人才，同时要加大投资力度，才能加快档案信息资源开发和利用的发展。上述要求的顺利实施，单位领导首先要认识到档案信息资源的开发与利用价值，要认可，同时也知道工作量巨大，要敢于投资。比如要增加开发利用档案信息资源费用作为各部门各单位进行信息化建设日常工作经费，引进和培养相应人才，保证档案信息资源开发利用工作的顺利实施。

四是精确设置服务内容。第一，移动互联网环境下档案信息资源的开发与利用必须体现出档案信息的资源优势。档案相较于其他信息，具有高度可靠性，因此档案信息的真实性是我们的优势。第二，开发对用户有价值的信息，通过调查统计将开发内容的决定权交给利用者，我们可以在微博上展开类似于"你最需要的档案"的讨论，调查利用者需要的内容。第三，发布有趣的内容，人们总是对秘密的事更感兴趣，我们可以开发那些大多数人都有兴趣的档案信息。第四，推出"民生档案"，它们与我们息息相关，许多"老城记忆"类的档案信息不仅阅读量高还引发许多民众参与互动。第五，反映热点的内容，紧跟社会热点不仅会吸引利用者目光，而且会增加利用者转发的可能性，增强用户推广欲望。

（二）合理选择传播途径

目前，移动互联网环境下的档案信息资源传播途径众多，我们要加强顶层设计运用互联思维使这些传播方式优势互补，通过整体效益实现利用目标。首先我们需要分析用户实现利用的所需的全部功能。从档案信息资源开发成果完成到用户实现利用，主要经过了发布—检索→利用→利用情况反馈几个环节，因此各种服务方式总体上必须实现发布、检索、阅读、反馈四项必要功能以及包含在四个环节中的基础性的咨询功能。明确了完整的功能需求，再具体看看目前档案馆在普遍运用的微博、App、微信、WAP四种主要传播途径上应该如何设计，以实现以上功能。

1. 微博平台发布信息

在传统情况下，档案资料存储档案馆中，因服务对象面比较窄，档案资料没有得到充分利用。在传统的档案学模式下，档案资源的服务对象往往是由历史学家所组成的社会精英阶层。经过学术史培训的档案人员，在选择档案永久保存的文献时，往往会关注学术研究，而这一点，主要是指历史学家对档案的现实或设想的运用。所以这部分人需求是档案信息资源在开发过程中，重点关注的，然后也限制了其服务对象。而在传统的社会背景下，尤其是在我国，由于缺乏对档案资料的了解；一般民众对档案资料的重视程度也比较低。一般民众在阅读和获得参考文献资料时，往往会选择图书馆而不是档案馆。这也间接地使档案信息资料的服务对象受到限制。

微博上聚集了形形色色的人，他们有着不同的身份和背景，需要的信息也是千奇百怪。人们根据自己的兴趣和习惯，或者通过微博获得信息，或者通过微博和同行们进行职业沟通，或者通过微博求助，或者是学习或者娱乐。微博是一个开放性的社会媒体平台，用户只需按一下"关注"按钮，就能轻松地把自己和相关的资源链接起来，并获得无穷无尽的信息，而不管是什么类型的资讯，都可以在此找到自己的读者群。所以，在微博平台上，档案信息资源将从传统的相对固定的受众群体转向开放、多元化的受众群体。美国国家档案馆在建立Twitter账号的时候，就考虑到了读者的需要，除了官方账号之外，还提供了"国会档案""内战发现""档案里的今天"等一系列的微博账号，这些都是根据特定的主题而设计的。尤其是"档案里的今日"这个账号，其主要内容是每天一件与历史上的今日有关的档案资料，专供那些希望借由学习历史来消磨时光，但并无多少空闲的平民百姓。这款软件一推出就大受欢迎，美国国家档案馆也推出了与微博同名手机软件App，方便用户下载。微博受众多样化，为档案资源信息化的开发提供了不同的新视角，同时也为不同的需求对象提供档案资源服务的可能性。

微博是新世纪最流行的一种社会化媒体理台，它最初被用于档案资料的开发，可能仅仅是为了适应新技术的发展。不过，当人们使用科技进行变革的时候，科技也会随之发生变化。档案资料是每一个公民的珍贵财富，也是一个记录所有公民社会记忆的重要载体。

在对其进行开发和使用时，当然要鼓励民众积极主动参与，从使用者的角度出发，使其充分发挥其作用。随着其特有的传播方式、受众结构和广泛的影响力，微博在整个档案资料的发展进程中都有着深刻的意义。它的作用，似乎是在适应档案科学的变革和新时期档案工作的需要，使档案资料的发展与人民群众的关系更为密切。

2. 档案App

2013年6月，武汉市档案馆开发的"手机档案信息及文化推送系统"，是全国第一家综合档案馆推出的移动文件应用程序App，被称为全国首个"指尖上的档案馆"。它有五个服务功能模块组成：订报、阅读、查询、互动、更多。第一期推出了"档案馆文化展示""档案开放目录查询""档案关联信息阅读"等相关咨讯。现有文献资料共35万多条，后续项目通过移动电话即可查阅。该举措为我国在档案业务中的应用开辟了一条新的道路，大大降低了档案业务的壁垒，为建设移动档案库做了一次有益的探索。北京海淀区档案馆在2013年开通基于安卓平台的"海淀区革命历史遗迹"，利用App网络将海淀22个革命遗址的资料和有关文件资料以电子版的形式定期向读者推荐。杂志综合了文字、图像、声音、视频等各种内容；该系统具有很好的应用前景。目前，以移动阅读为标志的"碎片化"阅读正在逐渐兴起，海淀区档案馆的这一举措顺应了广大读者的需求，借助新媒体宣传了革命地区的历史和文化。

对于综合性档案馆而言，开发一款优质App的成本要比开通微信公众号、档案馆微博，开发WAP网页等的成本要高。另外，2015年1月22日第三方数据服务提供商Talkingdata发布了《10亿说：行业精细发展，O2O热度空前》分析报告报告显示全国平均每部移动设备上安装了34款应用，同时每部设备上平均每天打开应用20款。由于档案信息资源的特性使档案信息资源的利用星现刚性特征，因此专门下载安装档案App的用户较少。

考虑到目前的开发成本与用户需求，我们认为目前针对普通利用者单独开发档案App的必要性有待观察。赵红颖、王萍在文章中提出"图书档案资源数字化融合服务"的思想与泰达图书馆档案馆的实践开启了图书馆与档案馆合作探索App开发的新局面。天津泰达图书馆档案馆推出"移动图书馆App"服务，将"档案服务"作为图书馆App中的一个模块。该模块包含"办事指南""法规标准""档案培训""编研成果""掌上展厅"五个部分。虽然在总体上档案资源与图书馆资源有着本质的区别，不可能完全融合，但是将已经开放的不具有保密性的档案信息嵌入到手机图书馆中形成图书馆App中的档案模块，与图书资源同一账号，同一软件，这既能满足用户的多种信息需求，又能节约档案部门的开发成本和用户设备空间。另外，针对经常利用档案的群体，如档案工作者、研究学者等可以通过各地或者全国范围内多个档案馆的共同合作开发小众化的档案App。

档案应用程序App的最终目标是为社会大众服务，所以，我们应该更加重视应用程序App对档案工作的影响。从当前的情况来看，档案App信息服务在档案工作中起着如下的作用：

（1）宣传和推广的功能。一方面，中国移动电话用户的增长速度很快，而App的用户规模也在不断地增长。2022年6月末，全国共有移动电话用户数16.68亿户。2021年国内App总量252万款，应用商店分发总量达21 072亿次，互联网APP服务和数据业务实现快速发展。借助档案信息服务类App，可以使档案组织迅速获取各类信息，拓展其服务领域，增强其影响力。另外，App作为档案单位的宣传和推广手段，与传统媒介相比，可以大幅节约宣传费用，而且即时传播的效果更好。

（2）提供信息服务的功能。利用档案信息服务类App，可以为档案机构提供更加多元化的资讯服务，并将现有的档案信息资源进行分类、分模块类型给用户推荐推送。同时，可以将App和已经开放的媒体平台结合起来，一键连接，增大了检索渠道，推广力度成倍增加，也提高对其他媒体的使用和影响力。

（3）档案信息收集的功能。在商业领域，App已成为市场调查，产品试用的一个重要工具。档案部门可以利用手机应用程序App，给档案使用者发布调查问卷，搜集使用者的需求、社会动向等相关资料。例如调查问卷包括使用者对档案利用的需求、档案服务机构的满意程度、档案部门建设中的问题等。还可以搜集网络用户行为信息，例如用户浏览不同类型档案信息资料的次数、浏览时间等，根据用户行为数据分析档案信息是否受欢迎以及使用情况。

3. WAP档案信息资源查询

wap网站，即WAP（Wireless Application Protocol），是无线应用协议的缩写，一种实现移动电话与互联网结合的应用协议标准。现在正流行社会的移动上网方式是手机上网，wap网络营销应用还主要集中在互联网企业上面，是各类网站开拓新功能、新阵地，寻找新业务的重要领域。但对于传统企业而言，对于wap网站的认识还很有限，wap网站的普及和推广尚需时日。然而wap网站的广大用户市场是客观存在的事实。有市场就必须占领，如何做好传统企业在wap领域的营销活动，还是一个很新的课题。

与传统互联网一样，企业要开展wap网络营销，也需要建设自己的wap网站。虽然在表现形式上，wap网站要弱于一般的网站，对于图片、动画等表现力度不够，但麻雀虽小，五脏俱全。

当前，我国大多数的公共档案网站均提供了资源检索、信息公告、信息查询等功能。具体来讲，可以分成四个方面：第一个是新闻信息。内容包括：工作动态、通告公告、专题展览、国际档案发展状况等模块。第二个是政务信息。内容包括：档案工作人员简介、档案机构设置、档案功能简介、档案政策法规、档案工作概况、档案教育、档案借阅行政管理等。第三个是网络服务，主要内容有：档案检索指导、档案网上展示、档案研究成果、档案资料公开等。第四个是大众的参与。主要有网上采访、档案下载、民意咨询等。

显然，这种以PC机为基础的网页版政府网站，其功能非常简练，是档案馆必须向社会开放的基本业务和信息。但网站内容和形式却过于单一，只限于检索、借阅等，政府档案馆网站只是单方面且机械化地向公众单向传递信息，缺少与公众的互动环节，更别说让公众明了档案馆的作用及档案的意义了。此外，由于政府档案馆的网页设计和内容常常不能被大众所接受，所以，公众要从政府档案馆的官方网站上获得自己需要的资料，往往需要花费大量的时间和精力，而且可能仍不能满足要求。所以，政府档案馆开始向档案 WAP移动服务的方向发展，WAP除了以上服务外，还应提供在线的电子档案展览服务、档案讲座推介服务、档案多样化的档案检索服务、个人资料上传授权服务，科普游戏平台等。另外，在WAP的各个方面，也要考虑到使用者的感受。因此，与现有PC终端相比，移动档案网站WAP的灵活性和简洁的用户界面是其最大的优点。

目前，大多数的公共档案馆网站使用的主要的搜索方法就是"关键词搜索"。然而，使用者在搜寻自己所需要的资料时，可能会对有关档案的检索关键字一无所知，不知选择什么关键词来检索所需要档案资料，否则就是搜索的范围太大，虽然可以确保查全率，但准确度很低。在公共档案馆中，建立移动文件WAP网页，提供图像、音频等多种检索方式。例如，一个使用者希望查询有关装置的资料，但是使用者并不了解有关装置的所有资料，仅提供一些有关装置的影像资料，然后，使用者将该装置的照片上传至移动终端，并与数码档案馆内的装置图像进行比较，即可获得相应的查询结果。又如，如果使用者有早期留存的视频，他希望通过这个视频来知道过去发生事情，将此视频数据上传后，由数码文件的检索系统将会自动将视频数据进行扫描，并将其与数据库中的数据进行对比、比对，最终得到相应的数据结果。在国外，基于云服务和 GPS定位技术的 WAP服务系统在国内的实际运用中取得了很好的效果。通过这种方式，使用者可以利用自己的智能手机对历史建筑物进行影像的采集与查询，并随时获得相关的历史与文化信息。

4. 微信促进互动传播

微信（Wechat）是腾讯公司于2011年1月21日推出的一个为智能终端提供即时通信服务的免费应用程序。微信的优势主要在档案信息资源的阅读、推广和档案信息资源利用的咨询功能上。首先，微信用户基数大，用户使用时间长；其次，微信作为社交媒体，其上的现实生活中的联系人占到了80%~90%，为档案信息资源的分享提供了优越条件；最后，微信公众号中的"自动回复"功能使档案利用咨询可以实时实现。比如，中国移动公司的官网微信号"中国移动10086"中的自动回复服务取得了有效的成果，关注后即可收到中国移动的自助服务说明。目前档案类微信公众号少有利用"关键词回复"的功能。"浙江省档案馆"已开通"陪聊机器人"应用，针对档案利用者利用中的常见问题，设计出了相应的回复内容，这样既节省了人力资源，又使利用者的咨询得到及时回复，提升了利用体验。

（三）分阶段生态推广

一个新事物的推广一般经过两个阶段，主动推广阶段和自动推广阶段。在主动推广阶段，需要开发者投入一定的人力、物力，采取主动推广措施，寻找第一批"种子粉丝"；在第二阶段，当"种子粉丝"达到一定数量时，其推广者就由开发者转变为"利用者"。

1. 主动推广阶段

第一阶段是开发者主动采取措施进行推广。"吃在重庆"通过已有的微博账号对微博粉丝向微信公众号导流、宣传等进行推广。天津市档案馆在2016年4月公布的"全国档案微信公众号排行榜"中名列第一，推广效果显著。目前档案类推广多处于推广的第一阶段，如天津市档案馆、青岛市档案馆等。天津市档案馆首先在天津市档案馆的单位工作人员中推广，然后到天津档案馆的利用者、《天津档案》杂志的订阅者、天津档案网站的浏览者。2014年6月10日，青岛市档案馆邀请市民代表启动并体验青岛档案信息全域共享服务平台和"青岛档案"微信服务平台两个服务系统。其他诸如利用新闻报道、电视节目来宣传推广也是属于第一阶段，下一步我们应该注意转向依靠"内容"实现自动推广。

2. 自动推广阶段

第二阶段，"吃在重庆"不再进行主动推广宣传，依靠原创的热门文章进行自动推广。目前"吃在重庆"阅读量超过10万次的有20篇，破百万次的有8篇。由投入推广到自动推广，由依靠人力、物力到依靠内容，"吃在重庆"已经可以称为健康生态的推广模式了。在档案领域，目前尚未有实现稳定"自动推广"的档案类账号所以我们应该注意充分开发利用档案馆独特的资源，打造"热门文章"，使内容本身成为服务推广的动力。

总之，移动互联网环境下档案信息资源的开发和利用是传统档案信息资源开发利用的延伸和补充，是目前档案工作的新领域。技术的发展带动档案信息资源利用需求和利用形式的变化，在当今移动互联网环境下，挖掘档案信息资源，开发档案信息成果，依托移动互联技术分析各项服务方式的特点，并将其对档案信息资源开发利用的价值最大化的发挥，是档案馆顺应时代发展、更好地服务社会实现转型的必由之路。

第五章

大数据环境下

档案信息化管理模式

的变化与应对策略

第一节 档案信息化管理模式的变化

一、档案信息化管理

（一）传统的档案管理存在的问题

1. 部分基础性、过程性信息可能丢失

现代企业管理活动越来越复杂化，比较注重细节，重视过程管理，为了适应管理过程中越来越复杂的管理需求，会有大量的基础性、过程性档案资料形成，这些资料在实际工作中被频繁地重复利用，具有很高的保存价值。如果企业管理过程中产生大量的过程资料都存放在档案库里保存，这都要耗费大量的人力物力管理，而且不方便查阅，这显然也是不现实的。档案管理部门一般都是只搜集成果性资料和比较重要的基础性、过程性资料，而其他的非重要的资料都是让各个部门或者经理自己保管。但部门内部的资料保管人员缺乏专业的管理和技术，而且人员的流动性也很大，这些基础的、过程性的资料很可能都会随着时间的流逝而丢失，而当需要使用这些资料时，很难再找到，从而给档案的管理带来负面的影响。

2. 传统的档案管理已经不能满足企业发展的需要

随着信息化的普及，传统的档案管理方法和技术手段已不能满足现代企业的发展需要，而随着OA系统的应用和文档的一体化进程的加速，档案的电子化、数字化发展的步伐越来越快，很多行业都开始使用电子邮件进行电子文件的传输，在今后的发展中，数字背景下的电子档案替代了传统的档案是大势所趋，档案的信息化建设是当务之急。

（二）传统档案管理向信息化转变的必要性

从手工型社会向信息化型社会转型，经过漫长的历史进程，当前，我国的信息化程度前所未有，以纸质文件为主的档案是我国长期以来的传统档案管理方式，很多人习惯传统的管理方法后不愿意改变。然而，与以往的管理相比，信息化管理在效率和准确率上都有着很大的不同，同时在档案鉴定、分类、管理等各方面都大大提高效率，从而减少了工作负担，所以我们认为，从传统档案转向信息化档案是一种必然。特别是现代社会形态和人才的多样性，使得档案工作的工作量大大增加，对其传递、存储和利用的要求也越来越高。随着国家档案事业的全面变革，把档案信息化建设成为国家及地方档案馆的一项重要工作，而把信息化技术引入到档案馆的工作中也是必然的。由于数字时代的信息数量庞大，信息的快速更新，在某种意义上对国内各个行业部门的档案工作模式和工作方式产生了一定的冲击，从而导致了档案管理工作体制和相关的知识理论的显著变化。在大数据的今天，各个行业都不可避免地受到了大数据的冲击。

面对着海量的、错综复杂的数据需要进行分析和处理困境，以及在大数据的作用下给各类工作带来的种种变化。档案管理部门是管理国家信息资源的重要组织，肩负着国家、社会和人民所赋予的重要的使命，同时也要面对海量的数据环境所带来的诸多新的变革，如新的理论观念、增多的数据资源、变换的服务方式等。这些变革都要求档案管理部门对大数据背景下的档案管理工作进行新的认知与剖析。要准确把握信息技术对档案工作的影响，必须从发展的角度审视档案的价值，以创造性的思路拓宽档案领域的范围，以科学的方式提升档案工作的质量，利用技术革新提高档案的管理水平。

二、档案管理理论体系的变化

大数据环境下，随着档案信息量的不断增加，档案服务水平的不断提升，档案信息系统的使用越来越广泛，档案人员的档案意识已经不能再局限于以往的传统的档案管理理念。由于传统的文献资料时代面临着信息技术的冲击，衍生出"新来源观""文件连续体论""宏观鉴定理论"等新的档案管理理论。在信息技术发展的今天，将会对档案管理的研究产生新的影响，从而使档案管理的研究更加深入。

（一）树立大数据的观念

大数据时代最突出的特点就是巨量的数据，数据量大的不是我们采用常规的分析手段和技术所能解决的范围。在大数据时代，预言家维克托将大数据的概念界定为：不采用随机分析法这样的捷径而使用所有数据的方法，不再是抽样数据，而直接利用全部数据。大数据提倡所有的数据都是有用的。

对于现在的许多人来说，对于大数据的认知和理解还比较偏颇，对于一些问题也会产生疑问。一是海量的数据量必然很庞大。事实上，海量的数据不一定要几百TB，而在现实中，几百GB的数据有时也可以叫作大数据，主要观察的是第三个维，即速度和时间。因此，海量的数据不能量化地表示出其数量，而是能够迅速地获得其价值。二是拥有更多的海量信息走越好。在大数据领域中，需要解决一个问题的数据量是有一个阈值。如果数据小于阈值，那么问题就无法得到解答；如果满足了阈值，那么就可以解决以前无法解答的问题；如果超出了阈值，那么问题就无法得到更好的解答。因此，在进行有关的问题通过数据挖掘进行解决处理时，应着重于科学分类、优化与整合，而非单纯地只是收集数据越多越好。三是大数据具有绝对性。到现在为止，还没有一个统一的概念，大数据的概念只适用于现有的思维、资源、方法和技术，随着网络的快速发展，越来越多的工具和技术、存储空间和数据的处理速度提高，大数据的定义也会不断地完善和发展变化。

在档案工作中，传统馆藏档案就是档案部门的"大数据资源"，我们甚至希望把所有资料都存档，却又受人力、物力、财力的制约。传统管理模式都是先把对需要保存的资料都进行筛选，将认为有价值的资料整理归档保存，而认为不重要的感到没有利用价值的资料则会被排除在外，从档案资料存储或利用角度来说，这种方法省时间和精力方法，是非常必要的。但无论从目前还是从将来来说，这样的行为都会导致大量的资料丢失。以前是因为主观和客观因素的原因，没有按照所有的数据都是存档的原则话，那么现在是大数据时代，数据信息量丰富、技术成熟，数据就是档案，能存尽存，尽量把所有可以保存的档案信息纳入共享资料库中，根据通过数据挖掘分析出有价值档案资料。所以各级档案管理部门必须尽早树立和重视档案数据资源的大数据观念。

（二）树立大档案的观念

大数据的观点，就是要注重数据，要坚持所有的数据都是有用的。大档案的观点就是树立要把所有的有用资料都看作档案，并能够把所有档案资料都能利用起来的观念。档案是人类的全部劳动和生命的真实写照，是人类集体的智慧的集合，分散于社会的每一个角落。这些档案资料大部分都是国家机关的，是国家的，对于普通人来说，那是国家的宝贵的私有资料，这是一笔不容亵渎的财富。

关于"大档案"概念的认识可以分为两种。一是"一切归档"使得档案之门变得更为公开。在归档方面，要扩大范围，要把各行各业所有能储存和使用的记录资料都看成是档案，特别是网络上的实时资讯，需要抓紧时间收集存储，过了时限很难再找到，特别需要关注底层、平民化、草根化的碎片信息。二是其实随时随地都有档案。我们传统观念认为只有存储在档案馆的资料才是档案，随着互联网的发展，各种信息从网络中源源不断地涌出，这些信息分散在网络的不同角落。虽然没有被及时地收集保存到档案馆中，但在必要的情况下，这些看似"无用的、隐藏的资料"，实实在在地存在于我们的日常生活中，可以随时被提取出来，以便充分发挥其应有的实用价值。

（三）树立大服务的观念

大数据是一种革命性的技术革命，大数据不仅仅是技术的创新，更是一个计算机服务的时代到来，可以说大数据是信息科技领域颠覆性的技术变革。通过大数据挖掘技术对收集到海量信息数据的进行分析，挖掘出有用的、有价值的信息，这表明，计算机产业正在从技术供给服务型向应用供给服务型转变，技术的变革是对服务的更高要求，技术的进步是为了提供更好的服务，有效数据的使用是数据信息存在的终极目标和意义。但随着大数据的出现，人们对信息的需求发生了变化，人们对信息的使用也不再是单纯的使用，随着大数据的发展，比如档案使用者不仅只对档案文件的利用，而是想要获得数据背后的信息内容和蕴藏的隐性知识。

在大数据环境下，档案管理工作必然走向社会化、多元化，档案服务必将成为今后工作的重点。第一是从"为国守史，为党守史"向"为民服务"转变，首先在要坚持国家赋予的职责，要坚持党的利益基础上，以民生利益服务为主，改变传统档案"守财奴"的现象，不能再像以前那样把门紧锁，管着几个文件，只为少数几个人服务的状态。第二是服务从"被动等人"到"主动服务"的转变。在大数据时代，档案管理部门不但可以通过信息化手段获取大量的数据，还可以通过数据挖掘、定量地分析使用者的习惯和爱好，改变对档案使用的服务模式，提高档案服务的主动性，为使用者提供档案资料精准推荐、利用价值高的档案利用定制等，以达到大档案服务的目的。第三是全程一条龙的服务。档案资料的信息量大小是影响服务品质的一个重要因素，档案资料收集得愈完整，整理得愈规范，检索到的可能性愈大，能够高效地帮助用户解决问题。所以，使用者需要的是海量的数据，而不会受到时间和空间的限制，能够精准输出结果。这就要求档案管理部门必做到"问题—数据—解决方案"一站式一条龙到位服务，以满足广大用户的要求。

（四）树立大平台的观念

在网络时代，企业要寻求新的发展，必须拥有一个大平台，才能获得更多的信息资源，而要想获得更多的用户，就必须要有足够的信息资源。而一个行业发展最重要的保障，就是要有足够的数据量来吸引更多的用户支持。当前，随着档案数据资料迅速增加，传统的档案管理方式已经很难适应海量的档案资源管理的需求。因此，档案管理部门必须转变观念，与时俱进，建立一个资源丰富、操作方便、服务快捷的大型档案数据资源服务平台。比如安徽、广州、青岛等率先建立了自己档案数据大平台，并取得不错的效果，为我国档案数据大平台建设提供依据。

大数据平台的构建涉及两个部分。首先，档案管理系统平台的建设与利用是当前各级档案管理机构工作的重点。随着信息化进程的加快，我国的档案系统已进行建设了档案信息网，各省市各级档案系统也相继建立了自己的档案信息网。但在由于经济发展水平的不同，东部和中部地区档案信息网络的站点数目较多，网站上信息丰富，整体优于西部地区；根据各级档案管理级别的不同，省级档案信息网络的发展状况优于县级。目前我国的档案事业存在着纵向发展不平衡、纵向发展不够深等问题，要利用大数据的发展机遇，进一步加强和健全国家档案管理系统平台的建设，加大投资平衡发展、协调发展。其次，需要构建档案系统内一个局域网档案系统管理平台，为下级部门和下级部门信息传阅提供一下内部交流的局域网安全渠道，这样也解决了系统内、区域间"信息孤岛"、信息流转困难等问题，并利用权限和信息流转，使信息资源相对集中，并能利用辅助软件将外界信息直接输入输出，它既符合了办公自动化、无纸化的需求，又极大地促进了上下级、单位间以及内部公文文件处理的效率。平台内包含"档案管理"的功能，区分档案类别，注重各个部门业务的业务档案收集：公文类、财务类、部门业务类等，使档案管理渗透到业务工作的各个环节，打破了以往的"重文书轻业务"的惯性。

单位制定规则，每个部门设定专门的档案员，收集本部门来往的文件、资料进行审核预归档，每年末，或随时把通过内部平台把各个部门的预归档，最后进行汇总上报，计算机软件直接生成存档文件目录，实现电子存档与纸质档案的一一对应，对于普通文件可以只需要做好备注，做好电子文档保存即可。

三、档案数据资源体系的变化

拥有可观的馆藏资源是档案部门开展工作最大的优势，馆藏资源越多越能体现档案部门存在的价值，丰富的馆藏是档案部门维护社会地位的根本，也是开展档案利用服务的资本。

拥有大量的文献资源是各级档案馆开展工作的最大优势，档案馆里存储文献资源越多，越能反映出档案部门的存在价值，档案馆存储丰富的档案资源是档案管理部门维护社会地位的基础，这也是如何进行档案利用服务的资本。在大数据时代，信息资源以爆炸性的速度增长，储存在档案中的文件资料数量也在迅速增加。现在档案资料来源广泛，内容丰富，档案资源收集方式也在不断变化。

（一）广泛的档案数据来源

档案馆作为科学、文化事业单位，是保存党和国家档案的重要部门，也是科研、社会各界对档案资料使用的中心，因此，档案的作用主要是保持和传承党和国家的记忆上，这在一定程度限制了档案的来源。这些资料大都是机关、企事业单位经过多年的精心筛选而形成的"成品"，而在大数据的今天，档案数据来源越来越趋向于网络化、社会化和平民化。

档案数据的来源也发生了很大的改变，因为档案部门更加注重民生民意。近年来，档案局对国家的各项决策作出了回应，越来越重视对人民群众关心的民生资料的搜集工作。比如注重国际档案日的宣传工作，开展从"档案在你身旁"到"走近档案"的主题活动，都在呼吁公众树立档案观念，关注档案，关心自我。

还比如个人日常生活中日记照片，视频录像，获奖证书、医院就诊记录，行车路线、购物消费信息等与自身密切相关，也许这些资料对别人来说没有任何作用，但却是他们自己的一段重要的记忆。全国提倡全社会设立家庭和个人档案，实行"全民皆档"，让档案资源更加草根化、生活化。

（二）丰富充实的档案数据资源

对档案部门而言，馆存档案信息资源数量愈多，档案种类愈多，愈能挖掘出档案的价值，增强档案管理部门的社会地位。大数据时代已经给整个产业带来了巨大的冲击，反应迟钝的档案部门在大数据的影响下，档案数据资源自身也在不断地改变。

第一是档案数据资源数据量的迅猛增加。在大数据背景下，我国的档案资料资源数量庞大，并且正在迅猛增加。一个档案馆的档案并不多，但国家各级档案馆存储的档案数据总数是一个庞大的数字，足够称得上大数据。比如2008年全国各级档案馆共有档案1.93亿件，较2007年增长了1769万件，增幅达到10%。2011年，国家档案馆的馆藏总量已经超过3.3亿册，增幅达到71%，而到2020年，将超过6亿册，增幅翻两倍还要多。在大数据时代，国家各级的档案馆开始扩建，档案馆的存量大幅增长，档案数据资源管理平台不断完善，档案馆必然要全面完成存量数字化转型、增加档案电子化任务。而目前在、今后乃至很长一段时间内档案仍将实行"双套归档制"，传统纸质档案的移交、寄存、撤转并改为数字化档案，其数量很容易就能使档案馆馆藏存储量达到 TB甚至 PB级，形成海量数据规模。

第二是档案资料的种类增加。档案馆的档案通常包括纸质、声像、实物等几种，信息化带来的是需要保存电子文件、用户信息、浏览记录等等。这些载体各异、特征多样、结构差异大的档案被分门别类用不同方式保管着，数据和载体的增多使得同一个信息可以用不同的数据形式表示出来，相同的数据格式也可以表达不同的信息，这些信息组合在一起构成了档案馆的异构数据集合。在大数据时代，数据结构也会有更多的改变。据预测，未来约85%的互联网数据是由半结构性和非结构性的，其中大部分是文档，表格，图片；网页，音频，视频等。所以将来我国档案馆的主要资料来源都是异构化的，而这些异构化的资料将会是我国档案馆的一个重要组成部分。馆藏档案将朝着种类繁多、非结构化数据比重占有增大趋势发展下去。

　　第三是档案数据的价值密度降低。档案记录着最真实的历史，具有较高的价值。可是，多数存放在档案馆的档案资料往往都是沉睡状态，很难有人去查阅。事实表明，具有较高使用价值的文献资料，在整个文献中占有极低的比例，而其所占的比例很低，其价值密度与整个档案资料的数量呈反比例关系；也就是说，档案资料的数量越多，单个档案的价值密码越小，有些文件甚至已经陷入了休眠状态，根本无法使用，事实上，他们已经占据了档案绝大部分的文件。在大数据的世界里，所有的档案资料都会呈几何倍数增长，总体上的档案平均利用率会下降，相应的有价值的档案也会相应地减少，降低了档案数据的价值密度。

　　第四是提高了档案数据的处理速度。档案工作的不断推进和档案网络化的发展，使档案工作逐渐摆脱了传统的手工档案管理模式，步入了档案收集、管理、利用的现代业务流程。在大数据的今天，档案工作的重点在于及时、便捷，对于获取瞬息万变的有用的资料，特别是对于更新较快的网上的信息量，有着很高的需求。比如用户发出查档请求，而档案工作者则需要从大量的档案资料中快速查找使用者所需要的资料，这是一个艰难的过程。如要想在最短的时间内获得最多的有用的数据信息，最大限度地满足使用者的需要，就必须依靠大数据，依靠庞大的云计算技术，利用互联网、电脑软件和高科技手段，加快档案资源的处理速度。

（三）多种形式的档案数据收集

　　无论多么庞大的信息资源，如果不进行存档就不能称之为档案，也没有作为档案的权威作用。档案的采集是档案工作的首要环节，而在传统的档案管理模式下，档案资料的归档主要依靠个人的主动转交，由单位的各个部门科室定期将档案转交到综合档案室，各单位需要定期将档案转交到各级综合档案馆，并做好交接清单，防止损坏和遗失。

　　第一，强制搜集文件资料。实际上，许多单位往往不愿主动将档案转交给档案局，再者档案管理制度的震慑作用较弱，档案机关也不会主动找上门要档案，所以要按时收集完成所有的存档文件是很困难的。于是在2013年，中华人民共和国国家监察委员会、中华人民共和国人力资源和社会保障部、国家档案局令第30号《档案管理违法违纪行为处分规定》规定：不遵照国家规定向有关档案馆移交档案的，对有关责任人员，依据情节轻重给予相应的违法违纪处分，包括警告、记过、记大过、降级、撤职等不同程度的处分。这个档案法律法规的出台，赋予了档案部门强制执行档案收集移交的权利，各单位更有配合档案部门做好本单位档案收集转交的义务，从而为实现档案大数据集中保驾护航。

第二，实时抓取档案数据。大数据环境下，网络信息内容丰富、信息更新速度快、信息传播速度快等特点，这是档案部门在档案管理工作中收集档案数据的一个重要、难点问题。要想及时获取有价值的资料，必须要对档案人员的职业敏感性和行动灵活性进行全面的检验，因为他们不清楚一闪即逝的资料会在何时派上用场，所以档案馆不能再像以前那样"等人来取"，而是采取新的搜集方式，利用最新的资料搜集方式，利用计算机技术，云计算，大数据技术等科技的力量，帮助档案管理人员实时掌握网络的动态资源，以及及时抓取网络资源信息。

四、档案服务体系的变化

档案是一种真正意义上的历史记录，它的终极目标是要使档案管理部门以党和国家利益为重、满足社会大众需要、为社会大众服务。在大数据环境下，档案服务利用工作将"向着社会化、多元化方向发展，以企业和客户的个性化、差异化需求为目标，提供人性化、智慧化服务"，因此，档案利用服务在服务对象、服务内容、服务方式和服务目的上都将发生变化。

（一）档案服务宗旨

档案服务的终极目标是满足使用者的最大档案信息服务需求。在大数据时代，人们对不同层次、不同领域、不同方向的档案资料有更深刻的认识，并通过对其内容的过滤与捕获，再结合自身的知识库与理解，将杂乱无章的数据资料梳理出来，整理成能够解决特定问题的有价值答案或方法。在信息时代，档案管理部门的档案利用服务工作，首先要从使用者的需要出发，以明确档案服务的第一目标为中心；同时，要善于掌握使用者深层需求，将相关知识传授给使用者，"授人以鱼，不如授人以渔"，实现档案资料资源利用与知识服务双赢的目标。

（二）档案服务对象

档案部门过去主要服务于党和政府相关部门，服务于企事业单位，服务于政府机关，服务于公务员和职工。在新的历史条件下，国家更加重视对民生档案资源的搜集，更多地把档案放在为人民服务、服务于社会、服务于大众，同时也要服务于智慧城市，服务于新农村，服务于广大的农民。

在大数据时代，网络畅通、资料资源丰富、档案网络化发展的趋势越来越明显，档案服务带来了一大批新的用户网络访问者，他们不必亲自到档案馆去，也不用再受到时间和空间的制约，可以在家里找到自己想要的东西。无论他们是否需要帮助的使用者或休闲浏览的客户，当他们通过平台的求助和咨询时，都已成为档案使用者和档案的潜在顾客。所以这种把用户从线下服务转到线上是档案服务对象的另一变化。

（三）档案服务模式

档案馆是档案事业单位，其档案资源十分丰富，而传统档案服务则是以馆藏为主，档案使用者须持红戳凭证，亲自到当地或档案所在地档案馆进馆查询。在大数据时代，随着互联网的发展，无论是在解决现实问题或开展咨询研究方面，都为档案提供了一种新的远程服务模式。所有人都可以通过档案网站的互动信息板与档案馆取得联系，通过档案馆将档案通过在线传输、打包邮寄或其他方式提供给用户，同时也促使档案馆开启了档案人性化定制、智能化推送服务方式。档案管理员们不会只等着顾客上门，而是要为每一个来馆的人提供服务，既要为他们提供优质的线下服务，又要通过互联网为他们提供咨询和解答，细心记录、分析、跟踪用户的需要，通过大数据分析用户的需求和偏好，根据用户想了解更广更深更多的隐性知识的需求，智能地推荐用户感兴趣的档案内容服务。

（四）档案服务内容

档案工作始终坚持"你来馆我来找"的被动工作模式，档案馆内的资源就是档案业务服务的全部内容，只要不在档案内的资料还不是档案，不在服务职责之内。其实，档案馆内的存储档案资料仅为很少的信息资源，馆外未被存储的资料仅因为其数量庞大，档案部门的不具备处理巨大数量资料的能力，致使那些档案不能存于档案馆内，而被迫流落在馆外。大数据背景发展的今天，馆外信息资源特别是网上信息资源的优势与价值，应当将其列入档案服务的范畴，扩大其服务的内容。

档案服务往往是用户需要什么档案资料，馆员提供什么资料，而这是一种浅层次的服务。在大数据时代，档案"深入人心"的需求越来越强烈，越来越重视对个人行为。比如通过对用户的身份登记、查阅记录、搜索方式、利用结果等数据的分析得到用户的利用需求和利用习惯，进而实现档案服务的大服务，以满足个别的社会需求，对每个档案使用者进行特定问题的分析、查找与决策，追求档案服务内容差异化、精细化。

五、档案安全保障体系的变化

档案工作以"档案安全第一"为核心，保障档案的安全就是保证党和国家与人民的信息安全。在大数据背景下，高度的信息化、信息开放、安全漏洞多、数据泄露风险大等都给传统的档案安全系统带来了压力和威胁。由于档案信息化的面临的保存条件、管理方式、关键技术等变化，随时随地都会遇到因安全性和机密性的不完善所造成的各种危险。

（一）保存条件的改变

档案的保存状况因其种类变化而改变。由于传统的文件以看得见的纸质和胶片为主，品种较少，保存也这些档案相对简单。一般，档案库房严格执行"八防"的规定，就可以确保其安全和完好。随着信息化的发展要求，随着纸质、音像、光盘、软磁盘以及数字缩微文件等多种存储形式不断涌现，各种形式的信息传递方式不断变化。除了传统的"八防"保障以外，信息技术对档案存放的环境和地点也提出了更高的要求，如：录音文件应避免磁干扰、光盘防磨损、磁盘防震动，保证计算机供电的稳定等要求。大数据背景下，档案馆在新建、改扩建过程中，不仅要考虑保管档案基本设施条件可靠性，更重要的是需要购置专门的专用设备来保障各种档案信息的保密性、安全性。

（二）应急处理的变化

由于档案的高价值的特性，使其安全、应急的管理成为了档案管理的重中之重，然而，无论保护得再严密，也存在着各种各样的风险。一方面，自然、社会突发的重大突发事件给档案资源的安全管理造成了重大的威胁，另一方面，传统的档案管理模式和机制很难应用到重大突发事件的档案管理工作中。近年来，我国频繁发生地震，尤其是"汶川""玉树"等地震，造成了大量的档案损坏。当前我国现有的档案数量已经很多，增量的档案种类繁多，应用范围窄，应变能力差，安全和应急管理体系不完善，在突发情况下，档案的安全和应急管理将面临更加严峻的考验。在信息大环境下，档案的应急管理工作既要着眼于突发事件的类型，又要根据各种档案的具体情况，制订相应的应急方案，使其规范化，制度化，行为常态化，以便减少或避免发生突发事件造成的无法预料的严重后果。

（三）技术手段的变化

在大数据时代，面对海量的文件资料，传统的手工管理和简单的计算机录入查核的方法已经无法适应数据的快速增长，档案局利用大数据、云计算技术、区块链等先进技术进行档案管理。例如，云计算技术在档案资源存储里应用，云计算具有规模大、可靠性高、通用性强的特点，利用云计算技术存储处理海量的档案数据，可以节约大量的人力和物力。但是，由于档案部门的技术水平太低，不可能靠自己的力量来完成云计算技术的应用开发，所以，档案部门必须和云计算提供商合作，共同开发一套适合档案馆的云计算管理系统。而这种合作方式的系统技术的安全保障和安全管理只能通过服务商提供，尽管双方的权利与责任明确，但由于网络、移动终端等技术的应用，数据的采集、存储、访问、传输等过程中，都会有被入侵的风险，即使是设置用户访问权限，但也会有越权访问、操纵控制、数据泄露等安全问题出现，导致文件处于极度危险的境地。虽然云计算技术是档案管理的发展方向，与网上提供商的合作也是必然，但更重要的是需要与大数据技术，区块链技术结合要从技术自身的主导和自主研发中消除外部因素的影响。

（四）长期的保管的变化

在大数据环境下，档案资料的储存要面对两方面的问题，一是要有充足的储存空间，二是要保证长久的储存安全性。首先，多载体的文件格式使档案的管理模式不再依赖 "统一尺寸" 要求，大数据时代档案存储依托的是可扩展性强的非关系型数据库，这种数据库可以用来处理结构复杂且迅速增长的数据，但是该数据库的安全性比SQL要低，而且存在大量的安全漏洞，严重影响了档案的长久保存。其次，档案的存放时间是根据价值的不同而定的，这些文件都是永久性的，必须要确保它们的安全性和使用时间。档案馆最善于保存的纸质文件也会随着岁月的推移和外界环境的改变而褪色、纸张易碎。无论不同种类的档案，还是不同的材料载体的档案数据，要想长久地保存，就必须耗费大量的时间和精力，比如，光盘的寿命，理论上是二十年，但是，技术媒体变化日新月异，大部分的光盘几年后已不能打开或因设备淘汰不支持而无法打开。在大数据时代，特别是电子文件和数字档案的长时间存储，总是要面对因载体、格式的问题，电脑技术落后，保存标准和规范不健全而造成的潜在威胁。

（五）信息安全威胁的变化

数据信息量越大，共享利用率越高，信息的安全隐患越大。在大数据时代，如果信息安全问题不能解决，那么档案信息存在开放的互联网泄露安全威胁非常大，导致档案数据处于危险之中。

第一是档案数据信息遗失。传统档案管理中，档案馆内的档案主要以纸质文件管理为主，只要档案员认真管理档案，不玩忽职守，档案室安全设施不是摆设不能弄虚作假，就能保障档案的安全。而在当前信息化阶段，一般是通过档案管理软件管理档案资料，存储在硬盘、光盘中，一般不会因为无法控制的客观条件而造成遗失的危险。但会因计算机的硬件故障、系统故障、软件升级、操作失误等原因，导致数据不能读而无法使用，或存储设备损坏导致数据丢失等安全隐患。如果硬件应用越多，平台系统越复杂，存储信息量越多，那么数据丢失的可能性也会更大。

第二是档案隐私信息泄漏。档案馆通过大数据管理平台对所搜集到的资料进行分析，比如档案使用者的信息、行为偏好等，并将其整理、分析，形成有价值的档案资料。计算机软件在进行分析时，不可避免地会在特定的终端端口上滞留，可能会导致信息的泄漏。特别国家机密档案一旦被泄露，会造成严重的后果，不但会造成国家财产重大损失，更严重的可能危害国家安全。再就是个人隐私信息泄露会对个人权利或声誉造成无可挽回的后果，比如通过"人肉"搜索进行网曝，造成很多人不堪骚扰而轻生。

第三是网络侵权。在大数据环境中，由于档案数据信息的相对开放，可能会出现被复制、分享等利用，网络侵权风险加大。在互联网中，利用电脑进行信息资源的分享，就有可能因过失而侵犯了别人的财产和人身权益就构成网络侵权。档案数据不同于普通数据，其价值高，很可能会被一些别有用心的人利用，去谋取私利。还有一种更严重的网络侵权行为，就是对档案信息的恶意使用，因为网络数据信息都是公开的，而一些不怀好意的人可以通过合法的信息来执行达到自己的目的恶意任务，从而导致严重的后果。所以要防止合法数据"恶意侵权"，在公开的数据中，必须要保持对别有用心的人的高度警惕，要对用户的个人信息进行严格保密，也要求档案用户遵纪守法，自觉合法的利用所获得数据。

六、档案行政制度变化

档案管理机关是党和国家对档案工作进行指导与管理的机关部门，按照"统管"的方针，分级负责管理全国档案工作，对全国档案工作进行监督、检查与指导。我国档案管理机关是按行政区设立的，"局馆合一"制度占绝大部分。随着信息技术的飞速发展，档案管理作为我国行政工作的一个重要环节，正在发生着新的变化。

（一）转变行政职能

档案行政管理机关最初是从党委政府的档案室发展而来的，由于"局馆合一"一直是我国档案管理制度，档案管理机关往往将"业务能力"的建设当作档案工作的重中之重，忽略了档案事务工作的管理，造成了档案与档案馆之间存在纵向权力等级不明确、横向职能不明确的混乱局面。随着国家推行"政企分离"的改革，政府对企业和事业的干预程度有所降低，而档案管理机构对企业的管理也由微观引导转变为宏观调控。大数据时代的到来，企业和事业单位档案数量的快速增加，档案中介机构的规模也在快速扩大，档案机构承担了大量的微观工作，而档案管理也从"档案实物"的工作中解脱出来，开始学习加强自己的行政管理功能，把行政的重心转向对国家机构、社会组织和个人有关档案的管理。

（二）改变行政执法

档案执法力量薄弱是档案部门长期存在的短板，档案法律权威低、档案执法者权力小、档案部门执法不严，导致档案行政执法管理始终不能到位。政企分开改革，使原来的事业单位和企业从原来行政单位分离出来的越来越多，这样各种行政机构对原来的企业和事业的控制管理逐渐减弱，同时政府也要削减对企业和事业的行政权力，因此，档案行政管理部门对于原有的和新兴的企事业单位档案工作的管理已无法只单纯地依靠行政性命令来实现。由于缺乏相应的文件法律、法规、制度等，档案法律法规效力不强，无法达到对档案立法制约司法机关依法监督的目标，也就无法提高档案行政执法水平。在大数据环境下，新成立的企事业单位的档案工作已成为档案管理部门一个全新领域，而对其进行档案的管理难于对党政机关的档案管理。因此，必须建立健全自己的法制制度，以法律法规和执法监察为重点，分类规范各部门的档案管理，在需要的情况下，要发挥档案执法的强制性，严格执法，落实到位，彰显档案管理执法的权威。

（三）改变业务指导方式

档案行政管理机关的工作主要是为党委机关、企事业单位、社会团体的档案整理工作提供专业的指导与服务。大数据环境下，档案管理工作的内容和形式都发生了改变。随着档案信息资源的不断增加和种类的变化，档案管理机关业务的指导对象不再是单纯地依赖于传统的纸质档案文件，现在档案整理并不是简单的鉴定、装订、上架就完成任务，而是把电子文档作为档案业务指导的主要对象，而档案管理人员则要通过学习和训练，快速掌握新的档案管理归档方式，只有自己首先熟悉了新型档案管理归档的业务，才能对各部门档案的整理进行专业的指导。

高层次的档案业务指导是对各部门档案能够科学地进行分类，有效地保护，以便更好地利用档案，更好地为社会服务。档案管理业务指导是从职业角度出发来保证档案管理工作的质量，但档案管理行政机关，特别是县区级的基层档案工作中，往往存在着"亲力亲为"、责任不明、监督难、有失公允等一系列问题，严重损害了档案工作的公信力。档案工作指导在新形势新任务面前，要转变"事无巨细"的帮扶，从"领导指挥者""被动劳动者"到"专业服务"转变，着力提高工作指导水平，提供优质指导服务，鼓励并规范档案中介机构和社会力量参与档案事务服务。

（四）改变合作模式

以前的档案管理部门，主要是负责党政机关档案的管理工作，而党和政府的档案又大多要求高度机密，因此，原来档案馆和档案局等一般都是建立在一个相对隐秘的地方，它一般并不需要与其他部门的过多的联系和配合，一般不建立在繁华地方，都是独门独户，比较隐蔽的地方。现在，许多政府机关的档案文件都解密了，企业和企业的档案文件数量也越来越多了。目前，在大数据的环境下，档案管理机构也从原来把档案看牢看死局面，开始利用社会力量，倡导信息公开、资源共享，开放档案，实现其自身的价值。

在高速发展的现代社会，档案资料的收集、保存、利用、共享，都离不开互联网、数据技术公司和信息化部门的支持，档案管理部门无时无刻不在与他们打交道，他们将成为档案管理部门日益重要的合作伙伴，将发挥着不可替代的作用。没有了互联网，没有了科技，档案管理机构就不可能把档案资源与社会进行共享，实现其应有的价值。

当前形势下档案行政部门必须强化档案行政管理的能力，做好档案业务管理，档案行政管理部门不能既是行政管理的主体，又是业务服务的主体，这两个概念是不能混为一谈。因此，档案行政部门应协调档案中介机构、专业机构和社会力量，积极引导档案工作者参加档案工作，并使档案工作的指导方法得到规范化，并借助他们的力量而不影响档案的行政工作，确保高水平的档案业务管理指导。

第二节　档案信息化管理模式变化的应对策略

一、加强资源整合，构建全民档案资源体系

档案资源是档案部门进行工作的基础，也是档案管理部门的立身之本，是关系到整个档案工作能否持久发展的根本。要丰富馆藏资源，完善馆藏结构，服务党和政府的工作大局，必须强化档案资源的建设，也是服务社会经济发展，服务人民群众最基本的方法。在大数据时代，每天、每时每刻，都有海量的结构化、半结构化、非结构化数据生成，而档案资源的收集也越来越广泛，越来越丰富，收集到的档案资源可以存放在档案馆，数据中心，也可以存在云盘。

（一）丰富收集档案资源的方式

从传统的纸质档案到档案信息化，再到如今的大数据时代，我国的档案数据资源都在以几何倍数增长。档案资源的种类从纸质资料向电子化、从结构化到半结构化以及非结构化转变。随着时间的推移，档案资源的种类越来越多，不同的档案收集方式也随之变化。

传统的档案，如纸质文件，仍然是档案收集的重要组成部分。我国从1985年就开始了对办公自动化的探索，近年来，政府部门也出现了无纸化办公、无纸化考试等新的热潮，这些举措都为节约资源、保护环境做出了巨大的贡献。尽管我国的档案管理部门已经进入了"办公自动化"的时代，但在档案资源方面，纸质文件依然是最受重视的，而且在整个档案库中占有很重要的位置。首先，由于传统的原因，目前已知的最早期的纸质资料是甘肃天水放马滩的文景时代（公元前179—150年）汉墓中发现的一张西汉早期的纸质地图。纸质文件记载着整个社会的历史，中国5000年的文化与历史都被书写在纸上。另一方面，由于人们的惯性思维，大多数人都会选择看纸质文件，因为纸质文件给人的感觉更真实、更可

靠。在信息社会中，纸质文件的使用虽然越来越少，但其所承载的社会记忆和表现的价值意义却不会随着资料的减少而消退，甚至在大数据时代，以及更遥远的未来，同时，档案搜集工作也不能忽略传统档案纸质档案这一庞大的群体。

结构化、非结构化、半结构化的电子档案已逐渐成为当前的主要形式。电子档案是在数字化的设备中产生的，它存储在电脑、磁盘、光盘等载体上，依靠电脑等数码装置进行读取，可以通过互联网进行传输。在大数据的背景下，档案资源的观念正在由原来的狭窄的传统观念转向"大档案观"，档案各单位要自觉地搜集更多种类广、样式多、价值大的信息资料，为实现档案数字化打基础。随着互联网的发展，数据类型越来越丰富，如结构化、非结构化、半结构化数据。结构数据如数字、符号、关系数据库等；非结构性数据如文字、图片、表格、图像、声音、影视以及超媒体等；还有诸如电子邮件、HTML文档等半结构化的数据都成了大数据环境下档案数据文档采集的重要内容。

（二）加强档案资源建设的主体

在大数据时代，任何机构、社会组织、个人都不可能脱离数据，各组织、各部门的数据也各不相同，也互不相联，各级档案管理部门可以把各种类数据以及社会化的数据都纳入馆藏，但人力不足是当前档案管理人员的现实情况，只靠档案部门完成档案资源的收集是无法完成的，所以与各类数据的产出部门进行合作是很有必要的，档案信息系统的建设，不仅仅是只由档案部门承担，而是要通过自主管理、协商合作等途径，积极引导和支持各种社会团体和个人积极参与，健全档案资源的建设，实现利用社会力量优化档案资源的目的。

一是要加强与档案形成者的协作。首先，国家各级党组织、政府机关、企事业单位等都是国家档案资源的形成者，他们在日常工作中会产生大量的档案资料，并将其归档，而档案部门的职能就是为党和政府、企事业单位的进行档案事务管理，必须按有关规定及时移交档案到档案馆。所以，对于档案管理部门而言，能够相对较容易地收集党及政府机关单位、企事业单位档案资料。其次，越来越多的家庭和个人意识到了档案的重要性，开始着手建立家庭档案以及个人档案，家庭与个人档案记录了家族与个人的历史，反映了社会的变化。尽管每一户的存档数目不多，但其所累积成社会档案却是一份庞大的档案资料，档案工作人员应主动与社会、家庭、个人进行协作，为收集更多、更有价值的"社会记忆"而努力。另外，国家还规定，领导干部要建立个人档案、廉政档案、名人档案等，共同构成档案资源的一个特殊群体。

二是要加强与档案整理员的协作。大数据环境下，档案管理部门必须充分运用社会的力量和互联网的力量来进行档案数据资源的整合。国家对社会力量参与档案事业进行规范和扶持，通过合同、外包等方式将档案工作交给业务能力高度专业化的档案中介机构、专业机构。档案代理公司依法参加档案业务，协助档案管理机关规范档案资料的归并工作，同时也可以借助网络的人力资源，采用群包的方式收集资料。众包模型是一种将企业内的雇员的工作委托到不属于某一类群体的企业中去完成的一种方式，这种方式在美国加州伯克利大学的一个复杂的分散计算中得到了很好的应用。众包是一种一对多的方式，它比单靠一种方式更便捷、更有效率，它可以充分地使用现有的资源，同时也可以帮助人们更好地解决工作中的问题。把更多的资源整合起来，把藏在网络上的所有资料都动员起来，把那些自己无法处理的文件档案搜集工作交给了不特定的民众，利用网络用户的聪明才智，把所有的资料都聚集起来。比如由沈阳市家庭档案学会发起的"家庭档案网"，就是一个以"群包"的方式建立的档案站点，它的工作人员可以收集家庭成员、名人的各种资料，并将其整理成一个专题栏目。

三是要加强与档案使用者的协作。尽管使用人员没有直接生成档案文件，但其使用的过程及其所遗留的信息却构成了一种档案资源体系的构建。在大数据的今天，档案使用者在网上进行的检索、查询、咨询等活动，都会变成行为信息记录，档案工作人员可以从用户使用的档案资料行为轨迹中，发掘出档案使用者的新的价值点，并从中挖掘信息与使用者的关联性，比如用户需求、用户兴趣等，再通过这些信息获取相关的资料，在这个大数据环境下，档案馆已经不需要考虑这些信息之间的因果联系了。只需要把注意力集中在是什么，而非原因上。比如网上购物就是通过计算机将顾客的浏览记录及购物记录记忆下来，然后通过大数据分析查找商品和顾客的联系，然后在网站上寻找相关的东西，然后在网站上出现"热销品""同类""你想买什么"等各种推荐服务。

四是要加强与档案保管人员的协作。档案保管人是保存档案资源的最终归属人，保存管理的档案资源比较集中。在大数据环境下，与互联网公司、数据分析公司所掌握的数据资源相比较，在档案馆、档案室中档案数据资源只是沧海一粟。互联网的发展，产生了海量的数据资源，而这些数据资料无穷无尽，正是由于数据大量增加并混乱无章催生出大量的资料分析公司去开发利用数据，最终挖掘出有价值信息。

（三）改变档案数据资源的收集方式

我国传统的收集手段是按照档案形成的规律，把分散的材料接收、征集、集中起来，主要以收集纸质档案为主。档案馆也坚持以充实馆藏为宗旨，依法妥善处理好需要入馆档案文件接收工作。当前大数据环境下，档案资源信息的收集不能只靠等形成档案单位送来获取，随着互联网的实时变化，档案形成者的普及，档案管理机构必须转变档案的搜集方式，以获取更多、更优质的档案资源。

一是积极主动地抓取网络资源。针对网上的数据，通过主动捕获的方法进行归档。互联网资源数量庞大，更新速度快，各种重要的、不能用的都是一闪即逝的，其中垃圾资讯占主要部分，如果关键信息一旦错过，瞬间将会被大量的资讯所吞噬，再要找回得花费大力气，并且网民对重要资料信息也没有归档意识，不懂得如何处理，也不懂得将有用的信息交给谁进行保管。此时档案馆要及时承担责任，转变以往的消极搜集模式，转变为"数据主动捕捉者"，对网络的动态进行实时监测，采用主动性战略，对关键的网络资源进行及时归档，以实现对网络数据资源的主动获取。同时，档案管理部门要加强对网络用户的重要资料存档的指导和培育，力求从广大网民那里获得更多有价值的档案信息。

二是用户进行即时推送归档。以往，形成的档案的用户需要按规定定时、定期转递档案，而且大都是在党政机关单位，在来年6月之前，要把上一年的档案文件全部整理并完成归档工作。在大数据时代，政府部门已经不再需要全年度工作完全处理完后集中把档案材料收齐归档了，现在将所有的档案资料都集中在了一个档案管理的平台上，然后根据档案的结构和问题进行分类，及时推送到档案管理平台上。确定该类型的档案文件不会再有新的档案资料添加，在对以前的预先存储文档进行整理后，就可以进行最后的文档存档了。家庭和个人形成的档案，也可以通过档案管理部门开通的平台或者专门的档案网站上，将自己需要的归档档案上传到平台，最后交给档案馆保存。这种实时推送的档案收集方法，不但可以减少由于长年累月堆积而造成的档案资料遗失的危险，同时也可以使档案人员、档案单位实现即时归档，从而解决了集中归档时间紧迫、任务繁重的问题，也保障了归档案质量。

（四）加强整合档案数据资料

大数据环境下，档案工作的信息化进程不断加快，档案工作呈现出组织化、系统化的趋势，档案管理部门要积极运用新一代的信息技术及其相关工具和方法，扎实推进档案数字化和电子档案接收工作，进一步提高档案资源优化整合能力。

第一，坚持"存量数字化，增量电子化"的发展策略；档案工作一是要按照"存量数字化"的目标大力推动档案的数字化，特别是对纸质档案要加速数字化进程，查阅时用数字化档案代替原件使用，保护并尽量延长纸质档案生命是要以"增量电子化"为使命对归档、接收进馆档案要求全面实行原生电子文件形式，新形成的电子文件及时归档保存并按时接收进档案馆保管。在信息技术发展的今天，档案管理工作必须实现对档案进行电子管理，确保电子档案信息的真实、完整和可用；当前，接收的档案文件主要是电子版，在内容上多侧重于民生的电子形式档案文件的接受，类型上多收集多媒体、数据库、网页等形式的档案资源。

第二，优化资源配置。由于档案资源的底层化和碎片化，各类档案资源零散分布于没有关联的资料库中，形成了"信息孤岛"，因此，怎样把这些独立的资料库连接在一起，把零散的档案资源汇集到一起，实现档案资源整合配置，是当前大数据环境下档案工作面临的重大挑战。档案管理部门无法同时对所有档案资源进行兼容整合，必须要与其他不同部门进行协作，一是与档案系统内部各部门的互联，二是和文化馆、图书馆等相关专业机构的互联，三是和各大网站、大数据公司的互通，特别是与社会进行资源、技术、人才等方面的沟通协作，最大化地收集档案资源信息、运用更强的技术、借助更专业的人才，使档案资源的最优化。同时，各档案管理部门通过云计算技术，借助于互联网大数据技术实现我国档案信息资源的整合，建立中国档案云，从而最优、最大限度地实现整合和利用档案资源，以充分发挥档案资源的聚集效应。

二、创新服务内容，完善档案服务系统，为广大读者提供便利

数据本身没有任何价值，只有通过数据来提供服务，才能体现出它的价值。当前大数据时代，如何从档案数据资源中挖掘出应有的价值呢，必须对档案资源

的进行开发利用，把原来长久存放在档案库的档案转化为活资源，这需要档案管理部门加快公开档案信息资源开放的速度，改变档案资源服务方式，构建以档案资源价值为基础的知识服务体系。

（一）加快公开档案信息资源开放的速度

在大数据时代，档案管理部门除了要面对与社会上分散的各种档案资源展开竞争的局面外，还要面对其他挑战，如在《政府信息公开条例》颁布后，我国积极、稳健地推进了政府信息公开，依法保障公民、法人和其他社会团体对政府信息的使用权利，而这一开放，就导致了公民对信息的知情权的渴求，促使档案资源的流通成为必然。档案管理部门对开发档案信息资源按照"公开为原则，以不公开为例外"的原则，适时地将超出保存期的保密档案公布出来，尽量做到"应开尽开，保障秘密档案的安全"。档案资源的开放，既有利于推动政务公开、优化办事程序、提高工作效率、保障人民知情权、参与权、表达权、最关键的是，档案资源在社会中自由流通后，将从保守封闭到创新开放，为社会奉献丰富多彩、足量多金的信息，有助于打破"信息鸿沟"，为城市记忆和智慧城市的建设提供有力的支持。

（二）档案服务理念的创新

在信息技术的今天，要充分发挥档案资源的作用，必须深入挖掘档案的内容，建立档案资源的知识库；随着知识的不断增长，档案利用人员也会越来越重视档案服务的新需求，不断适应档案利用的新观念与方式，以新思维、新方式，开创档案使用的新水平。根据档案使用者的需要，档案管理部门应加强完善四个方面的工作创新。

一是"以人为本"的服务理念。把"以人为本"的理念融入档案服务中，做到"以人为本、以人为先"的理念，让用户享有同等的信息获取访问权。在服务过程中要有良好的服务态度，将自己当成服务生，热情、耐心、细心地对待用户；特别是基层档案工作人员，往往要为一些农民百姓服务，要认真听取他们的使用要求，服务要热情周到。

二是"个性化"的服务理念。"个人化"是指档案馆根据使用者的需要，为其提供精准的服务。在大数据时代，信息受众的类型越来越清晰，使用者的需求也在不断变化，人们追求个性化的服务，享受不受时间和空间的限制、并且便捷、快速地获得服务需求。档案管理部门利用大数据收集、追踪、分析使用者使用需求行为、使用方式等进行预测使用者的需求，以供参考、定制等方式向使用者推送。

三是"智能化"的服务理念。智能服务是目前我国档案事业发展的最高科技领域。在大数据时代，信息技术的应用越来越受到重视，信息技术的应用也越来越重要，档案管理部门必须具备智能的数据处理系统，可以迅速地进行数据分析，通过对有效信息的智能捕捉，为档案工作人员提供方便的服务渠道，既可以帮助档案工作者发现蕴藏的知识，又可以促进档案工作由档案服务向知识服务跨越，促进档案知识的流通和广泛传播。

四是"知识为导向"的服务理念。知识服务是以互联网为基础的开放性服务，是档案服务未来的发展趋势和走向。在知识管理思想的指引下，档案信息服务要以信息资源为中心，以信息技术为支撑，以大数据技术为支撑，以知识挖掘为中心，以知识运用与知识创新为目的，建立起档案知识服务系统，实现知识整合利用、知识检索、知识共享与交流等的综合服务。

（三）拓宽档案服务渠道

互联网的发展使档案的信息传递方式发生了变化，信息的传递渠道更加多元化，传统档案借阅咨询、展览等将被重新定位，而档案的服务方式向多元化、网络化发展，多种新媒体平台、互联网的网络远程功能、基于云计算云存储的云服务手段等都将成为大数据时代档案服务新战场。

1. 提供微业务服务。

微业务服务是一种以微博、微信等新型媒体为媒介进行实时传递的新型服务。微博，即微博客（MicroBlog）的简称，是一个基于用户关系的信息分享、传播以及获取的社交网络平台，用户可以通过WEB、WAP以及各种客户端组件个人社区，以140字左右的文字更新信息，并实现即时分享。它是中国互联网最大的社会化网络服务平台，包括信息发布、营销、政府管理和信息交流等。微信是一款为用户提供即时消息、短信、视频等功能的手机软件，是一个为智能终端提供即时通讯服务的免费应用程序。通过微信公众平台上的订阅和服务，可以为广大的微信用户提供公共信息、咨询和服务。利用微博微信，可以传递档案服务项目、传递服务内容，为市民提供便利、快速的档案服务，提高档案的亲民服务质量，扩大档案信息的服务范畴，提高档案服务效率。从而促进信息共享，加强合作，为社会为人民提供高质量的档案信息服务。

2. 提供远程服务

远程业务是指通过通讯技术，在不同地区进行即时的人工服务模式。远程服务具有方便快捷、节约成本、服务对象没有地理上的局限性的特点，为大数据环境下实现网上档案业务的可集中管理具有很好的应用前景。档案信息资源远程服务利用现代科技手段，通过网站、电子邮件、即时互动等方式，为使用者进行远程档案资料的查询与服务。档案管理部门在加强档案管理工作的基础上，积极运用现代信息化技术，发挥互联网的作用，建立健全覆盖广、内容全、快速检索的档案管理平台。例如"江苏省档案远程教育平台"就是由江苏省档案局、江苏省档案馆主办的，是以档案教育教学为主的档案远程教育服务平台，提供了网上档案岗位培训课程和网上档案继续教育课程等，还有与课堂相对应的在线考试和证书打印等多种服务项目，该平台帮助档案人员提高档案素质，也为有档案知识需求的社会公众提供了更多的学习机会。

3. 提供档案云服务

云服务是基于互联网的相关服务的增加、使用和交互模式，通常涉及通过互联网来提供动态易扩展且经常是虚拟化的资源。这种服务可以是IT和软件、互联网相关，也可是其他服务。它意味着计算能力也可作为一种商品通过互联网进行流通。档案云服务是基于云计算技术，以云存储为保证，将分散的档案信息资源以云平台的形式进行整合，从而形成一个云服务，利用其庞大的运算速度和低成本、高安全性等特点，从而提升了档案信息的共享效率。国家档案局实施的"中国档案云库"计划旨在建设一个国家公开的档案资料共享与使用体系，该体系以云计算技术为基础，覆盖全国各级各类档案馆，向社会公众提供开放档案信息询询利用服务的专业化平台，将成为互联网用户访问全国开放档案资源的统一门户，为客户提供一整套的服务。

三、构建"三位一体"的档案安全保障机制

档案管理工作安全责任是最重要的。而档案资源的安全问题，又是关系到党

和国家和人民的根本利益的重大问题，是档案管理工作中的重中之重。随着信息技术的发展，档案资源的安全受到了社会和网络的极大威胁，档案管理部门要构建"物防、人防、技防"三位一体的档案安全保障机制。

（一）物理保护机制

物理保护是档案安全工作的基础保障。档案馆硬件建设是保护档案资料安全的首要保障。档案管理部门在加快档案馆整体建设时要把硬件安全放在第一位，提高馆藏档案的保管和保护条件。

第一，全面加强国家各级档案馆建设的安全管理。全国各级档案馆是党和政府机构的统一档案管理机构，是档案的永久保存单位。依法对本级党政机关、企事业单位档案以及政府政务公开信息实行集中接收、归档保存管理，是国家重要资料储存地方。所以，档案馆的选址应遵循科学选址、标准设计的原则，在设计前应做好选址的安全性评估，避免发生地震、洪涝、山区等自然灾害频发的地区。建筑质量是档案安全的重要内容之一，档案馆要按照《档案馆建设标准》《档案馆建筑设计规范》等标准，做到质量可靠、面积达标、设施完善，功能齐全，安全保密，服务方便，节能环保的现代化档案保管基地，为档案构筑"安全堡垒"，保证每一份档案有安身之所，保证每一份远离危险，确保每一份档案安全保管。

第二，改进档案保存条件。提高档案的保管条件是保证档案长治久安的关键。档案保存条件主要指档案室的硬件设施的安全保障，比如新建或扩建的档案室应严格遵守有关规范和技术要求，采取现代化的安全技术、设备和材料，并在档案室内安装视频监控、自动报警、自动灭火，温、湿自动控制等，以满足国家档案馆的安全评价要求。加强了档案仓库的安全、防灾能力，定期进行专门的维修与更新，对各类文件进行常规检查，及时查找和消除危险，确保每个文件都有一个安全的归宿。

（二）"人人负责"防护战略机制

人防战略是保护档案的一面主要屏障。随着科技水平的不断提高，档案管理水平不断提高，对档案员的素质要求也越来越高。在外人眼中，档案馆的工作很容易，但真正进入档案管理这个行才知档案管理的难度大、责任大、烦琐复杂。

第一，档案工作者要用自己的职责和行动维护好"安"，健全档案"到人"

的制度。档案安全管理体系能够有效地预防、及时处理和解决各种档案管理突发情况，保持档案工作的正常有序。首先要建立档案管理责任制，档案管理部门一把手对档案安全负全责，把责任具体到各个部门各人头，特别是对档案信息化管理科室提出了更高的要求，建立"人人负责"的"档案安全工作机制"，二要建立健全档案安全应急管理体系，档案应急工作是档案工作的首要环节，关系到整个档案安危存亡，档案部门要严阵以待；建立以一把手为组长的档案安全领导机构，带领所有的档案管理人员对八个方面的潜在的安全隐患和可能出现的安全漏洞进行大胆预测、小心分析、深入研究，从而得出结论，制定与工作环节相应的档案安全应急管理制度以指导工作，三是在大数据环境下，必须重视档案信息安全的保护，建立档案机密信息安全保护制度，建立档案信息安全审计制度，建立档案信息安全共享制度，总之，从制度上预防档案安全的问题。

第二，积极培养和引进档案大数据人才，建设技术人才队伍。一是专业技能的培养。档案工作具有较高的专业性和实用性，在大数据时代，需要有丰富的档案专业背景的人才，必须具备扎实的档案理论基础知识和过硬的档案业务实践能力，不仅懂管理，还要具备精湛的业务能力，能够开拓档案工作的新局面，引领档案工作不断前进。新时期对档案专业人才的综合知识能力提出了更高的要求，除档案专业业务知识外，为适应大数据环境要求，还应通过培养和自学，提高档案信息化的业务技能，如计算机知识、互联网知识、大数据知识、云计算、区块链以及知识产权保护知识等等。二是以人为先，注重岗位责任。档案工作要配备有责任心、责任心强的人才能担任档案工作要职，而如档案机关单位要在编制中配备在职人员转到档案部门工作，需要从两方面考虑，一方面，新调动人员要对档案比较专业，对工作非常敬业，另一方面，还要防止因人员调动发生档案丢失泄密事件。当前，大数据分析人才虽然抢手，但档案管理部门也需要提高待遇引进数据分析师、云计算工程师等高科技人才。对档案工作人员要也要与时俱进，不再是原来的"一把锁的服务员"，还要成为数据分析大师，每个档案管理人员都要不断提高综合素质，除档案专业知识外，还要掌握数据采集、统计要析能力、数据分析和数据挖掘能，还要具有软件开发能力、网络编程能力、数据可视化表达能力等六个方面的能力，将为档案馆数据字化建设打下基础。

（三）信息安全技术防范

技术防范是保证档案文件安全的重要措施。在信息化的今天，档案馆应充分发挥信息化的作用，构建档案信息管理系统的安全保密防范体系，通过对重要档案和电子文档进行异地备份和异质备份，以确保电子文档长期可读，保证档案信息资源的绝对安全。

第一，构建档案资源信息的安全保密防范体系。对接收馆藏的电子文件进行审核，对其储存的载体和内容进行检查，从根源上进行严格的审查；加强对电子文件的储存系统、计算机系统、互联网等的安全级别的检查。为保证档案资料长久保存的安全度，需要加速档案的数字化工作，根据我国保密信息体系等级的规定，对上传互联网上的共享档案文件要进行严密的审核，防止档案文件和相关资料在网上传输中被窃取或泄密，从而保障了使用者的个人隐私不受侵犯。

第二，建立一个大型的档案库和数据备份系统。由于档案数据资料库的建设和应用，极大地节省了档案仓库的存放空间，使其管理和利用的工作更加高效。但是，在大数据时代，档案部门要面临海量的文件资料，就不得不采取改变存储方式来提高效率节省成本的方法。利用大数据技术强大的对档案资料进行数据的处理与储存能力，有效地对档案资料保存和备份管理。例如位于陕西省西部的西安高新区，是全国第一个大数据产业专业园区。按照规划，沣西大数据园区将会形成大规模集中吞吐、深度整合分析、多领域社会服务，高效增值，是目前国家政务资源后台处理与备份中心、国家级大数据处理中心以及国内最大的信息资源聚集服务区，已经有了中国联通、中国移动、中国电信、全国人口统计处理与备份中心等多个工程入驻。档案管理部门要实现完全控制档案数据资源，可以在大数据园区内设立一个数据备份系统，不仅可以保障信息的安全性，还可以集中管理、开发、服务和使用。

第三，异地异质备份保存重要档案。档案的安全性受主、客观两方面的影响，从主观上讲，随着时代和环境的变化原始档案载体材料质量会被变差，比如纸质档案存放得愈长，纸张脆化字迹模糊，电子、光盘、硬盘档案等特殊载体保存年限尚不明晰，客观上多发的自然灾害和人的行为也在威胁档案的安全，重要档案如何保存问题一直是个难题。为了确保档案的安全储存和长久的可读取性，必须定期检查实时备份数据以提高数据的安全性，预防安全隐患。比如汶川档案室因缺少异地异质性备份而在汶川大地震中失去两万余件档案，这是因档案管理部门没有进行备份，导致工作不到位造成的惨痛教训。异质异地备份是在大数据环境下保护文件的安全性和真实性最有效安全措施。比如在技术上，我国档案馆建立了电子档案容灾备份系统，建立了电子档案容灾备份中心，建立了馆际间的档案备份系统等有效措施，从而加强对档案的管理，是一项行之有效的安全保障措施。以云南省的档案馆为例，全部建立了异地异质备份系统，还比如北京市建立了本地备份、同城备份和异地备份系统三重保护。档案管理部门要向党政机关、企事业单位和社会团体以及家庭和个人提供档案重要服务，对重要实体档案实行异地备份保管，对重要的电子档案实行异地异质备份保管，在有条件的情况下，可以将两者融合，尽量采用多个地点、多载体的方式，确保国家档案存储和管理不会发生任何的差错。

第六章
大数据环境下
档案信息化创新

第一节　大数据环境下档案信息化服务创新

一、档案信息服务研究的主要内容

（一）大数据环境下开展档案信息服务的必要性和可能性

传统档案信息服务主要建立在馆藏基础之上，服务地点局限于馆内，服务手段相对落后，服务速度和效率受到极大的影响。传统档案信息服务的种种弊端促生了档案信息服务的大数据化管理模式。

1. 大数据环境下开档案信息服务的必要性

（1）传统的档案信息服务存在着一定的局限性

在我国，传统档案服务主要是中，主要是以提供纸质档案为主，比如查阅服务、外借档案、制发档案副本等，但由于其内容比较单一，使得视频、音频等多媒体资源的使用和综合开受到了很大的限制。而在大数据的今天，档案库中存在着大量的档案文献资料，即包括了传统的纸质文件，也包括了大量的电子文件，几乎所有的资料和记录都属于大数据范畴。档案资源更多，种类更丰富，越来越注重对档案数据资料的全面分析，获取有价值的信息。因此，大数据环境下，要做好档案信息的服务工作，就必须进行档案信息服务改革创新。

（2）档案资料的常规服务方式陈旧

在传统的档案管理服务中，通常没有电脑辅助，主要靠手工操作完成。由于采用人工方式，使整个业务流程繁琐复杂，而且由于种种原因的限制，原始档案在反复使用中会出现磨损，不利于后期的使用。在大数据环境下，PB级别的无结构数据的大量涌现，使得传统的数据加工技术面临着挑战。通过数据挖掘和知识挖掘技术，从档案数据的海量资源库里分析挖掘出适合于使用者需要的有价值的信息，从而改变陈旧的人工档案管理服务方式，实现向大数据管理服务模式的转变。特别对于档案的动态变化，需要极高的服务响应速度，而如果利用常规的服务方式，既会降低工作的效率，还会降低工作的成效。因此，必须不断完善档案资料的服务方式，才能更好地适应大数据的发展。

2. 大数据环境下开展档案信息服务的可能性

（1）档案管理工作具有良好的发展条件

伴随着现代科技的兴起与发展，我国的档案工作正在逐渐走向智能化。各种社会实践活动所提供的海量的数据资料信息，包括各级档案机构信息以及传统载体档案转化的数字信息、办公自动化形成的电子档案等，这些多元化的档案资料若仅仅用于传统的档案服务，将很难实现档案信息服务的创新与发展。随着社会的发展和档案用户对利用档案服务需求日益多样化、个性化、集成化，与大数据技术相适应，把档案工作管理部门转变为信息资源建设单位是新时期档案工作的发展需求。在大数据环境下，档案数据资源的大量收集为档案馆开展档案信息化服务工作的开展奠定了基础，为大数据趋势下开展档案信息化服务工作提供了指导思想，切实创造了实际而可靠的发展条件。

（2）档案馆储藏档案具有典型的大数据特征

第一，档案馆档案资料数量庞大，种类繁多。无论是实物档案馆还是数字档案馆，其资料来源均十分丰富，包括传统的纸质档案、档案馆搜索引擎、BBS论坛、电子邮件、视频会议等，还有档案管理部门网站等的半结构性和非结构性信息等。与之相对应的，档案的储存媒体也日益多样化，比如磁盘、光盘、网盘和移动硬盘等设备的出现，记档案信息的存储密度和集成度得到了提高，同时也满足了"5V"的大数据特性，为档案馆在大数据环境下进行档案信息服务打下了良好的基础。第二，档案馆储藏的档案数据资源容易处理。在大数据环境下，档案馆储藏档案数据资料已经从过去的手工分析转向了大数据和网络分析，而档案人员不再像原来一样浪费很多时间，翻遍整个档案馆搞数据统计分析，现在仅需要点击一下键盘，几秒内就可以完成对馆藏数据的分析和统计。在大数据时代，越来越多的新科技使得信息的制造和加工费用逐渐降低，使得过去繁琐工作仅由少数管理者才能完成加工活动，现在加工过程变得更为简便。第三，馆藏档案数据虽然有很大的价值，但是价值密度太低。档案是历史遗留下来的一种社会记忆，它的价值是其他资料所没有的，而它的价值也是不同的。然而，馆藏文献资料的数量的多少与资料的价值无关。相反，在大多数情况下，很多庞大的数据反而含有泛滥的数据垃圾。档案资料在整合处理时，若只是把资料集中起来而不做任何筛选、清理等操作，则会造成大量无用资料，造成档案的价值密度下降。所以，档案数据的数量和档案数据的价值未必是成比例的。

（二）大数据环境下档案信息服务创新研究的主要内容

大数据给档案信息服务模式带来了冲击，未来档案服务机构的核心竞争力很大程度上取决于其信息服务的能力，这就要求档案服务机构就服务方式进行创新。大数据时代是信息的时代，不仅包括繁多的数据，也包括各种数据平台，如微信、微博等。

1. 云计算背景下的档案信息服务

在云计算背景下，构建数字档案馆是受"服务型数字档案馆"的启发而提出的之所以构建数字档案馆，是因为数字档案馆能够使档案云服务平台应用起来，并且使其系统能够得到有效运营和维护，最大限度地实现档案信息云服务，满足档案信息用户的各种需求。基于云计算构建数字档案馆，提供档案信息云服务，已经是当前档案信息服务模式的一大趋势。下面就用一个案例来说明利用云计算提供档案信息云服务已经是一大创新服务方式。

（1）基于云计算丽水市云档案共享系统构建便民服务"连心桥"

丽水市档案局为了方便提供用户档案信息服务，于2011年开始构建云档案共享系统。丽水市云档案共享系统是一个崭新的创新性服务系统，引领着全国云档案服务系统，已经被国家档案局科研所鉴定为全国首创。该系统主要是将本市的数字档案室管理系统、档案登记备份和云档案信息共享融为一体，"实现了市本级、9县（市区）、各级机关数字档案室的协同管理"，形成了"1+9+N"的管理服务模式。同时，该系统将档案目录数据库和全文数据库统一起来，将所有已开放的档案信息资放在同一平台上实现"百度式"检索利用。在该系统中，用户只需要在搜索栏输入关键词，就可以检索出市、县、乡所有档案室的档案信息。据了解，以往借阅档案需要走一步一步的流程，甚至排很长时间的队才能查到极其有限的档案信息资料，很辛苦、很麻烦；如今只需通过网络，输入几个关键词就可以查到自己想要的档案信息极其方便、极其贴心。

丽水市云档案共享系统主要包括3个部分：一是档案与电子文件登记备份系统，该部分主要是"将电子文件及其元数据进行封装和备份"，包括将涉及单位管理系统的电子数据在线进行登记备份和电子文件转缩微品的异质备份；二是机关数字档案室管理系统，该部分主要是将OA系统中形成的电子文件及其元数据进行完整迁移，然后在线逻辑归档和物理归档，并将纸质档案进行数字化，然后将加工成果进行批量管理；三是档案目录以及原文资源库共享系统，该部分主要是对档案目录著录格式和文案进行全文检索，构建档案目录数据库和全文数据库，并制作出搜索引擎，实现云档案信息资源共享，满足用户的个性化需求。这三个部分构成了丽水市云档案共享系统的整个组成部分，极大地提高了丽水市档案信息服务水平。

（2）基于云计算数字档案馆提供创新性云服务

基于云计算构建数字档案馆主要是对全国的数字档案信息资源进行统一管理，为档案信息服务工作者提供便捷的服务平台。当我们在改善原有的数字档案馆服务模式以及创建新的服务模式时，我们可以借鉴丽水市云服务共享系统的成功之处，在此基础上进行调整，在保持该馆档案特色档案服务的同时，要适应当前的利用需要，提高服务质量和效率。大体上，数字档案馆云服务系统模型包括以下五个部分：数字档案信息资源、档案云服务基础、档案云服务控制、档案云服务应用、用户终端设备，如图6-1所示。

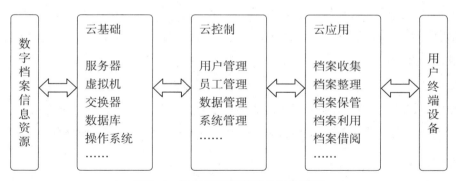

图6-1 数字档案馆云服务系统模型

①数字档案信息资源。基于云计算的数字档案馆可以将多个实体档案馆、机关档案室、数字档案馆等的档案信息资源进行组合，形成一个云档案共享网络。这个方式能够很好地提高数字档案信息资源的利用率，更加全面地满足利用者的利用需求。随着机密性档案的不断降低和公开，越来越多的档案信息展现在世人

面前，供利用者查阅，档案信息的利用范围也越来越广。因此，为满足利用者的信息需求，数字档案馆需要不断收集实体档案馆的档案信息资源来充实档案云服务资源库。

②档案云服务基础。档案云服务基础是实现数字档案馆云服务的基础部分主要包括服务器、交换器、虚拟机、操作系统等，是实现数字档案馆云服务的硬件要求，为数字档案云服务提供操作平台。云计算中的应用程序只是在互联网上运行，不需要在本地计算机安装，避免了用户的安装、维护等麻烦。但是，我们可以肯定档案云服务在数字档案馆服务中占有基础性地位。

③档案云服务控制。档案云服务控制是数字档案馆云服务实现的核心部分包括数据管理、用户管理、员工管理、系统管理、系统维护等。该部分主要是对档案资源、服务器、虚拟机、交换器、操作系统等设备进行管理和控制，保证该系统的正常运行，为档案云服务的应用打下基础。

④档案云服务应用。档案云服务应用是数字档案馆云服务实现的重要环节，该部分主要包括档案的收集、整理、利用、保存、借阅、统计等众多档案基础管理性工作。正是因为档案云服务的应用，才能将数字档案信息资源与用户连接起来形成档案云服务网络，简化档案用户的借阅程序和档案工作者的工作内容。

⑤用户终端设备。用户终端设备主要是为档案用户提供进入数字档案馆云服务平台的端口服务，这可以是任何一种移动终端，如电脑、iPad、手机等。任何档案馆、档案室以及其他档案管理机构和个人等都可以不受限制地访问任何数字档案馆中的档案信息资源，以满足自身的信息需求。基于云计算构建数字档案馆创新性云服务在理论上没有太多的问题，但在技术和生活实践中却存在着很多困难，这需要档案工作者有勇气、有目标、有毅力，对原有的档案信息服务模式进行革新。随着云计算技术在档案信息服务方面的影响不断扩大，越来越多的人力、物力和财力投入到档案信息服务当中，未来的档案信息服务模式将会焕然一新。

2. Web3.0背景下的档案信息服务

（1）Web3.0的产生背景

尽管 Web2.0只是因特网发展的一个转折性的产品，但是因为它的出现，使得我们能够更多地投入到因特网的创作中去，尤其是对网络内容的创作，Web2.0带来了巨大的变革。在这种创新的劳动中，人们会得到更多的荣誉，包括金钱和社会的身份，随着越来越多的人投入到有意义的创新工作中来，"要求网络价值的再配置"成为了一种必然的潮流，从而催生了Web3.0时代的到来。Web3.0时代到来的三大条件：一是以blog技术为标志，以因特网技术为核心的交互式网络技术的发展与完善；二是虚拟货币的普及和推广，虚拟货币的兑换成为现实；三是人们对互联网金融的认可，还有互联网金融安全的保障方案。Web3.0并不意味着技术上的革新，它更多地体现在思维上创新，从而引导着技术的发展与运用。Web3.0时代将产生一个新的领地，它将不以地区和边界来区分，而是以兴趣，语言，主题，职业以及专业进行聚焦和管理的领域。

（2）Web3.0介绍

Web1.0到Web2.0再到Web3.0，是网络从无到有，再到扩及全球的发展，也是网络的使用从精英化、扁平化到全民化和平面立体化的变迁，更是网络的关涉面从人类生活的局部到全景式的人类生活场景的拓展。Web3.0时代，网络无处不在，人类无时不在网络，网络与人类生活须臾不可分离；网络不再是人类生活的外在方面，它将与人类生活融为一体，网络真正成为人类的生活空间。从这个意义上说，Web3.0时代将是"网络时代"终结的时代。

如果说Web1.0、Web2.0时代的网络伦理问题是局部的、零星的，那么Web3.0时代的网络伦理问题将是全局的和日常的。如果说Web1.0和Web2.0时代的网络伦理问题是"网络"伦理问题，那么Web3.0时代的网络伦理问题则是"日常"伦理问题。从这个意义上说，Web3.0时代也是"网络伦理"终结的时代。

如果说Web1.0时代的网络伦理问题主要是计算机网络互联引发的伦理问题，Web2.0时代的伦理问题主要是网络话语权引发的伦理问题，那么Web3.0时代的伦理问题则是主要围绕公共服务和信息共享带来的伦理问题。基于公共服务平台这一核心，Web3.0时代将更加凸显网络的三大功能：信息共享、网络传播和电子商务，这三大功能恰恰涉及人类生活三大基本面。

（3）Web3.0的特点

Web的出现与发展给档案行业提供了一个发展契机；Web是档案信息化和网络化的一个关键环节。随着我国档案信息化进程的不断推进，以Web为载体的档案信息资源日益丰富；然而，这种类型的信息资源常常是分散的、异构的，很难进行有效的分享。要使我国的档案信息资源得到有效的利用，就必须对其进行全面的整理。档案数据资源整合是指在一定的条件下，依据使用者的需求，结合档案数据资料的特性，运用现代科技手段，依据一定的原则、规范和标准，对一定区域内的档案数据资源进行整合与优化，使之成为一个具有关联性、动态性、实效性的统一的有机整体。

Web3.0的一个特点是提供个性化的信息服务即在了解用户需求的基础上提供针对性服务。个性化信息服务包含两方面：一是根据用户要求向用户提供信息；二是帮助用户完成提供信息的任务。这个特点为实现档案资源的个性服务提供保障。

在Web3.0环境下，网络是以互联网、物联网、语义网等为基础并整合了不同数据、信息、知识、系统和服务的智能平台。在这样的平台上，用户可用自然语言表达自己的查询意图，用户甚至可以提出完整的问题；再通过搜索获得问题的解决方案。这个特点为实现档案数据资源智能化检索提供保障。

Web3.0不仅能够实现不同网站间的信息交互，而且还能实现不同终端的兼容。用户可以用不同的终端（固定电话、移动电话、PC、IPTV以及其他智能终端）轻松获取个性化的信息服务，如图6-2所示。

数据整合是 Web3.0的又一特点；它是指根据用户需要将原有的档案数据进行类聚、融合和重组，使其重新组织为效能更好、效率更高新的有机整体的过程。

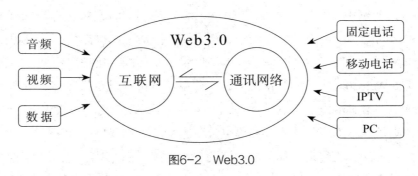

图6-2 Web3.0

（4）Web3.0的发展前景

①互联网新革命时代

Web3.0化整为零，根据自己的喜好设计建立属于自己的网页。Web3.0可以通过网页剪取功能，针对自己喜欢的页面剪切整理放在一起，筛除无用信息，而且最为重要的一点，所剪取的页面，与主网页上相关信息同步更新，不存在信息的滞后性，大大提高了阅读效率。Web3.0通过网页和相关组件的穿插，可以为使用者提供更为有效的信息资源，实现数字通信与信息处理、即时信息、交传播与管理的有序有效的结合。目前已知的相关企业有：百度空间、阔地网、天盟网、新浪博客、google等等。让我们迎接互联网届新革命时代的到来。

②Web3.0网络营销新模式

Web2.0对所有的网络营销研究者来说并不陌生，但是随着Web2.0的不断应用，Web3.0已经悄然兴起现在人们对Web3.0还没有权威的定义，但是从现在的发展来看，人们总结了Web3.0的主要特征：第一，Web3.0时代的网络访问速度会非常快；第二，Web3.0时代的网站会更加开放，对外提供自己的API将会是网站的标准配置；第三，Web3.0时代的信息关联通过语义来实现，信息的可搜索性将会达到一个新的高度从现有的资料中我们可以归纳新的Web3.0的模型应该是基于搜索+开放式TAG（关键词标签）+智能匹配的新门户。其中开放式TAG目前还没有，会是预测中的下一代技术。现有的TAG只能实现网站内的关键词链接。根据一份由美国市场调查公司In-Stat的调查指出，融合了社区网站和网络游戏所形成的新事物Web3.0是互联网的下一波大潮。基于用户网络行为研究基础上的网络推广将随着Web3.0互动特征而迎来新的Web3.0网络营销模式。Web3.0的新型网络营销方式还需要我们不断完善和发展。任何的推广方式都需要经过一定的时间去融合，然后经历发展到完善，随着Web2.0方式的成熟，相信Web3.0时代会带给我们全新的推广方式。

（5）基于Web3.0的档案信息资源整合面临的挑战

随着 Web3.0时代的到来，档案信息的服务将更加智能化、人性化。但是，这也给档案信息资源的整合带来了新的挑战。

①数据资源碎片化、重复率高

Web3.0是 Web2.0的产物，它的特征是内容发布个性化，信息组织平民化，信息交流互动化，这使得用户提供的信息具有碎片化的特征。因为这些信息资料多数是使用者提供，所以资料的重复率较高，这也增加了档案数据信息整合的困难，在整合过程中必须慎重地选取档案信息来源。

②终端用户众多，设备种类繁多

Web3.0时代，档案信息资源将会越来越开放，越来越多的人能够访问到这些资源。人们会越来越频繁地使用档案资料，使用的方式也会越来越多样化。同时，在 Web3.0时代，用户可以通过多种终端来方便地获得个性化的信息服务。但又由于终端用户太多，设备种类繁多，导致档案数据资源安全保障难度增大。比如在进行档案信息资源的集成融合时，还要综合考虑不同终端的性能、表现的差异等。

③技术创新和资源多样化

Web技术自Web2.0以来，技术不断更新。比如，在Web2.0中运用blog，标签，SNSRSS，Wki及Ajax等新的理论和技术。Web3.0时代的到来，将会有越来越多的新技术被应用，比如数据资源融合、人工智能、区块链等新技术，这些技术在拓宽了数据的表达方式的同时，也增加了数据的整合难度。在对档案信息资源进行整合时，应充分考虑各种技术的兼容性。

④服务个性化、透明化

Web3.0的特性之一就是为用户提供个性化的信息服务。在 Web3.0时代，档案信息资源管理的首要问题是如何实现个性化的服务。服务的个人化需要根据用户的需要，为用户提供有针对性的服务。此外，在一般的信息服务中，必须遵循透明的原则，即对用户实施个性化服务的详细情况进行公开。Web3.0环境下，由于终端用户数量庞大，用户的需求也有很大差别；为了适应用户的不同喜好，Web3.0下的档案信息资源整合工作变得越来越困难。

（6）基于Web3.0的档案数据资源整合策略

①推进档案信息资源质量工程

用户的信息需求是档案馆信息服务工作的指南针，其开发与利用必须以用户的需要为中心，不仅满足数量需求更要保证质量要求。档案信息资源整合的目的在于使档案信息资源在一个协同的平台上得到有效的管理和使用，以满足政府部门、社会团体和大众对档案信息资源的需要。必须构建高品质的档案数据资源，这是实现档案数据资源整合的目的与依据。

近几年，人们对信息质量的重视日益增加，信息质量也是"信息满足使用者的需求"。通过依据传统的产品质量管理方式来实施信息质量工程，从而有效地解决Web3.0环境下资源碎片化、重复率高的问题，顺利实现档案信息资源整合，以便提高档案信息资源的质量。

②运用跨平台技术

跨平台是指程序语言、软件或硬件设备能够运行于各种工作系统或各种硬件结构的计算机、设备上。从某种意义上来说，大多数计算机语言和工具都是跨平台的，因为它们都是用一种人类所熟悉的方法来处理CPU，而不是依靠其他的操作系统。但是根据特定应用不同，可以将其划分为跨应用服务器、跨数据库、跨操作系统、跨浏览器，多语言等多种跨平台技术。比如跨操作系统是指应用程序可以在不同的操作系统下运行。

Web3.0环境下的用户终端设备多种多样，需要在整合档案信息资源时，充分认识到将在不同的平台下进行操作，并运用跨平台技术，针对不同的跨平台问题，提出了相应的解决办法。然后，再针对不同的平台，选择合适的方案。

③强化安全战略

安全战略就是一系列在特定的安全领域中使用的与安全有关的行为。要使档案信息资源社会化共享，就必须把其放在一个公开的网络环境中去。由于网络的开放性、网络信息的自由流通性以及网络主体的隐蔽性，使其在信息资源的共享过程中具有更多的不安全因素。档案信息资源的安全性高低与档案信息资源的共享与安全性有直接的关系。Web3.0环境下，随着终端用户数量的增加、设备的多样化和技术的不断更新，档案信息资源在网络中的应用受到了越来越大的挑战。要解决这个问题，就必须强化安全战略。

④加强技术规范化

技术规范化是目前我国高校图书馆信息化建设面临的一个重大"瓶颈"。要实现档案信息资源的整合，首先要解决的是技术问题。通过现代新技术进行档案信息资源整合，如网络技术、通信技术、信息技术、多媒体技术等。新技术的应用对档案信息资源的整合至关重要。要使各种技术融合，必须加强技术的规范化。档案信息资源的整合要以规范化为先决条件，以信息系统标准、数据内容标准、数据结构标准以及数据价值标准为基准的各种标准为依据。

目前，档案信息资源整合的标准问题还没有得到充分的重视，缺少统一的组织机构制定规范、制定标准，还没有建立档案数据库的结构、信息存储与记录格式、软硬件配置在网络体系结构、信息处理接口等方面的规范，要形成一个较为完善的统一的标准体制，还需要经过漫长实践和探究的过程。

⑤运用人工智能技术

人工智能的一个重要目的就是要让机器去做那些往往要靠人的智能来做的繁重或复杂工作。人工智能技术主要有：学习和加工语言、知识表达、智力检索、逻辑推理、机器学习、信息采集、模式辨识、神经网络、复杂系统以及遗传算法等技术。在Web3.0中，各种智能技术都有可能被应用，应用智能技术可以有效地保障个性化、智能化的信息服务。

比如，利用语义网络技术进行档案数据信息的整合。语义网络能够反映各种对象之间的相互联系，并含有一定的语义，便于机器进行自动化的操作。语义网络是一种可以理解人类语言的智慧网路，可以让人类和计算机的沟通交流变的更容易。语义网络技术为 Web3.0的应用奠定了基础。语义网络技术还能很好地运用到对自然语言的理解，它可以从概念间的关系中挖掘出概念层次与联系，从而在个性化服务中起到重要的作用。

总之，档案信息服务历来是伴随着档案发展的历史全过程，从分散服务到系统服务，逐渐完善成为一个服务体系。从古至今，档案工作实现着从重"藏"到重从为一小部分人服务到面向社会服务的重大转变。随着社会的发展，这个转变正在渐进行。从纵向层面讲，档案信息资源至今还没有完全开发出来；在横向层面讲，档案服务机构至今还未建立起较为完善的档案信息服务模式以及体系。因此，研究档案信息服务相关内容应该发展成为档案发展事业要务。

在大数据时代的背景下，将档案信息服务置于Web2.0环境、云计算环境和各种交流App软件相结合，研究档案信息服务应将如何创新开展。在Web2.0环境下我们通过构建档案信息服务互动系统来改变原有的服务方式；在云计算环境下，我们可以通过构建数字档案馆形势下的创新性云服务来提高档案信息服务效率；在微信背景下，我们可以利用微信及其他手机App软件便捷地推广档案信息服务范围。虽然目前在理论研究层面和实践探索层面已经取得了一定的成果经验，但是我们在对档案信息服务方式进行创新研究的同时要注意以下三个方面的问题：一是要提高档案人员的服务意识，紧随时代步伐，重视研究、宣传和利用网络技术优化档案信息服务；二是要深化微信平台内容、功能、资源等方面的开发与研究；三是要借鉴其他领域的成功经验，注重理论研究与实践经验相结合。

3. 区块链在高校档案信息服务创新

随着大数据时代的到来，电子档案管理应用逐渐普及特别是存储重要信息的高校电子档案，管理数据量大，其自身存在着易修改和网络环境复杂等难管理问题，区块链新技术的出现，为解决电子档案管理难题带来新的突破。国外的相关研究较我国起步早，2017年加拿大的VictoriaLemieux、美国数字档案工作者Cassie Findlay发表多篇关于区块链技术应用于文件档案管理研究的论文，而且区块链技术在国外电子档案管理中应用已有实践案例，如澳大利亚墨尔本大学在学生记录档案管理中开始应用区块链技术，但英国哥伦比亚大学Hofman教授曾提出，如果真正实现利用区块链解决档案问题，还需要从社会、数据和技术三个层面加以分析，区块链在档案管理中的应用处于起步阶段，还有众多问题亟待探索和解决。近两年国内档案界主要对区块链与电子档案结合是否可行、区块链技术在电子档案信任共享管理应用以及区块链技术在档案真实性信任安全方面探究较多，而国内关于区块链技术在电子档案管理应用的成功案例几乎没有。目前国内外关于区块链技术在电子档案管理方面应用和研究还处在初级阶段，对于区块链在电子档案方面的应用研究特别是在高校电子档案中的应用及创新研究方面，涉及较少，具有一定的学术空白。通过本研究以期对区块链技术应用于高校电子档案管理有所启发和助益。

（1）相关概念概述

①区块链技术

在信息化、数字化发展到一定程度后，区块链技术是一种反逻辑与反常识相结合的技术结构，是一个信息技术领域的术语，起源于2008年；2016年是区块链技术普及的元年，越来越多的个人、科技公司和政府开始研究和关注区块链；2017年是突破之年，区块链技术开始在多个行业开始应用。区块链技术本质上是一个共享数据库，是计算机技术的一种新的应用模式，如共识机制、加密算法、点对点传输、分布式数据存储等，存储在其中的数据或信息具有"不可伪造性""全程跟踪性""可追溯性""公开透明性""集体维护性"等特点，基于这些特征，区块链技术创造了可靠的"合作"机制，并为"信任"奠定了坚实的基础，具有广阔的应用前景。另外，根据开放程度不同，区块链可以分为三种类型：公有链、私有链和联盟链。其中公共链具有最高的开放性，最公平，完全去中心化、但其效率较低、速度较慢。联盟链和私有链具有更快的效率，但它们去中心化属性减弱，比较侧重于对数据库安全性的维护。

②高校电子档案管理

高校档案是高校在人才培养、科学研究、基础建设、招生教学等活动中直接形成的对学校、师生、社会等具有保存价值的各种历史记录，作为国家档案资源的重要组成部分，也是高等教育科学发展的重要基础，高校必须维护和保障档案的完整、真实和安全，具有非常重要的数据价值。随着大数据时代的到来，高校档案管理也面临着新的挑战。我国各大高等院校，不断朝着创新型、科技型与复合型的方向快速发展，在教学管理、学生档案管理、人事档案管理、财务管理等工作中不断有海量的电子文档生成，随着大数据时代越来越高的要求，我国高校现有的电子档案管理系统和方法难以适应当前知识经济发展需要，因此提升高校电子档案管理规范化水平、推进档案管理向科学化方向发展势在必行。

（2）目前高校电子档案管理中存在的问题

①高校电子档案真实性管理难以保证的问题

在我们国家当前的高校档案管理工作中，大部分是各部门和各院系分散管理，没能实现统一规范管理，而且缺乏专业的档案管理人员，管理方式不规范，电子档案使用率不高而形成信息孤岛等问题，都会对高校内部的档案信息实现科学管理、信息共享造成不利影响，档案管理，本质上就是对产生的档案、信息、资料进行整理与保管的过程。虽然我国档案局已经通过《电子文件归档与电子档案管理办法》，其对电子档案的管理制度进行了明确规定，但没有制定关于高校的电子档案管理相应标准，大都是管理人员靠着自己的经验工作，导致经常会出现电子档案信息的遗漏、错误或丢失。

还有电子档案也容易受到档案管理平台环境的影响，电子档案必须符合固定格式管理的要求，电子档案所依赖的档案管理平台环境一旦发生重大变化，电子档案必须适应信息技术带来的变化，如果现有的电子档案不兼容性，会造成内容出现乱码、失真甚至信息丢失等极端现象。

②高校电子档案管理中存在着可信性降低的问题

与传统档案相比，基于机构信任的电子档案真实性管理不像纸质档案那么容易识别，电子档案没有纸质实体性，没有办法像通过实物一样进行辨别判定，同时电子存储设备又具有可重复读写特性，使得电子档案容易被篡改、伪造或者删除，而且电子档案还无法像在传统纸质档案显示原来档案信息痕迹。其次，电子档案形成或毁坏过程记录很难保存，也没有办法进行过程控制，即没有办法进行追踪溯源。再就是，电子档案管理应用逐渐普及，特别是存储重要信息的高校电子档案，管理数据量大，其自身存在着易修改和网络环境复杂等问题，容易遭到黑客、计算机病毒、外部磁场干扰等因素导致电子档案信息破坏或丢失。

③高校电子档案数据信息存在存储安全隐患的问题。

传统档案馆的安全管理只需要档案管理人员严格执行档案管理规定进行规范管理即可，如按照档案室环境要求，保管好纸质档案资料完好无损等。现在是大数据时代，各高校档案馆一般通过档案整理、档案扫描、图像处理、图像存储、目录建库、数据挂接等步骤把纸质档案转换成各种形式的电子档案，电子档案的存储和传输都是在网络上进行的，由于网络中存在许多安全漏洞，一些计算机黑客和不法分子会利用系统漏洞的入侵获取档案资源和各种信息数据，甚至篡改档案内容，给档案数据库带来严重损失，导致档案信息被破坏。其次，各高校档案馆一般把电子档案的全部数据集中在一台或多台设备上存储，通过电子档案管理软件进行管理，这种集中式存储虽然给信息的储存带来方便，但由于没有其他单位对档案信息进行备份存储，受到网络攻击或人为失误导致存储设备损坏，会导致数据被篡改或丢失后无法找回，造成无法挽回的后果。

④高校电子档案收集和共享利用困难的问题

高校档案信息属于高校资产，随着我国各大高校快速发展，对信息化需求的不断扩大，在各部门工作中不断产生海量的电子文档，除了档案馆等主要的信息化档案管理部门之外，还存在各部门和各院系等二级单位参与收集和使用档案信息。高校档案管理工作进行档案信息化建设时大都没有统一的规划和进行有效的沟通，导致出现高校电子档案管理困难问题。

一是档案资源收集困难，没有办法进行有效的管理和协作，有时还会出现各单位互相掣肘的问题，二是档案信息资源共享困难，有关单位和个人每当需要调阅或检索档案时，往往需要耗费大量的人力与精力，导致档案不能得到合理的利用，从而大大降低了工作效率，使宝贵的档案资源无法为高校的经营决策提供良好的支持和服务，严重影响了高校档案管理信息化建设的整体发展。

（3）区块链技术与高校电子档案管理的融合点

①区块链技术的不可篡改特性与高校电子档案信息真实性保障融合

区块链不可篡改的特性主要体现在以下两方面：一是区块链的哈希值，通过哈希算法对一个交易区块中的交易信息进行加密，并把信息压缩成由一串数字和字母组成的散列字符串。档案摘要信息存储在区块链上，链上的各个区块都相连，下一个区块都存着前一区块的哈希值，哈希值确保了各区块之间的紧密联系，链上的任意一个区块被改变，都会导致前后区块发生状态变化，该特性保证了链上数据没法被恶意篡改，应用于档案信息管理平台可以记录电子档案管理中的全部变化，防止档案信息被恶意篡改。二是区块链共识机制，它主要解决系统各单位之间如何对记录的有效性达成共识，目前区块链共识机制主要有工作量证明权益证明、股份授权证明。以比特币为例，采用的是工作量证明，根据分析，链上数据只有在全网超过51%的链上记录节点被控制，才有伪造出一条不存在的记录节点的可能，需要付出巨大的代价，甚至不可能伪造，从而防止了这种造假可能，数据也不会被篡改，将此功能应用于高校电子档案管理中，以保证档案数据的真实性。

②区块链的时间戳、数据字签名技术与档案证据信息的可信认证保障融合

区块链技术中的时间戳可以自动在档案数据上形成唯一准确的时间戳，并将相关档案数据信息存储到同一时间链中，为档案数据的整理、分析和汇总提供有效的分类，同时，还保证了档案数据的可追溯性和可验证性，减少了人为因素造成的电子档案数据泄露和篡改的风险。利用区块链技术中的数字签名技术来验证电子文件信息的完整性和真实性，其基本过程是管理者对需要被签名的原始数据进行散列，然后用私钥对摘要信息进行加密，只有管理者自己才能根据自己的私钥构造签名信息，并将其与原始数据一起传送给使用者，使用者只能用管理者的公钥解密加密的摘要，然后用相同的哈希函数为接收到的文本生成摘要，如果与解密的概要信息相同，则表示接收到的信息是完整的，并且在发送处理中没有被修改，否则，意味着信息已经被修改，因此数字签名可以验证信息的完整性。区块链的时间戳、数据字签名技术保证档案证据信息的可信认证。

③区块链技术分布式存储与高校电子档案的数据安全存储融合

分布式存储是一种将数据分布到多个网络节点的数据存储技术，节点之间通过加密协议进行通信，每个节点的物理分布不受空间和地域的限制，即在区块链系统中，每个运行的节点都有一个完整的数据拷贝，可以独立地检索数据，极大地提高了效率，增加了整个系统的可靠性，并且节点之间的数据可以同步。通过区块链技术的分布式存储，电子档案数据不再集中存储，而是在分布式、去中心化和虚拟化的网络中加密存储，更加安全可靠，当数据存储的任何一个区块受到网络攻击或硬件故障时，都不会造成灾难性的影响，因为具有相同备份的其他节点将继续发挥作用，而被攻击区块将被其他节点取代，又因为存储的数据不再集中到服务器上，黑客没有办法攻击，所以也就不会出现服务器崩溃而导致数据丢失和服务中断等问题，充分实现高校电子档案的安全数据存储。

④区块链技术智能合约与高校档案馆的能源智能化管理融合

智能合约是一种已经转化为区块链软件语言并存储在区块链中的合约，合约事件出现时，就会自动启动并执行，显示了区块链自治性特点。而高校档案馆的能源智能化调控主要是解决电子档案管理中能实现智能收集和档案信息资源共享自助难题。当区块链技术的智能合约机制应用到收集电子档案过程时，满足合约，智能合约就会自动产生并且执行，其操作过程会被记录并且存储到区块链中，如果终端管理部门的要求不符合智能合约，系统将显示申请被拒绝，电子档案信息不能加入链中，从而能够实现智能收集电子档案功能。智能合约同时提升

了档案数据的共享效能，当不同档案使用者申请读取电子档案数据时，区块链会判断每位使用者的申请，如果申请需求满足合约要求，那么会直接执行，按照使用者需求提供相应的档案数据信息，从而智能实现使用者的申请，简化流程，解决电子档案使用率不高而形成信息孤岛问题，实现档案信息资源共享，提高电子档案利用率。

（4）区块链技术应用于高校电子档案管理模式的创新方案

档案界关于区块链应用模式主要分为：公有链模式、私有链模式和联盟链模式。公有链模式是一个人人都可以连接，任何个人、单位或社团都可参与区块链的创建、存储、访问和共识，完完全全的去中心化，公共链中节点范围广泛，并且维护成本高，主要适用于完全公开的信息处理，不适合保密级较高的高校电子档案管理。若高校采用档案私有链模式管理，能实现交易速度快，电子档案数据不会对全网公开，也不容易被恶意攻击、篡改，然而区块链的"去中心化"是其核心价值，能有效建立社会信任，如建立由高校档案馆管理的私有链还是过于中心化，它与其他传统中心化数据库进行集中管理没有太大区别。联盟链模式具有多中心化节点连接、不是完全的去中心化，有访问权限设置，可它却能够使得整个生态系统的运行效率更高、成本更低，联盟内，每个节点都能够连接到这个链上上传或下载信息。针对高校电子档案管理中存在问题，结合区块链技术与高校电子档案管理的融合点，联盟区块链目前与高校电子管理融合度最高，于是提出了基于联盟链高校电子档案管理模式创新方案。

①基于联盟链高校电子档案管理模式主体构成

高校采用联盟链模式创建区块链高校电子档案管理平台，联盟链建立不是一个人或几个完成的，需要专业供应商参与才能完成，高校档案馆负责协助建立区块链和节点的认证，保证入链节点可信性，并设置不同主体相应的权限。平台主体主要包括档案馆、人事处、教务处、科研处等部门和各二级学院区块组成预授权节点群，如图6-3所示。属于多中心化节点连接、不是完全中心化，而是半去中心化联盟链模式，档案馆与各部门共同管理和使用区块链上的高校档案数据。

②构建基于联盟链高校电子档案管理模式中高校档案馆中心地位

构建联盟链高校电子档案管理平台时，高校档案馆作为区块链节点之一，与其他节点不同的是，高校档案馆承担管理所存档案的业务管理责任，很多网上服务依然需要"中心节点"档案馆来解决，对每个环节、每个部门的档案信息安全负责。在搭建区块链电子档案管理系统时，高校档案馆作为档案管理部门必须与

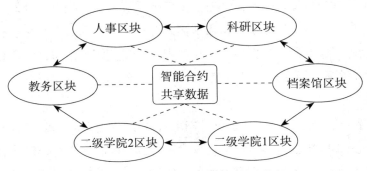

图6-3   区块链高校电子档案管理构架

其他单位进行有效的沟通，达成共识，统一规划，充分考虑档案封装、存储、鉴定、授权和利用等各个方面，可以促进各部门和各二级学院间达成共识，实现档案信息数据资源共享，降低运维成本。

③构建基于"多中心"的强信任体系

虽然档案馆是高校档案管理的主要责任主体，但不是唯一的责任主体，其他部门和二级学院即是电子档案的提供者和使用者，又是保护第一手档案信息真实性和完整性的部门。各二级单位与档案馆的服务器节点都拥有相同的档案数据管理账簿，参与区块链的生成、更新和存储，区块链分布式存储是有效解决电子档案多套存储的技术方式，链上的每个节点每个部门都备份电子档案，从而实现多套电子档案的备份，降低单个节点被攻击后的档案信息被破坏程度保证档案真性，保证高校电子档案的数据安全存储。

电子档案存储在联盟链中数据信息不仅安全，而且稳定性高，还可以验证其他节点的区块链的正确性。在区块链"集体维护"的强大生态环境下，在智能合约调控下实现档案管理平台的智能收集和档案信息资源共享自助功能。同时对区块链中保存的相当于档案内容数据进行的数字签名和时间戳不仅将对权威部门的信任颠覆为对"系统"的信任，从而使个人或单位确信从系统平台获得档案数据的真实性。

（三）档案信息服务在大数据环境下的创新路径

大数据时代的到来，档案管理工作的变革与创新提供了机遇。在传统的档案管理模式下，常常面临着纸质档案，涉及整理、分类、汇总等多方面的工作，既繁琐，也费时费力。在检索有关的文献时，常常要先从人工的索引中找到有关的资料。在这个过程中，花费的时间可以说是一笔巨大的开销。而现在，随着科学技术的发展，信息的数量也越来越多，传统的档案管理方式，显然已经与时代格格不入；而且，还不能满足目前的文件管理要求。随着信息技术的飞速发展，档案管理工作也逐步走向信息化。今后的档案工作必然走向社会化、多元化、开放化和先进化的发展。档案资源将根据不同的服务对象，提供有针对性的、有特色的服务。这既是历史发展的必然趋势，也是我国档案工作在多元化发展道路上的必然选择。

1. 与时俱进，创新档案信息服务观念

数据自身没有任何价值，只有通过数据来提供服务，才能体现出它的真实价值。要从根本上发掘档案的价值，使之发挥其应有的作用，使之成为活档案，让它可以持续地产生价值。这就要求档案管理部门加强对档案馆档案信息资源的开发，转变馆藏服务模式，建立以馆藏档案信息资源的价值为基础的知识服务系统。

随着科技的不断发展，信息的需求越来越迫切，越来越复杂，越来越多元。档案管理部门要转变工作方式，要转变服务观念为"服务型"为主，从原来"等人上门"到"主动服务"的转变。在利用大数据技术挖掘大量数据中的隐性知识的同时，主动跟踪、调查、研究使用者的需求，以便了解使用者的需求，进行针对性的定量分析，并根据使用者需求，实行信息推送，从而推行"主动服务、精准服务"。如果要实现档案资源的充分利用，实现档案工作向"服务型"的转变，必须坚持人性化、个性化、智能化、知识化四大服务理念。人性化的服务，就是把"以人为本"的理念贯彻到档案服务中，坚持客户至上的宗旨，做到人性化的服务过程和服务态度，热情、周到、用心、耐心、专注；个性化的服务是指档案管理部门对档案使用者的实际需要进行全面的理解与把握，将使用者与档案资料进行归类，从而为档案使用者提供快速、准确性的匹配服务；智能化的服务，就是要使档案资料的处理系统科学化、智能化，快速地进行资料的分析，并对有效的资料进行智能捕捉，从而为用户提供方便、高效的服务；实现档案知识的顺利流转和普及；知识化的服务是以互联网为基础的一种开放的服务方式，是今后的档案服务未来发展方向和趋势。档案知识服务应该是以档案资源为中心，以信息技术为支撑，以知识挖掘为重点，以知识的运用与创新为目的，建立起档案知识服务系统，实现知识的提供和检索，知识整合和加工，知识共享和交流的

一体化服务。

2. 利用大数据优势创新档案信息服务内容

随着档案管理工作的服务对象向多样化转变，需要挖掘、整理档案服务内容建设的社会化、多元化，为档案工作提供更加丰富、立体的个性化信息资源，为档案管理工作创造新生。在大数据的作用下，信息资源由单纯的知识向资源转变，特别是通过对海量数据的收集、分析，对所需的方向和内容进行深入的挖掘和总结，能为用户提供更加精确的档案服务资讯，为用户作出科学的发展计划提供资讯支持。所以，在大数据的时代，社会的需要不断的重组和深化，与之对应的，就是档案的资源的利用，而不是单纯的保存。以现有的档案数据资源为基础，利用大数据进行分析、汇总等功能，建立更完善、更有深度的档案服务内容，以满足相关用户的需要，建立多维档案资讯资源，以实现更大的社会价值。可以说，在大数据的背景下，档案的管理不仅是资源的重组、多维度、深度的发掘与建设，同时也是对用户对象的发掘与吸引。保存档案信息资源的目的就是用来为广大用户服务的。所以，档案管理不仅要以存储档案资源为导向，还要以用户为服务中心。同时，要从受众的角度去发掘信息资源的构建方向和途径。这也是档案管理人员在大数据时代所要意识到的工作创新之基。

3. 优化和升级档案资源的储存方式，加强档案资源的保护

一方面，档案馆拥有大量的档案文献资源，而且大多是权威的、可靠的、可信的信息资源，大数据环境下，一旦形成数据资源，将对推动社会的发展，满足各个行业的需要，都将发挥重大的作用。因此，档案管理不仅要对原有的档案进行数字化的管理与优化，而且要结合社会需求，针对客户和潜在客户的不同，构建个性化的档案资料，并在大数据的背景下，对海量的资料进行数字化储存、电子储存，云存储转型，以提高档案资源的利用率。这就要求各档案管理部门的资源建设和管理要跟上时代的步伐，有效推动档案馆的现代化和信息化进程，推动档案馆在新的大数据背景下，成为一种"蝶变"的优势资源。在建立现代化、信息化的资源管理体系的同时，还应重视档案资源的保护，区块链的引入档案管理工作中来，保护了档案数据真实性和安全性。

利用区块链技术不可篡改性与数据可完整追溯的特性，可以实现电子档案的全生命周期管理，而不用担心在任意环节遭到篡改或破坏。区块链技术也能解决

电子档案数据存储风险。与电子档案传统的集中存储相比，基于区块链技术的分布式存储更能确保电子档案的数据安全。通过区块链技术的分布式存储，电子档案数据不再集中存放，而是被加密存储于一个分布式、虚拟和分散的网络中，更加安全可靠。在纸质资料上，应重视防火、防虫、防霉变等多种防护措施，而在电子资料资源方面，应加强对文献资料的管理；保障档案资料的安全、防范安全隐患，为档案管理的长远、高效发展奠定了基础。

4. 积极拓展档案资料的服务途径，加强档案信息服务的有效利用

互联网的发展使信息的传递方式发生了变化，信息的传递渠道更加多样化，传统的档案服务如借阅、咨询、展览等也要进行相应的调整。要实现档案的多样化、科技化、网络化，必须重视开发和应用各类新型的新兴媒介，充分利用云计算、云存储等技术，充分发挥网络的远程作用。微博、微信是中国互联网上最主要的社交平台，充分发挥微博、微信等新媒体的优势，利用即时传播的服务形式，实现档案信息的即时分享、传播与交流。通过开通微博、微信，可以传递档案资料、传递服务内容，缩短档案与群众的联系，扩大档案资讯服务的覆盖面，提升档案资讯的服务效能。远程服务能够不受地域范围的限制而达到方便、快捷、节约成本、远程服务等功能。档案云服务是一种以云计算技术为基础，以云存储资源为保障的文件云服务，利用云平台的强大运算能力、低成本、高安全性等特点，可以有效地提升档案信息资源的共享效率。云服务可以为公众提供安全、开放的档案资料查询和使用服务。

总而言之，在信息化不断深入发展的今天，大数据的实现与急速发展，促使信息成为推动社会前行与发展的重要因素，甚至可以说已经成为影响社会发展的方向性资源。因此，信息，成为社会竞争与变革中极为重要的组成部分。而档案资源，可以说是众多信息渠道的资源中极具权威优势的信息。这既是档案管理工作的挑战，也是新的发展机遇。作为档案工作者，需要在当前大数据环境下不断创新档案管理方式和手段，充分运用现代化技术来挖掘档案信息资源的巨大价值，努力提高档案管理水平，确保档案的重大价值能够更好地发挥出来。只有紧跟时代发展的步伐，根据时代发展的需要，引进创新服务理念、先进技术，升级服务系统，改善服务态度，使档案服务工作与时代需求接轨，才能实现档案工作的更好发展，才能更好地服务于人民，服务于党和国家。

第二节 大数据环境下档案信息化编研创新

一、大数据环境下档案编研工作的特点

（一）开放集约

开放集约不仅体现在成果分享上，还体现在两个方面。一是信息采集方在大数据时代信息的普及环境下为编研人员提供有关领域的前沿信息以及提供多种最新的科研动态信息源，还可以通过信息获取和检索技术，获取和过滤各种零次信息、一次信息，达到扩大档案编研资料的目的。二是从当前各级档案馆的档案研究实践来看，开放式的网上环境为编研人员提供了跨区域合作的环境，而传统的条块式、分散的档案资源，使得以前的编研工作大多集中在寻找材料上，而跨时间的合作，则是为了最大限度地利用资源。

（二）高效灵活

大数据时代，网络具有较强的时效性、实时性、及时性，因而大数据时代的档案编研工作能够在时间、服务成本上节省预算。在流媒体技术与海量存储技术的帮助档案编研中的数据整合分析、视音频的下载和压缩上传、文字的排版等都更趋于规范，因而不必再像传统编研那样担心在人工整合过程中使数据丢失、视音频因压缩而画面不清，或是为追求准确而投入大量时间等问题。从档案编研成果的共享方式看，成果一经复审合格后即可直接上传至各大媒体，而传统的档案编研成果大多在问世之前都需要经过印刷、运输、上架等中间额外环节，时间成本是巨大的。

（三）成果丰富多样

传统的档案编研工作多以文字和图片的纸质印刷为主，平时很少在网站和订

阅号上发布的信息量，类型和画面的质感都不尽如人意，外部表现和传播手段的局限性，并没有得到广泛的重视。网络编研需要采用网上编辑技术进行编辑，将单一文字、声音、视频等保存在光盘、磁盘等存储介质上，再转换成形象生动的具有立体的一种多种数据类型的综合性设计的档案信息，上传到抖音、微信、博客以及微博等多媒体平台，提高档案信息资源的知名度和吸引力，满足使用者的欣赏力与鉴别力，提高档案的利用率。例如上海静安区档案馆的虚拟展厅就是一个例子，它的大部分资料都是从区档案馆和区党史、地方志资源中提取出来的，以中华老字号、南京西路150年、名人厅三大主题为主，大部分影像资料和手工艺实物都是从区属老字号企业的国宝级专家的制作和抢救性拍摄，后期配以生动的解说。静安区档案馆利用现代化的科技手段，把珍贵的档案、史志、文化资料通过互联网进行传播，更真实、更客观、更生动地展现了静安的历史文化，让广大市民足不出户就可以了解静安，走进静安。

二、基于大数据环境下档案编研工作的意识创新

（一）功能意识

档案编研工作的功能意识就是根据现代社会需求把档案转变为传媒需要的意识大数据时代档案编研成果不仅在档案编研的内容方面改变了过去选题单一、内容过窄的局面，还在作用上逐渐改变档案编研活动只为政治服务的单一目的。社会生活包含了诸多方面，档案编研成果的功能通过数字化的形式最大化，是充分发挥档案价值的体现，是变为"活档案"的有效过程。

除了档案编研成果的基本功能，如汇集档案、传承档案中蕴含的历史文化之大数据时代还赋予了档案编研成果新的附加功能。例如，在每一个值得铭记的历史时刻警醒人们、教育公众。以中国档案资讯网的"档案公布"专栏为例，网站持续向社会公布了一系列历史主题鲜明、内容类型多样的档案编研成果。该网站通过对中央档案馆、南京档案馆、上海档案馆等馆藏资料的收集、整理以及研究，形成重大历史事件档案编研成果，如侵华战犯笔供、中国受降档案等。这些档案编研专题均向人们讲述了过去令人心痛不已的历史，一张张照片、一段段视频对于人们内心的震撼与洗礼经久不息。值得借鉴的是，中国档案资讯网这类优秀编研成果的数字化呈现不仅满足了历史需求，展示了动荡年代的民不聊生、伪政权的残酷统治，又为影视拍摄、教学准备等提供真实而又珍贵的历史画面，

满足了多方面的社会需求。

另外，档案编研成果配合地方政策，双管齐下，可以发挥文化、娱乐、咨询服务功能。例如，宁波市近来以"书藏古今，港通天下"的标语争创国家旅游休闲示范城市，宁波素来以人文积淀丰厚、历史文化悠久而著称，宁波市档案馆在此背景下开展了"甬城老味道""古村遗韵"等一系列"宁波记忆"档案编研专题，并在微信公众号、微博、旅游局官网上公布，向社会各界展示了宁波记忆中的"老味道"。此举与旅游结合，编研成果犹如一份城市游览指南，更好地发挥了编研成果的多项功能。

（二）个性化服务意识

大数据时代的档案编研内容在特色意识的基础上要更加注重个性化定制服务。社会中每一个群体或个体都具有不同层次的需求，要根据其职业要求、兴趣爱好、身份地位等差异，从不同的渠道收集特定的素材，整理、加工成个性化的档案编研成果从被动查阅向单向主动传递发展，以提供专业、丰富的定制服务个性化的档案编研能够汇集某一类利用者的集中关注，不仅能够节省利用者的时间、精力，还有利于某一类型的专门档案的完善，并带动相关行业的发展。由艺术评论家张海涛创办的"艺术档案"网就是其中的佼佼者，不仅在时下流行的各类社交平台设立公众账号，其基本内容除了实时推送各类中外艺术相关资讯外，还专注于系列专题艺术档案编研成果的展示，以图片和影像的方式，结合艺术个案的讲解向人们生动地诉说了各类艺术档案的普世价值以及艺术家们的现代化审美观念。这类独树一帜的艺术档案编研成果展示能够非常准确地迎合艺术爱好者、艺术从业者等相关利用者的需求，同时起到记录、传递艺术思潮和艺术生态圈的作用。

（三）特色意识

树立特色意识，打造精品编研成果，使大数据时代的档案编研工作更好地融入市场经济是档案编研成果社会化的一个契机。

1. 加强对档案编研成果的包装

根据档案馆的实力和馆藏，选择合适的档案编研题材，编研出一些与当地特色相配合的品牌成果。以天津市档案馆为例，其将传播档案知识、弘扬优秀档案文化作为宗旨，根据天津别具一格的特色编研了以沽上风情为主题的档案。其分类几乎囊括了天津的全貌，历史、人文、工业、交通应有尽有，可以说是一部微型的天津百科全书。同时网站以立体化、多元化、可视化的形式向全国乃至世界展示了天津的人文风情，视内容丰富多彩，将三维动画、专题等融会贯通，达到了内容包罗万象的效果，起到了有针对性地宣传和推荐的作用。

2. 加强档案编研的特色研究

在政策法规允许的条件下，编研工作者要善于把握广大用户的需求，充分抓住档案资源中的优质内容，给档案编研成果添加特色，以吸引用户。以中国第一历史档案馆的清史工程为例，为了更好地让历史服务于人民，该馆对大量清代历史资料进研，公布了许多不为人知的历史故事，向人们普及了诸多如文书、典制等清代档案知识，以及客观地讲述了清代宫中的故事，揭秘了具有神秘色彩的皇家轶事再现了清代时期的社会现实和风土人情，以此吸引大量对历史感兴趣的用户。"精品展台"和"成果展示"中均可以看出中国第一历史档案馆对于打造精品档案的用心和精雕细琢的档案精品意识。另外，随着馆藏整理与数字化工程的推进，他们逐步推出数字化工作成果，建立部分清代题本以及乾隆《京城全图》、朱批奏折档案数字化目录公开查阅项目，近日军机处汉文录副奏折档案首批目录也将进入公开查阅程序，使得现有馆藏能够更好地为社会各界所利用。

三、基于大数据环境下档案编研工作的实践创新

（一）充分搜罗网络资源进行网络编研

互联网时代，档案信息资源上网，用用户可以受地点时间的限制享受在线服务模式，查询方法多种多样，用户可以依据自身的需要和自身的能力来决定最佳的查询方法；同时，平台还可以为用户提供原始档案或参考信息的查询，便于使用者享受大数据、软件、计算思维等先进科学技术为用户带来的便利，也为档案馆的编研者们提供便利的工具及工作途径。

1. 编研者根据用户的需求提供数据资源

在大数据环境下的今天，编研工作者们可以通过网络大量收集群众需要的材料然后设定栏目选择题材，同时也可以防止编辑工作的盲目性。例如，某档案馆

网站，就特别设置了"民众互动"栏目，再分为回音壁、在线调查、网上征集，局长信箱，我要捐赠等，这个站点在我们所访问过的许多类似的站点中，与用户的交互更加完美，使得这个系统的功能得到了充分的体现，真正发挥档案保存的价值。

2. 档案数据资源平台获取所需要的信息

很多档案部门都建立了自己的主题库，包括数值库和事实库。通过网上检索其他档案部门、图书馆和博物馆的有关原始资料，使档案编研者能够通过在线阅读、邮件发送原文、全文下载等途径获取所需要的资料，从而大大减少了收集材料的耗时。

3. 最大限度地使用社会网络的平台

社会化互联网正在成为内容创作、情感交流和信息共享的主要媒介，Web2.0的移动档案馆、微博、微信等功能在档案工作中的运用，一方面能够提供方便的服务，及时掌握公众的需求动态，另一方面还可以成为协作合作的方式与渠道。例如，美国国家档案局的"公民档案工作者"计划，通过在Twitter和Facebook等社交媒体上发布一些公开的文件资料，让那些拥有相应职业知识的网络用户可以随意地进行文档的编撰；新加坡档案局也开展了一系列的市民活动，让档案资料更好地利用起来，让它们更好地为人民服务。

（二）由基础的实地编研走向主体联合编研

档案编研必须打破传统馆藏的物理概念，树立资源共享理念，采取跨部门、跨地区、跨领域的合作编研方式，实现档案编研的社会化。

社会化编研除了传统方式中与图书馆、情报机构合作的范例外，还有以下几种方式。

1. 聘请本领域知名专家

专家一般都是在某个方面有比较广泛的专业知识，或者在某个方面有很深的见解。在大数据时代，档案研究的种类繁多，呈现方式多样，所涵盖的范围也较广，因此，为开展专家咨询工作提供了一个先决条件。比如，2021年12月8日，桐乡市档案馆召开2021年度档案资料征集顾问会议，十四位征集顾问受邀参加会议。会上，市档案馆馆长吴云峰向新聘任的征集顾问颁发了聘书，并向全体顾问介绍了馆一年来档案资料征集工作情况。2021年是档案事业"十三五"规划收官之年，市档案馆在各位顾问的大力支持下，无论是名人档案还是地方特色资料的征集工作均取得了不错的成绩。在此基础上，市档案馆坚持征集和开发利用并重，通过编研出版《茅盾手迹——我走过的道路（部分）》《抗日战争档案汇编·桐乡市卷》等档案文化精品，以及举办"纪念茅盾先生诞辰125周年茅盾手迹全国巡回展"和"辉煌百年——庆祝中国共产党成立100周年大型党史图片展"等方式，积极发挥馆藏档案资料的内在价值，充分体现了档案的资政、存史、育人功能。会上，围绕2022年"十四五"开局之年的档案文化事业发展，尤其是即将启动的桐乡名人馆展厅建设，各位顾问纷纷献计献策，提出了不少宝贵的意见和建议，为桐乡市档案馆的编研工作带来了很大的促进作用。

2. 档案馆之间的合作

档案馆不定期合作互访，可以共同研讨档案馆工作开展中遇到的瓶颈和问题，相互交流借鉴经验做法，取长补短，不断推动档案馆间的工作高质量发展。通过建立交流合作机制。在档案接收征集、整理鉴定、保管保护、开发利用、安全保障、信息化及党建工作等方面深化交流合作，探索形成联合外训、合作办班等培训机制，建立党务干部、档案专业人才交流培养机制，每年互派交流学习，提升档案馆档案人员专业素养。比如。重庆市大足区档案馆、资阳市档案馆携手合作，双方将尽快共同完善确定两份《协议》内容，并择期正式签约，相信通过合作，将增强协同创新发展能力，着力推动川渝地区档案馆事业高质量发展，为成渝地区双城经济圈建设贡献档案力量。还比如2022年3月巴彦淖尔市档案馆与多地档案馆合作实现民生档案跨馆共享。为深入贯彻落实习近平总书记在黄河流域生态保护和高质量发展座谈会上作出的重要指示精神，市档案馆与黄河流域9省（自治区）59个地市级（州、盟）档案馆联合建立了战略合作机制，签署了《黄河流域城市档案馆战略合作协议书》和《黄河流域城市档案馆民生档案跨馆利用服务工作协议书》，通过建立相互协作、相互支持、共同发展的合作关系，形成多维度、多层次、长期稳定的合作机制。市档案馆在兴建重大水利工程，实施河道治理、堤防工程和蓄滞洪区等重点建设项目和黄河流域农业发展、黄河流域自然概况、水文地理、人文历史等方面有着丰富的档案资源，这次合作有利于进一步丰富巴彦淖尔档案馆资料内容，推动地区间合作交流。

3. 与优秀的公司一起工作

比如中国第一档案馆和北京书同文数字化技术有限公司共同开发的《清代档案文献数据库》，中国第一历史档案馆为读者提供了大量的第一手信息和大量的科研数据，北京书同文数字化技术有限公司为您提供了先进的软件开发技术，这是一部经典的作品。

4. 与企业佼佼者合作

例如南京市档案馆携手国企：共护南京工业文化，提升转型"软实力"。在2012年5月31日南京市档案馆与南京轻纺产业集团共同举办的名为《档案存脉留根，国企匠心逐梦》的"馆企合作"签约仪式上，双方达成共识：不仅以协作共享的创新模式，共同保护和利用南京工业文化遗存，更要弘扬南京工业文化精神，为国有企业转型发展供给柔性支撑，协助国有企业将企业文化"软实力"转化为改革发展"硬实力"。活动当天，为助力全市"书香南京"建设活动，推广"宁记忆·档案"文化品牌，南京市档案馆在中国金箔文化交流展示馆布设图书漂流文化驿站并揭牌。南京市档案馆为图书漂流文化驿站捐赠了该馆编纂出版的"十三五"国家重点档案保护与开发项目《南京近代教育档案汇编》等精品图书，这是市档案馆充分发挥馆藏资源优势，助力金箔文化交流研究的探索与尝试。南京市档案馆资源开发处何涛处长说："传承弘扬工业文化精神，强化工业文化保护利用，也是我们档案人的担当。我们将充分利用档案资源，为创新发展工业文化产业，推动工业文化制度建设，作出我们档案人的贡献。"

（三）建立档案编研成果数据库，拓宽宣传渠道

1. 建立档案编研成果数据库的意义及方法

建立档案编研成果数据库是顺应信息化发展的必然要求，网络是联系电脑客户端利用者与终端服务器编研成果的纽带，将成果数据库上传至云端等公众可以快速获得访问权的虚拟空间，这有利于编研成果更好地发挥现有价值，节省利用者的时间，而不再像以前一样为了查找某一专题而到处检索、筛选。

现今比较成熟的档案编研专题数据库，如云南省档案信息网公布的有关滇军抗日阵亡将士、南侨机工、云南陆军讲武堂等名录以及少数民族专题数据库，其中不乏云南少数民族珍贵的口述档案。若将类似档案编研成果汇集，以数据库的

形式展现给广大利用者，会裨益良多。

　　建立数字档案编研成果数据库的方法有两种。一是逐步深入，量力而为。在建立数字档案编研成果数据库时，要多结合本馆的实际情况，如果经济、技术条件不完善，可先考虑建立编研成果目录库，切忌蚍蜉撼树。二是档案编研成果数据库要具有易用性，设置多元化的档案检索方式，如人名、地名、主题词、作者、时间等多项检索功能，扩展检索表达式的组配选择。此处再次以《清代档案文献数据库》为例，该数据库提供了强大的全文检索功能，可对字与字之间、句与句之间进行查检。另外还提供汉字关联检索，在全文检索系统内设定了诸多古文常用的语法现象，如简繁、通假、正讹、避讳字等各种汉字联系，更加智能化，以此给利用者查找提供方便。

2. 拓宽档案编研成果宣传渠道

　　有效的宣传渠道可以对档案编研活动起到锦上添花的作用。

　　（1）利用受众获取网络信息的途径，在搜索引擎、数字图书馆、学科信息门户等进行宣传。一些专业的搜索引擎，如我们熟悉的Google的图书搜索、学术搜索，百度的音乐搜索，档案编研可以与搜索引擎开发商合作，推出专门们的档案编研频道。数字图书馆是一种馆藏以数字化格式存储在电脑并可以访问的图书馆，与传统图书馆相比，数字图书馆可谓是信息检索系统，档案编研成果进驻数字图书馆无疑也是一个不错的选择。

　　（2）新兴网络媒体，如微博、微信、微视的蓬勃发展，为大数据时代档案编研成果的普及开辟了广阔的平台。相比微博、微视，微信的实时关注群体较多，微信流流量最低，基本上综合了时下所有社交软件的功能，使用方便；对于公众号所有者来说，微信的传播成本较低，传播时效性强，功能多，推送平台支持多种客户端登录因而此处以微信为主要示例对象。

　　另外，查档服务愈发趋向微服务，如设立查档须知，查档的形式也细分为自主查档、就近查档、预约查档，并且有些公众号还设置了档案讲堂，帮助读者学习档案知识，让档案管理走进家庭、走进生活，使档案常识深入人心。

（四）加强档案资源建设，拓展档案编研题材

　　传统的档案编研主要是汇编、文摘、史志等，并不能够充分实现馆藏价值，而且通常只起到提纲挈领式的线索作用。由于受到上传、下载、编辑技术等客观

条件的制约，珍贵的口述档案、实物档案并没有走进人们的认知范围。现有的馆藏内容实际上是十分丰富的，因而要加强资源建设，挖掘内部现有的各类档案信息。

1. 编研题材要具有实用性

我们要时刻关注政府时事信息，选取与民生息息相关的话题，关注政府聚焦的中议题，把握时政民生，才能更好地发挥编研成果的资政价值。这方面在档案界可以起到表率作用的是中国档案资讯网的"热点专题"专栏。网站工作人员能够及时地汇集时下热议的话题，在聚集当下热点的同时，链接以往的相关专题编研，这充分体现出了政府档案服务对象的大众化，档案编研协助政府服务民众，帮助传播正确的思想、价值观。

2. 发展多元题材

我国档案局的档案编研工作成果存在着相似和不突出的特点的现象。在大数据环境下，要在全面发掘档案信息资源的前提下，大力发展名人档案、口述档案、声像档案等具有鲜明特点的档案，并以之为依托，编写地方志、名人故事、风土人情，在大数据的时代背景下，更能体现出地方特色。

以各类档案主题为案例，例如景宁县档案馆采集红色口述档案讲好党史故事。为进一步讲好党史故事，发挥档案在传播红色记忆、弘扬革命精神方面的重要作用。景宁县档案馆联合县融媒体中心到离休干部吴克怀同志家中，开展红色口述档案采访工作。县档案馆联合县融媒体中心推出共述百年党史节目，邀请老中青三代党员代表讲述他们身边的初心故事。党史学习教育开展以来，县档案馆立足自身档案、史志业务职能，深挖本土资源，创新活动载体，以多渠道弘扬红色精神。

总之，在大数据背景下，档案编研工作是档案馆积极开展档案信息资源的有效利用和加强档案信息化工作的关键。在信息技术的今天，档案编研成果是一种历史知识的积累，记录了劳动人民的智慧，而在此过程中，工作人员如何将编研的成果造福广大人民群众是当今档案工作的焦点问题。虽然目前我国的文献编纂工作仍有不少问题，但是，通过对其进行创新性的探索和实践，进一步深化档案编研领域的合作，将会持续推动我国档案馆编研向好的方向持续发展。

第三节　大数据环境下档案信息化评价创新

一、档案信息化建设评价的理论

1. 档案信息化建设的概念和内涵

档案信息化建设是以网络、计算机与信息技术为手段，以档案资源为核心，以档案法规、制度为保障，以档案管理学最新理论为指导，按照信息社会和国家档案行政管理部门的要求，开展档案的收集、整理、保管、开发和利用的现代化管理，实现档案信息资源共享的目标的动态发展过程。

档案信息化建设已成为现代档案管理的重要组成部分，是提升档案部门服务效能及应对自然灾害保护实体档案的重要途径。2004年国家档案局发布的《全国档案信息化建设实施纲要》中提出的档案信息化建设的内容包括档案信息化基础设施建设、档案信息资源建设、档案管理应用系统建设、档案信息化标准规范建设、档案信息化人才队伍建设。围绕六项核心内容国内学者们对档案信息化建设进行评价。由此可见档案信息化建设的核心内容在国内基本上取得一致的认同。不可否认6项核心内容在档案信息化建设的重要性，但是对档案信息化建设进行绩效评价，显然上述的6项核心内容还是不够，还需增加反映服务质量和服务效果的指标。

2. 绩效与公共部门绩效评价的内涵

在阐述档案信息化建设绩效评价的内涵时，先梳理一下绩效及公共部门绩效评价的内涵。

（1）绩效

对绩效的内涵的界定为绩效评价的逻辑起点。绩效最早用于投资项目管理方面，后来在人力资源管理方面得到广泛应用在语义学上，绩效指成绩、成效。成绩是指工作和学习中的收获。成效是指功效或效果，performance有执行、完成、行动、工作、成绩、功绩的意思。透过语义及管理实践来看，人们对绩效的内涵的理解概括起来主要有两种观点，一种观点界定绩效为结果。如英国学者约翰·柏拉丁（John Bernadine）等将绩效定义为在特定的时间内，由特定的工作职能、活动或行为产生的记录，这种定义将任务完成情况、产出、结果等同于绩效；另一种观点认为绩效是行为。如，坎贝尔（Campbell）等学者认为绩效不是活动结果而是活动本身，是人们实际做的、与组织目标有关的且能观察到的行为[①]。

在梳理绩效的内涵同时，还需理清"绩效"与"效率"的差异，这二者的概念极易混淆二者之间的区别在于：首先，效率多为传统的行政管理采用，主要基于公共部门或政府部门的内部管理，而绩效则更多地涉及或关注公共部门与社会、公民的关系。其次，内涵不同，效率则是反映投入与产出之间的比率关系。而绩效则反映从投入、产出与结果。前者注重数量指标，后者则不仅有数量，还有"质"的元素，要求公共部门在服务质量上下苦功夫，提供优质服务。关注服务对象的满意度。再次，效率本源是经济的概念，传统的行政管理中效率是从企业管理中的嫁接而来。注重节约成本、低投入、高产出是效率追求的经济目标，绩效则不仅局限于经济范畴，还追求结果如服务质量等柔性的管理范畴。最后，提高效率主要依靠制度规范等刚性机制，绩效的提高则还需通过工作态度、服务意识等柔性机制。

（2）公共部门绩效评价

档案利用是实现档案价值前提和条件，服务性是档案工作的客观属性之一。不同类型的档案馆服务对象虽然有所不同，但随着人们档案意识及部门之间合作增强，企事业单位的档案馆的服务功能已向社会拓展，而且档案信息服务在生产特征上具有非排他性或弱排他性消费特征上具有非竞争性，具有公共服务的特性。因此公共部门的绩效评价理论适应于对档案部门或档案部门的专项工作如档案信息化建设绩效评价。

"绩效评估"的概念为国内大多学者使用，而"绩效评价"则较少使用。虽然绩效评估与绩效评价在多数情况下可以通用，但是两者还是有细微的区别，前

---

① 何凤秋. 政府绩效评估新论[M]. 北京：中国社会出版社. 2008:78.

者更侧重于事前，而后者则更多的指向事后。对档案信息化建设的服务成效测评具有明显的事后性。学界从不同的视角对公共部门的绩效评价进行界定。

从公共部门绩效的内容进行界定，即从公共部门履行职能的效益、效果、效率、回应性、公平性、质量等角度进行评价。如英国审计署采用"3E"对公共部门进行评价，菲利普酷珀认为绩效是对政府的"效率、效果、产出和顾客满意度"的调查引。国内也有不少学者从绩效内容进行界定，如蔡立辉认为政府绩效评价是根据效率、能力、服务质量、公共责任和公众满意度等方面分析和判断，对其所做的投入、产出、中期成果和最终成果进行评定。

从评价方法和理念进行界定，即按照结果的导向的理念，采用科学的方法对公共部门绩效进行评价的活动。如奥斯本（Osbn）与盖不勒（T. Gaebker）认为政府绩效评价就是要改以往以过程为导向转变为以结果为导向的控制机制的。国内学者郑方辉则认为应该注重以结果为导向的理念、采用定性与定量的方法进行评价政府绩效。

从绩效评价过程进行界定，即遵循科学程序对公共部门绩效进行评价的过程。如马克·霍哲认为绩效评价是一个对政府绩效进行测评的过程。彼得罗西认为绩效评价包括评价指标的收集、报告和解释。国内学者范伯乃则认为政府绩效评价是根据统一的评价指标和标准，按照一定的程序，通过定量、定性比对分析，对评估对象一定时期内的业绩作出客观、公正与正确的评判。

将绩效评价的内容与过程相结合进行界定。如欧盟采用的CAF评价模型，该模型由绩效内容和绩效测量过程等因素组成。陈天祥认为政府绩效评价就是对政府管理过程中的投入、产出与效果等进行评定的过程，并以此作为衡量政府工作的依据。

（3）档案信息化建设绩效的评价的内涵

档案学者对绩效评价（估）的界定如表6-1所示。

表6-1　部分档案学者对绩效评价（估）的界定

童庄慧　高校档案管理评估	《档案时空》2006（12）	高校档案管理绩效评估是运用定性和定量的方法，对档案管理各项工作和预定目标进行评价和测度
刘明　档案信息服务绩效评估	《湖北档案》2007（8）	绩效评估是对一项有意义的实践活动或对某单位、某部门、某行业、某地区的某个时期的工作和建设所取得的结果，从成绩、效益进行评估的过程

王中克 顾客导向视域下的档案馆绩效评估	《档案学通讯》2007（5）	档案馆的绩效评估主要指档案行政管理部门、业务部门、社会公众等，根据一定的标准，对档案馆的各项工作是否实现其预期目标以及实现目标的过程进行客观、系统的评价
孙春兰 档案管理中的绩效评价	《绥化学院学报》，2008（12）	"绩"系指经营者业绩，"效"系指组织经营效益，评价是指为达到一定目的，对目标对象和特定指标体系进行比较的过程
张璟瑜 企业档案管理的绩效评价体系	《山西档案》2010（4）	企业档案管理的绩效评价是对企业档案管理的效益进行评价。所谓效益，是指投入与产出、劳动消耗与劳动成果的对比关系。企业档案管理的效益，就是企业档案工作做得投入与企业档案对企业管理、生产的有效满足程度的比较关系
朱玉媛 面向公众需求的档案服务绩效评估	《档案管理》2011（4）	在档案服务工作中引入绩效评估，可以对档案服务的过程和结果进行监督和管理，从而促使档案部门更好地满足公众需求
贾东月 基于我国档案网站绩效评估的档案信息传播研究	硕士学位论文，2011	档案网站绩效评估，是指由专门的机构和人员，依据大量的客观事实和资料，通过对档案网站的实际调查分析，按照专门的规范、程序，遵循统一的标准和特定的指标体系，通过定性和定量对比分析，运用科学的方法，对档案网站建设现状及发展趋势所做出的客观、公正和准确的评判
聂勇浩，苏玉鹏. 档案馆公共服务评价的指标体系建构—基于平衡计分卡和层次分析法的分析	《档案学研究》2013（02）	档案馆公共服务评价的基础在于构建指标体系以及确定指标之间的相对重要性。借助平衡计分卡这一理论分析框架，论文构建了包括用户、内部流程、财务、学习和成长四个维度的指标体系。通过设计Likert量表测量重庆和广东梅州两地档案馆从业人员对各项指标重要性的认知，并且以层次分析法进行数据分析和处理，论文进一步以实践工作者的专业判断为基础确定了指标之间的相对重要性
王瑶 基于用户需求的档案公共服务绩效评估研究	硕士学位论文，2015	通过分析以用户需求为导向的绩效评估是推动档案公共服务发展的重要杠杆和动力机制，从而转变公共服务职能，深化公共服务体制改革，创新公共服务管理方式，增强档案公共服务的用户满意度和用户信任力。首先，论述了用户需求及档案公共服务绩效评估的相关概念、特点及影响，随着用户需求的不断变化，用户对档案公共服务提出了更高的要求，通过绩效评估以拓展档案公共服务职能、提升档案公共服务能力、增强档案公共服务社会认可

续表

孟欣欣　公共档案馆用户感知服务质量评价研究	硕士学位论文，2017	选取公共档案馆为研究对象，从用户感知角度，利用定性与定量相结合方法构建公共档案馆服务质量评价指标体系，对xx档案馆进行实证研究，进而提出具备较强针对性与实际操作性的服务质量优化对策
蒋超美，王灿荣档案信息服务社会化绩效评价研究述评	《资源信息与工程》2018，33（03）	对档案信息服务社会化绩效评价的研究主要散见于对档案机构管理工作的绩效评价方法，以及绩效评价概念、评价模型的研究，而缺乏对档案信息服务社会化绩效评价的系统研究

二、档案信息化建设绩效评价内容

（一）绩效评价内容

1. 3E模型的评价内容

"3E"即从经济性（Economy）、效率性（Efficiency）、效果性（Effectiveness）等方面开展绩效评价。

经济性是指在资源消耗最少的情况下，得到了一定的数量和质量产出，即节省的程度。其重点在于投入的多少与节省费用相一致，是否浪费，追求最低的投资以实现预定的目的和任务，而对产出和服务效果的没有引起重视。经济保障和人才是实现档案信息化所必需的，而能否保证其合理的投入，则可以用经济性来检验，也就是要保证档案信息化的质量的前提下，档案部门在资源利用上是否合理，是否存在浪费，经济性评价一方面警醒了档案管理部门在信息化建设中的预算，避免盲目攀比投资、扩大预算，要节省资金，杜绝浪费。

效率是指一种活动或一个部门组织投入（包括经费、人力等）和产出之间的比率，低投入高产出即为高效率，反之为低效率。高效率可以理解为在现有的资源条件下实现更多的产出或者以最低的投入带来一定量的产出。效率性评估引用到本书，则用来测评档案信息化建设（产出）与资源消耗的比率，在不增加档案信息化建设专项经费及确保信息化建设质量的条件下，是否确保给利用者提供便捷的档案信息服务，是否满足信息时代利用者对开放的档案信息服务的多种服务模式的需求。

效果强调了预期目标与实际实现的程度之间的关系，通常以实际产出与计划产出之比来表达预期目标的实现程度。效果性评估关注部门职责目标实现程度与部门运行产生的外部影响。在档案信息化建设实践中进行效果评价行实为测评档案信息化建设的目标实现的程度以及是否满足利用者的依法查询档案信息及档案部门自身快捷方便的服务需求。

2. SERVQUAL模型的评价内容

SERVQUAL模型常用于公共部门的服务质量和服务结果的绩效评价，是一种基于感受质量的服务质量多指标评价模型该模型包含5个维度：有形性、可靠性反应性、保证性、和关怀性。有形性指档案馆提供公共服务的硬件设施保障，可靠性指档案馆服务时间和质量的保证，反应性指档案馆对利用者响应及查询速度，保证性指档案馆服务的可信任度，关怀性指档案馆提供公共服务的人性化程度。以SERVQUAL模型评价结果衡量档案部门服务水平，可以最大限度地反映利用者对档案部门所提供的公共服务的需求、欲望与要求。利用者是档案部门的服务对象，他们最能感知到档案部门的服务质量，他们的意见可以督促档案部门改进服务，提升服务质量。督促档案部门立足用户需求，切实将档案信息化建设成果不断转化为服务成果，为提供便捷服务及提升服务效能不断努力改进，为广大利用者提供满意的服务，真正提升对档案部门的形象。

3. 欧盟通用框架CAF

欧盟通用框架（CAF，Common Assessment Framework）主要来源于欧洲质量管理基金会的"卓越模型"，广泛用于公共部门的绩效评价，运用CAF对档案信息化建设服务的绩效评价可作为档案部门进自我诊断的工具，及时从所提供的服务中发现档案信息化建设实践工作的存在的不足，从而不断改进现有的工作。从绩效评估的内容来看，CAF分为"能动因素"和"结果因素"。能动因素包括档案部门领导应对信息时代对档案信息化建设这项工作的认识、为档案信息化建设争取的经费与人才、制定的档案信息化建设的战略与规划、人才队伍的建设、档案信息资源的共建共享、档案信息化建设建设成果转化为服务成果、档案服务模式的创新管理、利用工作的规范性、便捷性。结果要素包括利用者满意度、档案馆工作人员的满意度、对社会所带来的影响。

（二）档案信息化建设绩效评价方法

在确定评价主体、评价导向和评价内容后，接下来则是评价主体如何使按照构建的评价导向对评价内容组织评价及绩效评价方法，本书对档案信息化建设服务绩效评价将采取关键绩效指标法（Key Performance Indicator，KPI）和层次分析法（AHP）法。

1. 关键绩效指标法

关键绩效指标法是通过组织内部流程的输入端、输出端的关键参数进行设置、取样、计算、分析。衡量流程绩效的一种目标式的量化管理指标，是把战略目标进行分解为可操作的工作目标的工作，是公共部门绩效管理的基础。

关键绩效指标法同适用于档案信息化建设服务绩效的评价，按照档案信息化建设的实施条件、核心任务及目标进行分解若干个指标，运用关键绩效指标评价首先梳理出关键过程领域（Key Process Area，KPA），即档案部门需要集中力量改进和解决的问题的过程，档案信息化建设关键的过程领域为投入及产出，没有投入何来产出，投入到位后出需要合理规划，结合《全国档案信息化建设纲要》的要求将档案信息化建设分为基础设施建设、档案信息资源建设、现代档案服务平台的建设、档案信息与网络安全保障体系的构建这4个关键过程，接着分析关键结果领域（Key Result Area，KRA），意为整体目标、不可或缺的、必须取得满意结果的领域。档案工作的终极目的为提供利用与服务，档案信息化建设则是信息社会档案部门提升档案服务质量与效能的重要途径，由此说明档案信息化建设成果必须转化为服务成效，才有切实的意义，服务结果是衡量档案信息化建设成效的最好标尺。是否方便利用、利用效率是否提升、服务范围与服务模式得到拓展、利用者的满意度这些都是档案信息化建设关键结果指标。

2. 层次分析法（Anlytic Hieraichy Process，AHP）

层次分析法是美国运筹学家、匹兹堡大学教授马斯·塞蒂（T.L.Saty）教授于20世纪70年代提出，作为一种定性分析和定量分析相结合的系统分析方法，其目的在于通过计算各层次构成要素对于总目标的组合权重，从而对各种可行方案进行综合评价，广泛应用于多指标的综合评价模型的一种评价方法，为选择最优方案提供依据。层次分析法的基本思路就是把组成复杂问题的多个元素权重的整体判断转变为对这些元素进行"两两比较",通过"两两比较"的方式确定层次中各元素的相对重要性,然后转化为对这些元素的整体权重进行排序判断,最后确定各元素的权重,详见图6-4。

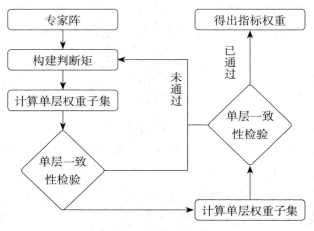

图6-4　层次分析法操作流程

档案信息化建设绩效评价指标体系是一个具有多层次的、多指标的复杂体系,在这复杂体系中,各层次、各指标的相对重要性不相同,难以科学确定,常用的经验值、专家确定法存在较大的局限性。而层次分析法就比较适合于档案信息化建设这种具有分层交错评价指标的目标系统,而且目标值又难于定量描述的决策问题。

（1）建立递阶层次模型

层次分析法首先将决策的目标、考虑的因素（决策准则）和决策对象按它们之间的相互关系分为最高层、中间层和最低层。最高层是指决策的目的、要解决的问题。最低层是指决策时的备选方案。中间层是指考虑的因素、决策的准则。对于相邻的两层,称高层为目标层,低层为方案层,中间层为准则层。一般需要分析系统中各要素间关系,建立起递阶层次模型即包括目标层、准则层和方案层在内的模型。举例如表6-2所示。

（2）构建两两比较判断矩阵

建立递阶层次模型后,下一步就需要对要素进行两两比较,确定受上层要素支配的同层要素之间的相对重要性,从而形成判断矩阵,两两相互比较,对此时采用相对尺度,以尽可能减少性质不同的诸因素相互比较的困难,以提高准确

表6-2　档案馆公共服务评价的递阶层次模型

目标层	准则层	方案层
档案馆公共服务评价	学习与成长B1	档案馆工作人员的学历C1
		档案馆工作人员的服务意识C2
		档案馆工作人员的专业培训C3
	财务B2	档案馆的预算经费C4
	内部流程B3	查档流程的便捷度C5
		查询档案的收费C6
		利用者能利用电脑直接查阅档案C7
		利用者能通过电话或者网络获得咨询服务C8
		主管部门和领导对档案利用服务的量化要求C9
	用户B4	档案馆出具的证明能否解决利用者的实际问题C10
		档案馆所提供材料和证据的有效性与可靠性C11
		利用者无法准确表达需求时档案馆能否提供相应帮助C12
		利用者表达需求后档案馆能否准确找到所需的档案C13

度。如对某一准则，对其下的各方案进行两两对比，并按其重要性程度评定等级。a_{ij}为要素 i 与要素 j 重要性比较结果，结合采用萨蒂建议的1～9标度法对指标进行分级排序及其赋值，按两两比较结果构成的矩阵称作判断矩阵。判断矩阵具有如下性质：

$$a_{ij} = \frac{1}{a_{ji}}$$

结合采用萨蒂建议的1～9标度法对指标，就可以构建出两两比较矩阵。其中，标度的具体含义见表6-3：

表6-3　1～9标度法的含义

标度	含义
1	表示两个元素相比有相同的重要性
3	表示两个元素相比前者比后者稍重要
5	表示两个元素相比前者比后者明显重要
7	表示两个元素相比前者比后者强烈重要
9	表示两个元素相比前者比后者极端重要
2、4、6、8	表示上述相邻判断的中间值倒教因素

（3）最大特征根计算与随机一致性检验

对应于判断矩阵最大特征根λ_{max}的特征向量，经归一化（使向量中各元素之和等于1）后记为W。这一过程称为层次单排序。能否确认层次单排序，则需要进行一致性检验，所谓一致性检验是指对A确定不一致的允许范围。其中，n阶一致阵的唯一非零特征根为n；n阶正互反阵A的最大特征根$\lambda \geq n$，当且仅当时，A为一致矩阵。

一致性指标用CI计算，CI越小，说明一致性越大。定义一致性指标为：

$$CI = \frac{\lambda - n}{n-1}$$

$CI=0$，有完全的一致性；CI接近于0，有满意的一致性；CI越大，不一致越严重。

为衡量CI的大小，引入随机一致性指标RI：

$$RI = \frac{CI_1 + CI_2 + \cdots + CI_n}{n}$$

考虑到一致性的偏离可能是由于随机原因造成的，因此在检验判断矩阵是否具有满意的一致性时，还需将CI和随机一致性指标RI进行比较，得出检验系数CR，公式如下：

$$CR = \frac{CI}{RI}$$

一般，如果$CR<0.1$，则认为该判断矩阵通过一致性检验，否则就不具有满意一致性。

（4）层次总排序及其一致性检验

总排序的一致性的检验是逐层进行的。先利用同一层次中所有层次单排序的结果，计算出针对上一层次而言，本层次所有指标重要性的权值。

随着政府信息公开的不断推广，大众档案意识的不断提升，档案馆服务意识的逐步增强，促使档案馆角色定位发生较大改变：由传统档案保管机构向服务机构转变。档案馆也在通过各种途径不断努力向用户提供更加科学合理、优质的服务，利用定性与定量相结合方法构建公共档案馆服务质量评价指标体系，进而提出具备较强针对性与实际操作性的服务质量优化对策。

参 考 文 献

［1］谢邦昌，朱建平，刘晓葳.大数据概论[M].厦门：厦门大学出版社.2016.

［2］陈明.大数据技术概论[M].北京：中国铁道出版社.2019.

［3］张端，刘璐璐，杨阳.新编档案管理实务[M].成都：电子科技大学出版社.2017.

［4］李东红.新时代背景下的档案管理与创新[M].北京：经济日报出版社.2017.

［5］王辉，关曼苓，杨哲著.大数据环境下档案信息化管理[M].延吉：延边大学出版社.2018.

［6］金波，张大伟.档案信息化建设[M].上海：上海教育出版社.2016.

［7］张照余.档案信息化理论与实践[M].北京：中国档案出版社.2007.

［8］陈青娇.大数据时代档案管理困境与发展趋向[J].企业科技与发展，2018(12)：299-300.

［9］靳嘉林，王曰芬.大数据环境下知识发现研究的变化及其发展趋向[J].数字图书馆论坛，2018(05)：67-72.

［10］任子豪.大数据时代信息技术创新的趋势探讨[J].通信世界，2017(17)：43-44.

［11］应璎.从谦卑到自傲——从诗歌中看本·琼森的性格发展[J].绍兴文理学院学报(哲学社会科学)，2012，32(01)：65-69.

［12］丁然，丁华东.档案在历史正义中的时空责任[J].档案学研究，2021(01)：18-22.

［13］杨连.现代档案馆建设与档案管理相关性研究[J].兰台内外，2020(28)：40-42.

［14］陈欣雨.基于网络调研的我国档案开放目录建设研究[D].湘潭大学，2020.

［15］祝云柳."大档案观"下的"准档案"管理实践与档案馆职能拓展研究[D].苏州：苏州大学，2020.

［16］薄田雅.媒体融合背景下档案编研的选题和成果传播[D].郑州：郑州航空工业管理学院，2020.

［17］狄玲.试论档案的文化属性与加强档案文化建设[J].中外企业家，2020(03)：135.

［18］袁毅纯.科技档案工作的内容与性质研究[J].佳木斯大学社会科学学报，2003(01)：136-137.

［19］李俊. 关于信用档案的内容性质、特点及当前工作初探[A]. 中国档案学会.中国档案学会第六次全国档案学术讨论会论文集[C].中国档案学会：中国档案学会，2002：2.

［20］林舜杰.图书资料档案信息化管理的优势探究[J].传媒论坛，2021，4(07)：135-136.

［21］谢洪林.关于档案信息化建设与档案管理的思考[J].中小企业管理与科技(上旬刊)，2021(04)：30-31.

［22］朱明国.档案信息化建设与档案管理分析[J].数字通信世界，2021(04)：279-280.

［23］王晓欢.档案信息化建设研究[J].山西青年，2021(06)：101-102.

［24］于文倩.档案管理信息化视域下的档案管理措施[J].兰台内外，2021(08)：16-18.

［25］李秋云.档案信息化建设与管理探讨[J].兰台内外，2021(06)：42-43.

［26］杨文兰.信息化技术在档案管理中的应用价值[J].办公室业务，2021(04)：94-95.

［27］夏飞辉.新时期建立健全档案工作规范及标准探索[J].办公室业务，2021(04)：125-126.

［28］李瑞.关于做好档案信息资源开发和利用的研究[J].办公室业务，2021(02)：73-74.

［29］孙霓.创新档案工作理念与加强人才队伍建设的思考[J].城建档案，2021(01)：106-108.

［30］李蕴佼.信息时代档案管理新思路探索[J].无线互联科技，2021，18(02)：88-89.

［31］王丹.浅谈网络信息化下的媒体档案管理[J].襄阳职业技术学院学报，2021，20(01)：123-126.

［32］苏嘉庚，杨湘慈，刘思逸.关于档案信息化建设的几点思考[J].文化产业，2020(36)：140-141.

［33］张文娟.提高企业档案管理水平的几点思考[J].黑龙江档案，2020(06)：26-27.

［34］杨珞.如何做好新时代档案管理工作[J].黑龙江档案，2020(06)：72.

［35］薛红.提升档案服务新质效的探索与实践[J].山东档案，2020(06)：80-81.

［36］杨媛媛.关于档案信息化建设的几点思考[J].信息记录材料，2020，21(12)：68-69.

［37］欧阳满兮.关于档案工作信息化建设研究[J].科技经济导刊，2020，28(33)：34-35.

［38］郭心华.档案信息化建设的管理与改进方法[J].科技风，2020(32)：81-82.

［39］王海鸥.档案信息资源整合与利用探讨[J].兰台内外，2020(27)：40-41+53.

［40］韩贵林.也谈档案信息资源整合问题及对策[J].兰台世界，2020(05)：60-61+69.

［41］黄中积.档案信息资源的整合与利用策略分析[J].传媒论坛，2020，3(08)：123-124.

［42］桂玲.基于网络环境下档案信息资源的整合分析[J].黑龙江档案，2020(02)：104.

［43］王胜利.整合与共享：档案数据管理范式下的档案资源研究[J].山西档案，2020(02)：138-141.

［44］梁建梅.大数据背景下档案资源整合策略[J].黑龙江档案，2019(05)：63-64.

［45］蒙朝栋.网络环境下档案信息资源整合研究[N].广元日报，2019-09-10(B01).

［46］李碧云.如何加强数字化档案管理系统的整合运用[J].城建档案，2019(08)：28-29.

［47］白嘉兴.档案信息资源整合对策分析[J].兰台世界，2019(S1)：68-69.

［48］方玉兰.大数据时代档案数字资源整合的难点及对策[J].兰台内外，2019(12)：33.

［49］吴娜.大数据背景下档案信息资源整合策略探析[J].开封教育学院学报，2018，38(12)：233-234.

［50］申梦超.大数据环境下档案信息资源的整合与服务[J].机电兵船档案，

2018(06)：52-54.

［51］罗毓慧.数字档案信息资源整合相关思考[J].办公室业务，2018(13)：46.

［52］胡双明.浅谈网络环境下的档案信息资源整合[J].黑龙江档案，2018(01)：
100.

［53］周红军.网络环境下档案信息资源的开发与利用[J].机电兵船档案，
2017(04)：92-94.

［54］徐郁萍.浅析大数据时代档案数据信息资源整合与共享[J].办公室业务，
2017(08)：79-80.

［55］段雪茹. 大数据环境下档案信息资源整合分析及提升策略[D].沈阳：辽宁
大学，2017.

［56］马世仙.档案信息系统建设若干问题探讨[J].中国管理信息化，2017，
20(03)：179-180.

［57］Lemieux. V. L. Blockchain recordkeeping: a SWOT analysis[J]. Information
Management Magazine, 2017,November/December: 20-28.

［58］Cassie Findlay. Participatory cultures, trust technologies and decentralisation:
innovation opportunities for recordkeeping[J]. Archives and Manuscripts, 2017,
45(3):176-190.

［59］徐欣欣. 文件档案管理中的区块链技术应用研究综述[J]. 浙江档案，
2018(05)：12-15.

［60］杨茜茜. 基于区块链技术的电子档案信任管理模式探析：英国
ARCHANGEL项目的启示[J]. 档案学研究, 2019(03)：135-140.

［61］张倩. 构建高校艺术档案区块链管理系统的可行性研究[J]. 档案与建设，
2019(10)：25-29.

［62］邢变变, 杨晗. 现阶段区块链技术在档案管理中可行性应用的哲学透视——
兼与李高峰、马国胜、胡国强商榷[J]. 档案管理, 2019(02)：13-15.

［63］李高峰, 马国胜, 胡国强. 现阶段区块链技术在档案管理中不可行分析[J]. 档
案管理, 2018(05)：30-32.

［64］白茹花. 基于区块链技术的电子档案信任体系建设[J]. 档案管理, 2018(5)：
28-29.

［65］石进, 薛四新, 赵小柯. 基于区块链技术的电子文件真实性保障系统模型研
究[J]. 图书情报知识, 2019(6)：111-119.

［66］张倩.区块链技术对高校档案信息管理方式创新的可行性探究[J].档案与建设,2017(12)：21-24.

［67］马昂,等.区块链技术基础及应用研究综述.信息安全研究,2017.3(11)：968-980.

［68］国家档案局.四川加强高校档案工作规范化管理[N].《中国档案报》.2017-4-10(3051-1).

［69］周小韵.区块链技术在学生档案管理中的应用模式探究[J].南京理工大学学报(社会科学版),2019.32(06)：52-57.

［70］李爱华.大数据时代高校电子档案管理创新研究[J].档案管理,2020.(02)：82-83.

［71］张北建,张国民.高校档案信息孤岛现象及应对策略[J].机电兵船档案,2019(04)：36-39.

［72］聂勇浩,苏玉鹏.档案馆公共服务评价的指标体系建构——基于平衡计分卡和层次分析法的分析[J].档案学研究,2013(02)：22-26.